古代歷史文化 研究輯刊

十三編

王明蓀 主編

第 19 冊

清明節探源
——兼論其發展

傅秀華 著

國家圖書館出版品預行編目資料

清明節探源——兼論其發展／傅秀華 著 -- 初版 -- 新北市：花
木蘭文化出版社，2015〔民104〕
目 4+168 面；19×26 公分
（古代歷史文化研究輯刊 十三編：第 19 冊）
ISBN 978-986-404-029-2（精裝）
1. 清明節 2. 禮俗
618   103026958

古代歷史文化研究輯刊
十三編　第十九冊　　　　　　　ISBN：978-986-404-029-2

清明節探源——兼論其發展

作　　　者　傅秀華
主　　　編　王明蓀
總 編 輯　杜潔祥
副總編輯　楊嘉樂
編　　　輯　許郁翎
出　　　版　花木蘭文化出版社
社　　　長　高小娟
聯絡地址　235 新北市中和區中安街七二號十三樓
　　　　　　電話：02-2923-1455／傳眞：02-2923-1452
網　　　址　http://www.huamulan.tw 信箱 hml 810518@gmail.com
印　　　刷　普羅文化出版廣告事業
初　　　版　2015 年 3 月
定　　　價　十三編 27 冊（精裝）台幣 52,000 元

清明節探源
——兼論其發展

傅秀華　著

作者簡介

傅秀華，臺灣師範大學國文研究所畢業，碩士論文為《清明節探源——兼論其發展》。民國 86 年進入基隆市二信高中任教國文。希望以對中國傳統節俗研究的熱忱，帶給世人更深入了解人生傳承的印記，如同滾雪球般，厚度會不斷更新生命。

提　　要

　　本文蒐羅與清明相關的文獻資料，認為由於清明節綜合了上巳、寒食節俗，故發展出祭祖的節日義涵，同時在陰消陽長的理論基礎下，深究清明節所蘊含的意義，亦為其分析由來根據。清明所代表的是時序的標誌，是上古在曆法尚未建立之前，藉以調整自然的節奏性和方向感，逐漸轉換為具體、重複出現的方式來標示季節變化的時間點。通過歲時節氣使人們順應自然時序，以利農事以及生活安排。清明之得名、最初的功能皆與農事活動相關，含有氣候變化、物候特點和農作物生長情況等意義。清明介於春分和穀雨之間，是二十四節氣中屬於春天的自然「節」點，所謂「清明一到，農夫跳起」，即知此時在春耕秋收的農作過程中，是不可忽視的關鍵時節。為了更確定掌握備受重視的清明歲時節點，除了觀察白天的太陽外，夜晚星辰的規律運行，便一并作為定時節的參考。

　　清明和農事的關係由自然歲時逐漸向人文轉化，分析上巳的流棗浮卵、祓禊習俗，和寒食禁火賜火習俗、包括介之推傳說等背後的文化根源，都具有沿襲上古春耕祭祀，在不同時期有其演變發展的古俗痕跡。上巳與寒食雖然節俗內容頗有不同，但是彼此具有同一屬性的文化基礎，在時間點上，上巳、寒食、清明三者幾乎重疊。由清明節的結構來看，很明顯是經過長期與上巳節、寒食節結合而逐次固定的節日，因為宗教祭祀內涵意義已被遺忘，徒留下形式活動，加上掃墓祭祖隨社會變化轉而被重視，且清明正好有新生之意，帶有祭祖的傳承意義，故此時賦予清明新生命，成為嶄新的節日流傳。

目

次

第一章　緒　論

　　清明在中國歲時禮俗中有著獨特的地位，具有雙層意思，既是節令〔註1〕，又是節日。節令與節日密切相聯〔註2〕，中國節令代表著時序與氣候變化，概念有二，一為「時間」，主要表現在實際生活的節度上，逐漸形成應對自然變化、調適社會生活的歲時節令民俗。二為「空間」，主要表現在信仰上，依天時節律舉行祭禮，將自然與人文社會聯繫。清明攸關農事生產活動的進行，每當播種和收成季節，人們便自發舉行儀式許下願望，表示對神的感激。最初這些活動在民間自發產生，隨著官方對節日風俗認識的加深，這些儀式活動漸漸地掌握到在上位者的手中。清明便由一個單純的農事節氣，在唐宋時期取代了寒食和上巳的節俗，特別是掃墓祭祖受到朝廷重視，才逐漸獨立成為大節日。雖然清明節氣的起源很早，但是獨立成為歲時節日，在發展史上算是相當晚。清明節俗是隨著時序節令變換、氣候物候變化而在民間自然形成的風俗習慣，其意義涵蓋了中國歷史文化的諸多面向，其中掃墓祭祖意義

〔註1〕　李永匡、王熹撰：《中國節令史》，（臺北：文津出版社，1995年12月），頁2
　　　　～4，說明所謂節令，是指節氣時令。中國古代的節氣，有時指一段時間，如
　　　　太陽黃經從0度增加到15度這段時間叫做「春分」。與現代民間節氣所指時
　　　　刻，如太陽黃經等於0度時叫「春分」，略有不同。上古至先秦時期的節令文
　　　　化活動，多與農事生產緊密結合，因此生產、經濟、政治色彩十分濃厚；漢
　　　　魏之後與各種民間年節活動相結合，加之城市經濟的發展、商業的繁榮，致
　　　　使民俗、娛樂、交遊、禮儀等文化特點，更為突出。
〔註2〕　蕭放：〈論漢魏時期歲時節日體系的形成〉，收入《輔仁國文學報》第18期，
　　　　（2002年11月），頁96，說明秦漢以後人文節日漸趨凸現，自然歲時開始世
　　　　俗化而向人文節日過渡、轉化，是社會生活節奏與自然節律協調的產物，有
　　　　著豐富的文化象徵意義。

最為突出，清明節已然成為中國人飲水思源、慎終追遠的孝心展現。故本論文將清明節作為個案研究，從清明的由來與名稱、節俗的傳承演變及內涵之解讀入手，探討其本質意義和社會功能，意在認識民俗節日背後深層的信仰觀念及豐富的文化內涵，探索中國民族的生存智慧──如何處理「人與自然」及「人與社會」的關係，呈現中國人淳樸敬天與草根堅毅的性格，反應出以農立國者的恭敬謙卑態度，在天人和諧的觀念下，尋求安身立命的傳統思維。

第一節　研究動機與目的

一、研究動機之確立

　　中國人節俗的產生，多與人們的生活需要相切合，選擇「清明歲時節令」作為研究主題，一來主要是因為在中國社會中，它是各個族群普遍傳承的文化活動，緊密地伴隨著中國人的日常生活與共同思維。由於中國文學中，不時有描寫清明景象的作品，以及抒發內心感懷之詩篇，但是對於節俗起源不了解的我而言，難以引發共鳴，於是希望藉由清明節之研究，使自己更有能力建構清明文化的完整知識背景，以提升自己對詩詞的鑑賞能力以及對清明節俗的認識。二來清明屬於節氣之一，自上古即與農事活動不可劃分，人們依賴節氣作為農耕時序，農諺有「三月清明不見清，二月清明滿山青」之說，意為若播種時機掌握得好，清明的雨水即恰好能助長農事的豐收。筆者欲探究既然初為農事節氣，又是如何演變為民諺中的「三月清明雨紛紛，家家戶戶上祖墳」的祭祖節？因何而將節氣與中國人的慎終追遠、感念感恩的情懷聯繫，成為二十四節氣中，唯一既是民俗節日又是氣象節氣的「節」；也是傳統節日中，唯一以節氣兼節日的民俗大節。

　　中國以農立國，農業生產活動、農事收成的好壞直接關係到人們的生計，也就理所當然地成為日常生活矚目的重心。探討中國節日最初的起源，多有祈望五穀豐登、人畜兩旺和歲歲平安等意涵，而清明亦以這樣的傳統文化背景，再受到多重因素影響，植根於某個特定的時空或生活上的需要，其發展又與當時社會的政治經濟、風俗密不可分，並且經過漫長的演化，逐步創造出相關的現代節俗。清明節俗結構並不單純，它的生發流變具有悠久的歷史傳統和深廣的文化背景，並非一開始就是目前所見的型態。考究其生成演變

的影響因素，具有鮮明的農耕生產文化，然現今人們對於清明之由來、節俗之原始義涵等卻只知其梗概。因此，本文希望藉由歲時文獻之記載，探究清明之由來，並進一步考述清明節俗的發展。

二、研究目的之建構

　　歸納目前對清明節的學術研究，多數期刊與書籍論述清明節，常以寥寥數語或幾頁帶過，內容多針對清明節俗活動的一般性描述，著重於民俗項目的起源和表現。對於清明節作條理的理論深層之探討，鮮有專門論述。即便有之，亦偏重於整理清明節歷史傳說、娛樂、飲食和祭祖的「表層活動」，故撰寫本論文的首要目的，就是要為清明節初始的節日義涵、形成的文化因素、演變的過程等作深層探討。清明源於上古以歲時節氣的確立而產生的自然時序；清明節則融合了上巳和寒食的節俗，起源於星辰崇拜及萬物有靈之信仰。有鑑於此，先瞭解上古初民的時空陰陽觀及認識大火星，然後探討清明的由來及相關節俗，才不致流於表面。

　　清明起於歲時〔註3〕，是中國人對日常生活的理解，藉著太陽與星象的配合，來確定四時的季節變化，以利於農事活動和生活安排，人們遵循自然變化漸漸而成一種民間的生活習慣。因此，本文以「時間意識」的角度，貫穿清明與清明節的文化傳承與演變，將傳統歲時與現代節日進行關聯研究，試圖發掘清明節的原始義涵，進而瞭解古人對清明節的重視。

　　再者，清明融合了上巳與寒食節俗的內容，故對於此二者的起源與發展亦必須有所深入全面了解。節俗活動會隨著時空的變遷而有所更迭，其演化的進路可能反映當時代的特殊現象及文化背景，清明節歷經漢、魏晉、隋唐宋等各朝代的發展、衍化，分別融合了不同的變易，因而使節俗活動逐漸豐富，此亦是值得討論的議題。

　　綜言之，為求全面性瞭解清明節的文化義涵，首先必須探究清明節氣和時空陰陽八卦的關係，再將上巳與寒食眾多紛呈的緣起及演變作歸納整理，最後析論現今清明節俗的祭祖活動，並試圖探討祭祖所帶來的慎終追遠的現

〔註3〕　蕭放：《歲時──傳統中國民眾的時間生活》，（北京：中華書局，2002 年 3月），頁 3～6，載「歲時是中國傳統社會特有的時間表述，它起源於中國民眾對日常生活的理解。……歲時觀念起源於民眾的謀生活動與生活感受」、「歲以節氣一周為標準，如冬至到冬至……自然時序是歲時文化的時間基礎」。

代意義。本文所探討的清明節，指的就是唐代以後，已融合上巳節和寒食節的綜合性節日。經由對上巳、寒食節俗結構因子的基本探討考察，以中國人的意識、思維、心理等諸多面向，努力重現原始的歷史面貌，發掘清明節所具有的文化傳承與創新的獨特意義。因此，本論文之研究目的，即將上述各議題作有系統且客觀的解析，並希冀個人此番小小的研究成果可供雅俗參考。

第二節　研究範圍與材料

一、研究範圍之限定

　　本論文「清明節探源——兼論其發展」的研究重點，以探索清明的由來、名稱、節日的演變及其祭祖文化為討論核心。研究範圍可從兩方面考慮，一是時間的限定，二是清明節俗之選定範圍。首先就時間限定來看，節日風俗的形成是一種歷史的積澱過程，因此，節日風俗的起源發展、演變的歷史亦非一蹴可幾，而是潛移默化、節奏緩慢的發展過程。就清明節節日風俗起源及發展來看，其實早在先秦以前，與「春天節日」相關的節日，就目前現存的文獻，可以試著找出衍申為現今清明節俗內容的遺跡。漢代則是上巳與寒食節日風俗的定型時期，究其原因，主要是陰陽五行學說與天文知識的混合，歲時禁忌促使禁火、祈福之義涵產生，其次是傳說神話的融合，如介之推等人附會於寒食節，增添寒食節的文化內容。三月的歲時禁忌，具體的表現在禁火等，亦為寒食節文化立下的基礎來源。中國古代的社會風俗經魏晉時期的充分發展，節日風俗以其特有的影響作用，尤其得到統治者的重視。

　　唐代是清明節的逐漸確立的轉變時期，至宋代才正式定型。從唐、宋時期的歲時專書所記載的節俗，掃墓是清明節節俗文化的主要內涵。即使至明清時代，掃墓的節日義涵仍被保留，廣泛見於歲時專書及文人詩詞中。由上述可知清明節的起源，是綿延不絕又環環相扣的演化進路，若只侷限於某個朝代，則無法深究其節日義涵形成的起因或是其輾轉變化的變因，故本文研究範圍材料以上古至唐宋的歲時專書為探討中心，試圖探究清明節的由來，兼論其演化發展和掃墓祭祖之意義。

　　其次是限定清明節節俗之選取範圍。清明節之禮俗活動主要是「插戴柳枝避邪」與「掃墓」。藉楊柳展現春天旺盛生命力，古俗「柳條青，雨濛濛；

柳條乾，晴了天。」之說，可知插柳還可以用來預測天氣狀況。另外，清明節也是中國人心目中的「鬼節」之一，「取楊柳枝著戶上，百鬼不入家」，意謂插柳戴柳存有避邪之意。又掃墓是清明節最核心的活動。如前述，清明節自唐代以後，已從祈福消災的氣氛中脫離而出，在某方面已向社交禮儀、娛樂、遊戲等方面發展，而缺乏與上巳、寒食祈福的義涵的連結。如清明節盪鞦韆的活動，《開元天寶遺事》〈半仙之戲〉記載「天寶宮中，至寒食節，競豎鞦韆，令宮嬪輩戲笑以爲宴樂，帝呼爲半仙之戲〔註4〕」。又如清明節踏青活動，如《夢粱錄》〈清明節〉記載「清明節……四野如市，往就芳樹之下，或園圃之間，羅列杯盤，互相勸酬。都城之歌而舞女，遍滿園亭，抵暮而歸〔註5〕」。《荊楚歲時記》載「寒食……鬭雞，鏤雞子，鬭雞子。打毬，鞦韆，施鈎之戲。〔註6〕」反映南朝鬥雞與寒食結合。到了唐代，鬥雞成風，寒食清明時節鬥雞盛行，杜淹〈詠寒食鬥雞應秦王教〉一詩反映出李世民喜歡鬥雞，不僅是民間鬥雞，連皇上也參加鬥雞〔註7〕。如唐玄宗也極喜鬥雞，在〈東城老父傳〉記載「玄宗……樂民間清明節鬥雞戲……太后……與清明節率皆在驪山。每至是日，……執鐸拂導群雞〔註8〕」可見鬥雞之盛況。〈氣球賦〉：「寒食景妍，交爭競逐，馳突喧闐，或略地以丸走，乍凌空以月圓。〔註9〕」描述寒食踢足球時的情景。唐代還盛行打馬球，稱爲蹴鞠或打毬。另一種是步打，類似今日曲棍球，王建〈宮詞〉「殿前鋪設兩邊樓，寒食宮人步打毬〔註10〕」，宮人在寒食時節於殿前打毬，表演給皇帝觀賞，「步打

〔註4〕　見於（五代）王裕仁撰，曾貽芬點校：《開元天寶遺事》，收於鄭處誨撰《明皇雜錄及其他五種》，（北京市：中華書局，2006年3月），卷下，頁18。

〔註5〕　見於（南宋）吳自牧撰：《夢粱錄》，（長沙：商務印書館，1939年12月），卷二，頁9。

〔註6〕　見於（南朝梁）宗懍撰，（隋）杜公瞻注，（清）陸費逵總勘：《荊楚歲時記》，收入《中華書局據漢魏叢書本校刊：四部備要（史部）》，（臺北：中華書局，1965年），頁5～6。

〔註7〕　（唐）杜淹〈詠寒食鬥雞應秦王教〉。見於《全唐詩》，（臺北：藝文印書館，1960年），卷三十，頁551，載：「寒食東郊道，揚鞲竸出籠。花冠初照日，芥羽正生風。顧敵知心勇，先鳴覺氣雄。長翹頻掃陣，利爪屢通中。飛毛遍綠野，灑血漬芳叢。雖然百戰勝，會自不論功。」

〔註8〕　（唐）陳鴻〈東城老父傳〉。見於（北宋）李昉編：《太平廣記》，（上海市：上海古籍出版社，1990年），頁551。

〔註9〕　（唐）仲無頗〈氣球賦〉。見於（清）董誥等編：《全唐文》，（上海市：上海古籍出版社，1990年12月），卷七四〇，頁234。

〔註10〕（唐）王建〈宮詞一百首〉。見於（清）曹寅編：《全唐詩》，收入《清文淵閣

毬」是用步行踢球。又「宿妝殘粉末明天，總立昭陽花樹邊。寒食內人長白打，庫中先散與金錢〔註11〕」，在寒食清晨，宮人正進行白打的比賽，勝利者可獲金錢爲獎賞，可見球戲是唐人寒食節的重要習俗。寒食蹴鞠，中村喬認爲同樣具有祈求豐穰的含義。《揚州畫舫錄》對揚州風箏：「風箏盛于清明。其聲在弓……巧極人工，晚或繫燈於尾，多至連三連五。〔註12〕」，杜甫〈清明〉「十年蹴鞠將雛遠，萬里秋千習俗同。〔註13〕」說明所經歷過的地方寒食日都有進行蹴鞠、秋千的活動。這種禮儀性或娛樂性的節俗，雖亦爲清明節節俗文化一支，但由於與探討清明節起源意義下所衍生的文化沒有直接關聯，故不在本文討論範圍之內。

又有部分節俗是因應清明節掃墓之節日意義，而有關於攘災的節俗，如子推燕、插柳，如《東京夢華錄》記宋代於清明寒食節前用麵造「之推燕」〔註14〕；如《酉陽雜俎》：「中宗……三月三日，賜侍臣細柳圈，言帶之免蠆毒」又「寒食日，賜侍臣帖綵毬繡草宣臺」〔註15〕；這種飲食、插柳習俗雖因應寒食節時令而生，招魂辟邪效用與本文所探討清明的起源意義，雖有交集，但是非清明的起源意義，故此類節俗亦不在討論範圍之列。本文既以「清明節探源——兼論其發展」爲探索核心，在諸多清明節起源的說法，只選取與上巳、寒食相關的部分。

　　　　四庫全書本》，卷三零二，頁 2050。（檢索自「臺灣師範大學中國基本古籍庫系統」，其查詢的網路位址：http://www.lib.ntnu.edu.tw/database/database.jsp「人文藝術學科電子資料庫」項目）

〔註11〕（唐）王建〈宮詞一百首〉。見於（清）曹寅編：《全唐詩》，收入《清文淵閣四庫全書本》，卷三零二，頁 2050。（檢索自「臺灣師範大學中國基本古籍庫系統」）

〔註12〕（清）李斗：《揚州畫舫錄》，收入張智主編《風土志叢刊（29）》，（揚州市：廣陵書社，2003 年 4 月），卷十一，〈虹橋錄下〉，頁 11。

〔註13〕（唐）杜甫〈清明二首〉。見於《全唐詩》，（上海：古籍出版社，1986 年），頁 581。

〔註14〕《東京夢華錄》卷七〈清明節〉。見於（北宋）孟元老撰，（明）沈士龍、胡震亨同校：《東京孟華錄》，（上海市：上海商務印書館，1936 年 12 月），頁 125，載「清明節，尋常京師以冬至後一百五日爲大。寒食前一日謂之『炊熟』，用麵造棗錮飛燕，柳條串之，插於門楣，謂之子推燕。子女及笄者，多以是日上頭。……節日坊市賣稠餳、麥糕、乳酪、乳餅之類。緩入都門，斜陽御柳，醉歸院落。」

〔註15〕見於（唐）段成式撰：《酉陽雜俎》，（上海市：上海商務印書館，1937 年 12 月），卷一，頁 2。

二、文獻材料之來源

　　本論文在文獻取材方面，首先針對與上巳、寒食、清明起源、風俗相關之資料進行收集，而相關資料多見於歲時專書、地方風俗志、類書歲時時令一門，偶則散見於文人筆記。本文擷取與上巳、寒食、清明相關部分，建構本文立論之基礎，並輔以其他相關文獻與近世學者學說，以呈現清明節節日義涵和文化意義之完整面向。

　　本文的文獻材料之來源，主要可分爲下列幾項：

（一）歲時專書（或以採風問俗爲主題之專書）

時　代	作　者	書　名	與上巳、寒食、清明相關部分
西漢	戴德	《大戴禮記》	〈夏小正〉
西漢	戴聖	《小戴禮記》	〈月令〉
東漢	應劭	《風俗通義》	〈祀典〉
東漢	崔寔	《四民月令》	〈三月三日〉
北魏	賈思勰	《齊民要術》	〈耕田・種穀〉
東晉	陸翽	《鄴中記》	〈寒食〉
南朝梁	宗懍	《荊楚歲時記》	〈去冬節〉、〈三月三日〉
隋	杜臺卿	《玉燭寶典》	〈三月季春〉
唐	韓鄂	《歲華紀麗》	〈上巳〉、〈寒食〉
北宋	孟元老	《東京夢華錄》	〈清明節〉
南宋	吳自牧	《夢梁錄》	〈三月〉、〈清明節〉
南宋	陳元靚	《歲時廣記》	〈寒食〉、〈清明〉、〈上巳〉
南宋	周密	《武林舊事》	〈祭掃〉
南宋	高承	《事物紀原》	〈歲時風俗部〉
南宋	范成大	《吳郡志》	〈風俗〉
南宋	洪邁	《容齋隨筆》	〈雨水清明〉、〈一百五日〉

（二）類　書

時　代	作　者	書　名	與上巳、寒食、清明相關部分
唐	歐陽詢	《藝文類聚》	〈歲時部中〉
唐	白居易	《白孔六帖》	〈寒食〉、〈三月三〉
北宋	李昉	《太平御覽》	〈時序部〉
清	陳夢雷	《古今圖書集成》	〈歲功典・上巳部〉、〈歲功典・清明部〉
清	張英	《淵鑑類函》	〈歲時部七〉

（三）文人筆記

時　代	作　者	書　名	與上巳、寒食、清明相關部分
梁	吳均	《續齊諧記》	〈寒食〉
唐	段成式	《酉陽雜俎》	〈支諾皋下〉
唐	李匡乂	《資暇集》	〈出城儀〉

（四）民間傳說

　　中國古代歲時民俗與民間傳說、神話的關係極為密切，諸多節日與節俗之由來，常因有因應的相關傳說或神話。與歲時民俗有關之傳說故事一般是先在民間以口耳相傳的形式世代相傳，但它們一經文人記載而成為故事的文本，則更深植人心，而逐漸成為歲時文化的一部分。寒食清明亦不例外，常可在神話、傳說、遺聞、軼事、志怪小說中找到與清明節相關的內容，它們或者被用來解釋寒食禁火儀式活動的由來，或者本身就作為寒食清明節日節俗活動的根源。

（五）小　結

　　本論文是以清明節之「起源」為討論之核心，在進入主題之前，首要釐清「清明」的節氣與節日的不同。從清明與清明節區別來看，節氣只是時序的標誌，而節日則包含有某種風俗習慣和紀念意義。清明之得名和最初意義上與農耕活動有極大關係，但是在節日內容上，卻並不是在這傳統意涵的基礎上發展出來的。後世的清明節實際上是一個複合節日，是吸收、借取了龍抬頭、寒食、上巳節日的傳承。因此，取材必須注意屬於龍抬頭、寒食節與上巳節文化相關之部分，舉凡與龍抬頭、寒食節與上巳節文化之由來、架構基礎和體系等相關書籍資料或記載，以及近代學者之研究著作，皆為本論文參考引用的資料來源。藉由相關資料的整理，建構出龍抬頭、寒食節與上巳節文化的完整風貌，才能更進一步探討清明節俗之由來及其歷史發展。

第三節　研究方法與架構

　　本論文之重心在探討清明節起源下，其節俗所蘊含的祭祖意義。至今，人們對清明節初始之節日義涵已模糊不清，又因後世介之推傳說，而使一般民眾誤以為清明節起源於紀念忠心耿耿的介之推。若要探究清明節的由來及

初始義，並進而討論清明節的祭祖文化，就得從中國古代典籍、史料等材料所載相關資料著手分析，同時參考近代學者相關研究，以更進一步瞭解清明節之文化。本文在文獻資料基礎上，將寒食節、上巳節、清明節結合起來，主要從節俗源流、內容解讀入手，綜合運用功能分析、比較研究和參與觀察的方法，進行較為全面、系統的比較研究。故本文之研究方法與步驟分述如下：

一、研究方法

（一）字源探求法

從甲骨文到現代漢字，漢字的形音義都發生了種種變化，某些字可能在變化中，改變其形音義。因此對於重要的字義，必須從其字源開始探討，深究其意義的來龍去脈，才能獲得推論過程與思想內容的正確性。故本論文利用字源探求法，深究「陰」、「陽」、「火」、「卯」等重要字義，以架構本論文相關內容之基礎。

（二）系統分析法

系統分析法即將論文作一系統論證，建立完整的系統理論，並予以詳實論證與解析。本論文依據所蒐集的資料，由清明由來及其名稱談起，在中國農耕文化的理論基礎下，試圖分析清明節節俗起源意義，以使整篇論文有一完整體系，而不至於駁雜零亂。

（三）歸納法

歸納法即從個別的具體現象出發，歸納出一般的抽象概念和原理，推論出個別和特殊的判斷。本論文的核心內容為清明起源之探討，而在論述其發展過程中，提及相關於的農耕文化的部分時，會與春耕祭典的上巳和寒食有密切的關係。故本文在前人對巫術的研究中，歸納出的施行原理，以整理中國農耕文化的巫術色彩，再從而演繹出清明節起源義涵之由來。

（四）比較綜合法

比較綜合法即將同源資料、異源資料、原書作一嚴整細密的比對，以找出其詳略異同所在，並將其組成一個整體，深入分析彼此聯繫及相互關係，以達到概念的認知。本論文即根據比較綜合法，將眾說紛紜的清明由來、清明節日演變與掃墓祭祖統合整理出一合理結論。

二、研究架構

首先，本論文透過系統分析法與比較綜合法，歸納典籍、史料等材料所載與清明起源、結構相關之資料，考究清明與節氣的關係，以及清明節蘊含掃墓盡孝思的節日義涵。同時參考近世學者的論點，將眾說紛紜的清明節起源作一整理歸納，以完整說明清明節掃墓祭祖的節日現代意義。

其次，本論文針對清明節文化之由來、存在之架構基礎、文化體系等主題，收集相關典籍文獻，並透過文獻資料之分析歸納，分析文獻裡中國清明節文化由上巳節和寒食節所架構的基本思維及其富含的祭祀色彩，從而確立清明節文化的意義及價值。

再次，在中國清明節文化的理論架構下，由分析文獻資料之記載，探求清明節的節俗文化之具體內容，從上巳節和寒食節起源等多面向切入，進而歸納其整體文化模式，並以表格為輔，輔助說明清明名稱之來由。

故本論文之研究方法主要以歸納演繹法作為研究之理脈。首先大量收集與清明節、上巳節和寒食節文化有關之文獻及學者相關著作，由諸多資料梳理出清明節節日義涵與中國清明掃墓祭祖文化的連結關係，並形成一粗略的系統概念。再逐一將所收集之文獻資料分類、歸納，進一步建構出本論文的主體架構：清明與春耕、寒食與上巳節俗的起源結構與內涵、清明節的形成，蒐羅相關典籍與資料，並分析其相關性及邏輯性，探討出合理的思考脈絡。此外，配合各章節的主題內容之詮釋，探索整體現象與觀念之本質，使本論文之立論與推論之過程更詳盡且客觀。

清明利用這樣的農事節氣名稱綜合了這個時間點上相似的節俗活動，用意在於「延續與融合」。清明節日出現春季的節日性質大多相近，皆以農耕為主，祈求生產豐收，康泰平安，多福多壽，人丁旺盛。清明往往與上巳、寒食相連，皆由春季農耕發展出來。由此不難推出雖然清明屬於農事氣象，但是後來會和上巳、寒食結合，主要是時間點上都正值仲春節氣前後，且幾乎清明與上巳、寒食的時間是重疊的，我們可以推論應為上古春分節氣之分化。

清明節在唐宋之前只是一個單純的農事節氣。清明節氣的發展，因為一直無法具體備有向節日轉化之條件〔註16〕，所以後來清明節之成型也並非以

〔註16〕見於張君：《神秘的節俗》，（廣西出版社，2004年1月），頁7，載二十四節氣中，真正因其曆法上占據了特殊位置而直接變為節日的只有冬至。冬至變為節日不僅是重要節氣，更是因為它被作為一年之始，是新舊交替的一天。

傳統年節的結構而成〔註 17〕，其主要是附加於上巳、寒食的活動中，習俗經過融合相互交叉影響，才逐漸形成固定民俗節日的雛型。故欲上溯清明民俗節日的起源與結構，必須由分析寒食節和上巳節開始，以深入了解其轉化為清明節對中國人歷史上的意義。

〔註17〕見於張君：《神秘的節俗》，頁 2，提到古代早期型年節的結構均源於原型因子：歲時活動、祭禮、時令、巫社集會、神秘傳說、節氣和具有特殊意味的干支日。

第二章　清明的由來及其名稱

　　《詩經》有「牧野洋洋，檀車煌煌……肆伐大商，會朝清明〔註1〕」之說，孔穎達疏「以朝旦昧爽清明之時伐之」，敘述商紂王亂國，周武王起兵討伐，牧野一戰大敗商，平治天下。《逸周書》記載：

　　　　穀雨之日，桐始華，……清明之日，萍始生。又五日，鳴鳩拂其羽，

　　　　又五日，戴勝降于桑。〔註2〕

敘述春雨可貴，百穀萌發，清明時節可發現大量浮萍隨水飄流繁生，桑樹也長出翠綠的新葉，正適合養蠶。另《禮記》也記載：

　　　　季春之月……桐始華，田鼠化爲鴽，虹始見，萍始生。〔註3〕

孔穎達正義引《三統厤》云：「三月之節，日在胃七度，……清明日在昴八度。」謂清明之時，白桐開始開花，滿山怒放，遠望白茫茫一片；而喜歡陰暗的田鼠，躲回洞穴不見了，喜歡陽氣的鴽鳥則在天空飛翔。接著由於季風帶來雨水，水氣多了，折射太陽光而出現了虹。綜論前例，清明的名稱應起源天候狀況及物候現象的描述，「清明」時節，正是陽氣極盛，萬物萌生的好時機。

〔註1〕　《詩經》卷十六〈大雅・大明〉。見於（西漢）毛亨傳，（東漢）鄭玄箋，（唐）孔穎達疏，（清）阮元校勘：《毛詩正義》，收入《十三經注疏附校勘記》，（臺北：藝文印書館，1985年），頁544。

〔註2〕　《逸周書》卷五二〈時訓〉。見於（清）朱右曾校：《逸周書集訓校釋》，（臺北：世界書局，1957年1月），頁143。

〔註3〕　《禮記》卷十五〈月令〉。見於（東漢）鄭玄注，（唐）孔穎達疏，（清）阮元校勘：《禮記注疏》，收入《十三經注疏附校勘記》，（臺北：藝文印書館，1985年），頁302。

在《管子》亦記云：

> 十二地氣發，戒春事。……十二天氣下，賜與。……十二清明，發
> 禁。〔註4〕

記載著天候每十二日就有一個節氣變化，春天共有八個節氣，而清明是第五個節氣，正說明寒冬過去了。此時天氣逐漸和暖，大地在清爽新鮮的空氣與溫和明媚的陽光之下，呈現「穹蒼，蒼天也。春爲蒼天……爲青陽〔註5〕」的一片青綠大地。

節氣是中國文化中以氣溫、降雨、物候等方面的變化而制定日期特色的一種標誌。節氣的名稱，除了二分二至四立外，其餘多採用有關天氣和物候的名稱〔註6〕。若了解節氣形成的原因、劃分的標準以及命名的深層意義，便可以清楚節氣所標誌的自然時序，不僅是上古先民在實質生活上應對自然變化規律的方式，更涵蓋著四時循環往復的「陰消陽長」過程。先民藉由自然

〔註4〕《管子》卷第三〈幼官〉。見於（春秋）管仲，（唐）尹知章注，（清）戴望校正：《管子校正》，（世界書局，1958年5月），頁38。

〔註5〕《爾雅》卷第八〈釋天〉。見於（東晉）郭璞注，（宋）邢昺疏，（清）阮元校勘：《爾雅注疏》，收入《十三經注疏附校勘記》，（臺北縣：藝文印書館，1985年），頁69～70。

〔註6〕中國古代習慣以「立春、立夏、立秋、立冬」表示四季的開始，則「春分、夏至、秋分、冬至」處於各季的中間。根據（清）徐卓撰：《節序日考》，收入《清嘉慶刻本》，卷一，〈春分節〉，頁2，（檢索自「臺灣師範大學中國基本古籍庫系統」）解釋春分是「二月中，分者半也，此當九十日之半，故謂之分。」即春分是二月的中間日子，所謂的「分」是指一半的意思，也就是在春季三個月的一半。這時太陽運行到黃經0度（春分點），直射在赤道，所以南、北半球受到日照的時間一樣長，晝夜平分。從春分之後，白天會越來越長，夜晚則一天比一天短了。所以《春秋繁露》卷十二〈陰陽出入上下〉，見於（漢）董仲舒，陸費逵總勘：《春秋繁露》，收入《中華書局據抱經堂本校刊：四部備要（經部）》，（臺北：中華書局，1965年），頁3，提到「春分者，陰陽相半也，故晝夜均而寒暑平」，而民間也有「春分秋分，晝夜平分」的諺語。從二十四節氣的命名可以看出，節氣的劃分充分考慮了季節、氣候、物候等自然現象的變化。「小暑、大暑、處暑、小寒、大寒」等五個節氣反映氣溫的變化，用來表示一年中不同時期寒熱程度；「雨水、穀雨、小雪、大雪」等四個節氣反映了降水現象，表明降雨、降雪的時間和強度；「白露、寒露、霜降」等三個節氣表面上反映的是水汽凝結、凝華現象，但實質上反映出了氣溫逐漸下降的過程和程度：氣溫下降到一定程度，水汽出現凝露現象；氣溫繼續下降，不僅凝露增多，而且越來越涼；當溫度降至攝氏零度以下，水汽凝華爲霜。「小滿、芒種」則反映有關作物的成熟和收成情況；「驚蟄、清明」反映的是自然物候現象，尤其是驚蟄，它用天上初雷和地下蟄蟲的復蘇，來預示春天的回歸。

節奏感和方向感，來調整人與自然的關係。在上古的時空流轉中，陰陽四時與五行空間方位結合，時間與空間一一對應，時間與空間互爲表裡。清明節氣便是和天候緊密結合，眞實呈現其最初的義涵——「空間與時間的感受」。本章第一節著眼此點，探討清明名稱的深層意義，奠定清明在中國文化中的地位。

再者，清明跟上古觀象授時有深刻的歷史淵源。清代顧炎武曾說「三代以上，人人皆知天文」、「七月流火，農夫之辭也」〔註7〕，原因是農耕必須準確地預料季節的來臨，及時耕種且不誤農時，於是上古「觀星定曆」把對天象變化的觀察，同農耕活動結合。在節氣尚未成熟形成之前，也就是上古科技未進步至利用土圭（直立於地面的一根竿子），測量日影長短以定節氣之前，是利用觀測星宿來定季節。根據馮時的說法，上古對天上星宿的了解，主要是爲了更清楚認識節氣的兩個分點（春分和秋分）和兩個至點（夏至和冬至）〔註8〕。由於四象配四方〔註9〕，以東方蒼龍代表春時，因爲春分前後的黃昏時刻，蒼龍出現在南中天。東方蒼龍是四象中備受關注的，主要原因起源於其所具有的觀象授時的重要作用，與農耕需要有極大關係。尤其以蒼龍的「大火〔註10〕」晨昏出沒在天空中的位置，可以據以確定季節時氣，因此要了解清明，不能忽略蒼龍的天文意義。本章第二節著眼此點，將農耕和天時天象作結合，配合中國特有的時空觀，以「東方」春生之性和五行「木」之屬性，關聯《周易》乾卦時空概念。再根據天文和節氣現象的啓示，而運用於人事，以此更顯清明在中國歲時體系中有著獨特的地位。

第一節　清明與節氣的關係

由於上古曆法尚未完備，對於日期無法固定，必須仰賴日月星辰升落、風霜雨雪、草木榮枯、飛鳥去來、蟲魚律動等氣候、物候的周期性出現以計

〔註7〕《日知錄》卷三十〈天文〉。見於（清）顧炎武撰，黃汝成集釋：《日知錄集釋》，頁1。

〔註8〕見於馮時：《中國天文考古學》，（北京：社會科學文獻出版社，2001年11月），頁109。

〔註9〕上古重視星象的時間標誌意義，將天上的二十八星宿分爲四大天區：東方蒼龍、西方白虎、北方玄武、南方朱雀，稱爲四象。

〔註10〕在此所提及的「大火」、「大火星」皆指涉「心宿二」而言，並非五行星中的「火星」。

算時間。換言之，先民利用氣候變化、天象流轉的規律，總結出可以預期的時間段落意識——歲時。蕭放認為這樣的獨特時間觀念是以節氣循環一周為標準〔註 11〕，而清明就是以此延伸出來的季節段落，是中國獨特的四時八節時間段落的界標。

依蕭放的說法，上古以太陽的視運動確定「日」的轉換，其舉用《山海經》所記載「有女子名曰羲和，方日浴于甘淵。羲和者，帝俊之妻，生十日〔註 12〕」，將此十子以日命名的神話，以及「有谷曰溫源谷。湯谷上有扶木。一日方至，一日方出，皆載于烏〔註 13〕」，說日交會相代，皆以太陽與天象的配合，確定「四時」的季節變化，可知太陽是上古時間觀念形成過程的關鍵。〔註 14〕先民看著太陽日出與入落的位置，以向南或向北偏移的高度與角度的變化，作一周年的自然時序與方位的標誌。每當春分、秋分，太陽升起於正東方，正西方落下；春分過後直到夏至之時，太陽升起於東北偏東，由西北偏西落下；秋分過後直到冬至，太陽升起於東南偏東方，由西南偏西方落下。夏至的太陽高度達到最北，而冬至則達到最南。如此藉由觀察太陽每天固定時間位在天空的高度、方位與仰角的變化，確定自然時序和方位：從天文角度來劃分春分、秋分、夏至、冬至四節氣的正確時間以及指示四方位。故更能說明後來的二十四節氣的產生，應都是依天文學標準平均分配的結果，以太陽與地球相對位置所訂出來的日期。

再者，由太陽照射的不同高度角度，會有晴朗寒暖的陰陽天氣變化，及冷熱氣流動形成的大氣現象〔註 15〕，此正是形成節候的主因。本節將以分至

〔註 11〕 蕭放：《歲時——傳統中國民眾的時間生活》，頁 3～5，說明：「歲時是中國傳統社會特有的時間表述，它起源於中國民眾對日常生活的理解……就是中國人創造性的、獨特性的時間分隔方式。」

〔註 12〕 見於（東晉）郭璞撰，（清）畢沅校正：《山海經》，（上海市：上海商務印書館，1936 年），第十五卷，〈大荒南經〉，頁 125。

〔註 13〕 見於（東晉）郭璞撰，（清）畢沅校正：《山海經》，第十四卷，〈大荒東經〉，頁 121。

〔註 14〕 蕭放：《歲時——傳統中國民眾的時間生活》，頁 9，說明：天干的十個數符亦起源於記日需要；另以月亮圓缺的週期定「月」的時間單位。

〔註 15〕 地球繞行太陽公轉，會導致陽光直射範圍有所變動。當太陽直射赤道時，熱力作用均勻分布於南北半球；而太陽直射位置逐漸向北回歸線移動，熱量便集中在北半球，形成北半球夏季炎熱環境。當日夜冷熱交替、地面溫度升降，便促成海陸熱力對比與反轉效應，形成海陸風。日間陸地熱，海風吹向陸地，夜間則相反，由陸地吹向海洋。

四時的節奏規律，與陰陽八卦的空間關係相配結合一起，以此深入說明清明節氣與陰陽運行有著密切關係。

一、源於自然時序的標誌

《尚書・堯典》云：「欽若昊天，厤象日月星辰，敬授人時。〔註16〕」說明上古的時序觀念，形成的過程是觀察日月星辰的出沒。馮時說上古以太陽在星空間的運動位置，來決定節氣、晝夜長短〔註17〕。《山海經》中，以神話記述了六座日出之山與日入之山：

> 東海之外，大荒之中，有山名曰大言，日月所出。……大荒之中，有山名曰合虛，日月所出。……大荒之中，有山名曰明星，日月所出。……大荒之中，有山名曰鞠陵於天，東極離瞀，日月所出。……大荒之中，有山名曰猗天蘇門，日月所生。……東荒之中，有山名曰壑明俊疾，日月所出。……〔註18〕

> 西海之外，大荒之中，有方山者，上有青樹，名曰櫃格之松，日月所出入也。……大荒之中，有山名曰豐沮玉門，日月所入。……大荒之中，有龍山，日月所入。……大荒之中，有山名曰日月山，天樞也，吳姬天門，日月所入。……大荒之中，有山名曰鏖鏊鉅，日月所入者。……大荒之中，有山名曰常陽之山，日月所入。……大荒之中，有山名曰大荒之山，日月所入。……〔註19〕

這是上古觀察太陽起落位置的實錄，以日月出入不同山名，對太陽循環往復過程中較固定的節點作記錄，來辨別季節的變更。從太陽運行來看，最南的位置是冬至的標誌山，到了第六對山時，即夏至日，再依次向南移動，直到冬至山。如果以一山為一月的標誌，太陽的北行與南歸正好組成十二個月的回歸年。另外，在殷商甲骨文的牛胛骨刻辭紀錄中，所記東西南北四方的方

〔註16〕《尚書》卷第二〈虞書・堯典〉。見於（西漢）孔安國傳，（唐）孔穎達疏：《尚書正義》，收入《十三經注疏附校勘記》，（臺北：藝文印書館，1985年），頁21。

〔註17〕見於馮時：《天文學史話》，（臺北：國家出版社，2005年1月），頁123。

〔註18〕見於（東晉）郭璞撰，（清）畢沅校正：《山海經》，第十四卷，〈大荒東經〉，頁120～121。

〔註19〕見於（東晉）郭璞撰，（清）畢沅校正：《山海經》，第十六卷，〈大荒西經〉，頁127～130。

名和四方風名，有一套準確表達「分至日」意義的特殊名稱之完整紀錄：

> 東方曰析，風曰協。
>
> 南方曰因，風曰微。
>
> 西方曰彝，風曰彝。
>
> 〔北方曰〕几，風曰役。〔註20〕

以「析」和「彝」指春分和秋分，代表晝夜平分；又以「因」和「几」指夏至和冬至，代表白天的極長和極短。此二分日和二至日的確定，便是來自於太陽在星空間位置的觀測。〔註21〕至於《尚書》所謂「日中」、「日永」、「宵中」、「日短」〔註22〕之名，其形成亦與太陽有密切的關係。

太陽升起與落下的位置，是因為地球公轉的因素經常發生時段性變化，標誌著季節迴圈移動。這個變化的規律很早就被先民觀察到，只是上古一直以為地球本身是不動的，晝夜和季節的變化是由於太陽位置變化引起的，先民憑藉直覺的感官和長期積累的經驗，把太陽東升西落的不同位置標記下來。觀測太陽位置的方法，除了目測外，還有利用「表〔註23〕」等簡易儀器，可觀測不斷變化的日影，記錄太陽日出到日落的運行軌跡。《周禮》中有完整記載運用「土圭」測量日影長：

> 大司徒之職……以土圭之濩，測土深，正日景，以求地中。日南則
>
> 景短多暑，日北則景長多寒。日東則景夕多風，日西則景朝多陰。
>
> 日至之景，尺有五寸，謂之地中。〔註24〕

此法以正午的日影長配合節氣一周迴環，搭合適當的日期找出四時，亦因而有了回歸年的概念〔註25〕。關於節氣的日影測量，《周禮》又曾記載：「冬夏

〔註20〕殷商甲骨文字檢索自胡厚宣主編：《甲骨文合集釋文》，（北京：中國社會科學出版社，1999 年 8 月），第 14294。

〔註21〕見於馮時：《天文學史話》，頁 123。

〔註22〕《尚書》卷第二〈虞書‧堯典〉。見於（西漢）孔安國傳，（唐）孔穎達疏，（清）阮元校勘：《尚書正義》，收入《十三經注疏附校勘記》，頁 21，載：「日中星鳥，以殷仲春……日永星火，以正仲夏……宵中星虛，以殷仲秋……日短星昴，以正仲冬。」以鳥、火、虛、昴四宿為仲春、仲夏、仲秋、仲冬黃昏時候的中星。

〔註23〕所謂「圭表」：圭是平置地面上的一支玉石所製的尺，表是直立地面的一支八尺木竿。即用表竿來測定日影之長短，立竿見影以定時間。

〔註24〕《周禮》卷第十〈地官‧大司徒〉。見於（東漢）鄭玄注，（唐）賈公彥疏，（清）阮元校勘：《周禮注疏》，收入《十三經注疏附校勘記》，（臺北：藝文印書館，1985 年），頁 149～154。

〔註25〕見於馮時：《天文學史話》，頁 124。

致日，春秋致月，以辨四時之敘。〔註26〕」鄭玄注「冬至，日在牽牛，景丈三尺；夏至，日在東井，景尺五寸」，提到冬至、夏至所測量的太陽視位置與日影長度。太陽在星空間的位置移動，由於高度轉折致使太陽照射方位不同，熱量集中亦有差異，造成天候有冷暖不同，明顯表現於分至四時。上古以每日所觀察天空的太陽運行的方位〔註27〕，大致將節氣有所轉換、太陽的直射位置有所變動時，配合日影的長短，呈現的大地天候狀況作記錄。此外，並予以適當的名稱，不僅作為時間的標誌，也適時提供每年季節變更的自然現象的重要參考。另一方面，方位的測定源於日影的變化，二分日時太陽出升的位置是正東方，日落的位置則是正西方。二十四節氣開始的兩分點測定，和先民確定方位的做法有密切關係，兩分點形成與四時八節、方位的結合，春分和秋分主東、西，夏至日行極北，其後南移，冬至日行極南，其後北歸，分主南、北。〔註28〕

　　利用二十四節氣中最重要的春分與秋分為基點，通過平分兩分日的距離，再找到冬至與夏至兩個至點，又通過平分「冬至、春分、夏至、秋分」四時，而確立「立春、立夏、立秋、立冬、春分、秋分、夏至、冬至」八節，用來反映季節。接著將八節之間的距離平均三分，於是定立了二十四節氣。最早出現的分至四時都是屬於「氣」，啟閉四立則屬於「節」，上古即利用節、氣以記錄時間和物象。由此可知，依《淮南子》〈天文〉所記載「日行一度，十五日為一節，以生二十四時之變。〔註29〕」，便把一回歸年配合每十五天轉

〔註26〕《周禮》卷第二十六〈春官・馮相氏〉。見於（東漢）鄭玄注，（唐）賈公彥疏，（清）阮元校勘：《周禮注疏》，收入《十三經注疏附校勘記》，頁404〜405。

〔註27〕把太陽周年視運動均勻地劃分成若干等分，每一等分標誌著太陽在星空間，一周年運動中的一個固定位置，每一位置代表某一段時間。以此決定節氣概念，「節」指段落，「氣」是指氣象物候，節氣反映了地球圍繞太陽運動的過程。

〔註28〕雖然地球圍繞太陽轉動，但是古人直觀感受到的卻是太陽在星空間的位置不斷改變。由於太陽的視位置決定了地球上的節氣、晝夜長短等許多天文現象狀況。觀測太陽的視位置明顯表現在二分日（春分、秋分）和二至日（夏至、冬至）的確定。每年依季節觀測太陽升起落下之方位如下：

（1）在春分、秋分時：太陽升起於正東方，正西方落下。

（2）春分過後直到夏至時：太陽升起於東北偏東，由西北偏西落下。

（3）秋分過後直到冬至時：太陽升起於東南偏東方，由西南偏西方落下。

〔註29〕見於（西漢）劉安撰，（東漢）高誘注：《明刻淮南鴻烈解》，（臺北：鼎文書

換的氣候物候等自然現象，平分爲二十四節氣。把從多至起奇數次的氣，如大寒、雨水等，稱爲中氣；偶數次的氣，如立春、清明等，稱爲節氣〔註30〕。如此透過節氣的訂定，使人民農耕作息時間有所遵循。

「清明」節氣標誌著太陽運行剛過春分，日夜不再平均。以空間角度分析，春分之時，太陽正好直射赤道，對於黃河流域而言，熱力作用均勻分布，日照時間平均；但是走入清明之後，太陽直射範圍逐步集中此區，日照時間較長。故此時正是大地回暖、日照剛開始增長，「萬物蒼蒼然生。……氣清而陽溫」，天地瀰漫著欣欣向榮的蒼綠色氣象，農作芽苗遍生。植物青色之本質，加上天空高遠，「仰視天形，穹隆而高，其色蒼蒼」，一片青白天色，所謂「天之蒼蒼，其正色耶？其遠而無所至極耶？」〔註31〕便意指天色散佈生機，這正是對清明天候的最好註腳。「清明」節氣，是爲配合節候變化，以「曆象日月星辰」所訂的「敬授人時〔註32〕」。

局，1979 年 12 月），第卷三，頁 120，上古二十四節氣體系形成的時間，至遲可以上溯至戰國，不過全部完整名稱的最早的文獻紀錄。

〔註30〕有易書房主人：《從蒼龍看易經》，（臺北：遠流出版社，2002 年），頁 90，說明：「古代曆法以冬至爲一年的始點與回歸點。將今年冬至到下一個冬至整個回歸年的時間，均分爲十二等分，每個均分點就是中氣的位置。再將每段中氣加以等分，所產生的均分點就是節氣，這就是所謂的恆氣畫分法。十二個中氣再加十二個節氣，就是俗稱的二十四節氣。……節氣先行，十五天後就是中氣；中氣又過十五天，接著就是下一個節氣。」

〔註31〕《爾雅》卷六〈釋天〉。見於（東晉）郭璞注，（宋）邢昺疏，（清）阮元校勘：《爾雅注疏》，頁 94～95，載：「穹蒼，蒼天也。春爲蒼天……春爲青陽。」郭璞注「天形穹隆，其色蒼蒼，因名云。……萬物蒼蒼然生。……氣清而陽溫。」邢昺疏「春時萬物蒼蒼然生，春時天名曰蒼天也。……李巡云：『古詩人質仰視天，形穹隆而高，其色蒼蒼，故曰穹蒼』」。

〔註32〕《尚書》卷第二〈虞書·堯典〉。見於（西漢）孔安國傳，（唐）孔穎達疏：《尚書正義》，收入《十三經注疏附校勘記》，頁 21。

※節氣簡表〔註33〕

節　氣〔註34〕	太陽黃經度數〔註35〕	陽曆日期（大約時間）	陰曆日期（大約時間）〔註36〕	地支	八卦	七十二候〔註37〕
立春（節）	315°	2月3～5日	一月孟春	寅月	艮	東方解凍，蟄蟲始振，魚上冰風不解凍。
雨水（氣）	330°	2月18～20日	一月孟春	寅月	艮	獺祭魚，鴻雁來，草木萌動
驚蟄（節）	345°	3月5～7日	二月仲春	卯月	震	桃始華，倉庚鳴，鷹化爲鳩。
春分（氣）	0°	3月20～21日	二月仲春	卯月	震	玄鳥至，雷乃發聲，始電。
清明（節）	15°	4月4～6日	三月季春	辰月	震	桐始華，鼠化爲鴽，虹始見。
穀雨（氣）	30°	4月19～21日	三月季春	辰月	巽	萍始生，鳴鳩拂羽，戴勝降于桑。

〔註33〕二十四節氣是根據太陽在黃道（即地球繞太陽公轉的軌道）上的位置來劃分的。視太陽從春分點（黃經零度，此刻太陽垂直照射赤道）出發，每前進15度爲一個節氣；運行一周又回到春分點，爲一回歸年，合360度，因此分爲24個節氣。節氣的日期在陽曆中是相對固定的，如立春總是在陽曆的2月3日至5日之間。但在農曆中，節氣的日期卻不大好確定，再以立春爲例，它最早可在上一年的農曆12月15日，最晚可在正月15日。

〔註34〕每個節氣的專名，均含有氣候變化、物候特點和農作物生長情況等意義：即立春、雨水、驚蟄、春分、清明、穀雨、立夏、小滿、芒種、夏至、小暑、大暑、立秋、處暑、白露、秋分、寒露、霜降、立冬、小雪、大雪、冬至、小寒、大寒。以上依次順數，逢單的爲節氣，簡稱爲「節」；逢雙的爲中氣，簡稱爲「氣」，合起來就叫「節氣」。

〔註35〕因地球繞日一年轉360度，將360度分爲24份，每份是15度，15度爲一個節氣，每個節氣即約15天，這就構成了二十四個節氣了。「節氣」是陽曆成分，其本質是把太陽周年視運動均勻地分成若干等分，標誌著太陽在一周年運動中的一個固定位置，因此它是反映氣候變化規律的客觀尺度。若將地球軌道比喻爲一條環形道，那麼二十四節氣就好比是道路上里程的標誌。

〔註36〕陰曆月的標準上，引入了「朔」的概念，而建立回歸年的標準上，又引入了「氣」的概念，這兩個概念的相互配合，成爲中國曆法的重要特點：陰陽合曆。

〔註37〕見於（西晉）孔晁注，（清）陸費逵總勘：《逸周書》，收入《中華書局據抱經堂本校刊：四部備要（史部）》，（臺北：中華書局，1965年），卷六，〈時訓解〉，頁2～5。

立夏（節）	45°	5月5～7日	四月孟夏	巳月	巽	螻蟈鳴，蚯蚓出，王瓜生。
小滿（氣）	60°	5月20～22日	四月孟夏	巳月	巽	苦菜秀，靡草死
芒種（節）	75°	6月5～7日	五月仲夏	午月	離	螳螂生，鵙始鳴，反舌無聲
夏至（氣）	90°	6月21～22日	五月仲夏	午月	離	鹿角解，蜩始鳴，半夏生。
小暑（節）	105°	7月6～8日	六月季夏	午月	離	溫風至，蟋蟀居辟，鷹乃學習
大暑（氣）	120°	7月22～24日	六月季夏	未月	坤	腐草為螢，土潤溽暑，大雨時行
立秋（節）	135°	8月7～9日	七月孟秋	申月	坤	涼風至，白露降，寒蟬鳴
處暑（氣）	150°	8月22～24日	七月孟秋	申月	坤	鷹乃祭鳥，天地始肅，禾乃登
白露（節）	165°	9月7～9日	八月仲秋	酉月	兌	鴻雁來，玄鳥歸，群鳥養羞
秋分（氣）	180°	9月22～24日	八月仲秋	酉月	兌	雷始收聲，蟄蟲培戶，水始涸
寒露（節）	195°	10月8～9日	九月季秋	戌月	兌	鴻雁來賓，爵入大水化為蛤，菊有黃華
霜降（氣）	210°	10月23～24日	九月季秋	戌月	乾	豺乃祭獸，草木黃落，蟄蟲咸俯
立多（節）	225°	11月7～8日	十月孟冬	亥月	乾	水始冰，地始凍，雉入大水為蜃
小雪（氣）	240°	11月22～23日	十月孟冬	亥月	乾	虹藏不見，天氣上騰地氣下降，閉塞而成冬
大雪（節）	255°	12月6～8日	十一月仲冬	子月	坎	鶡鳥不鳴，虎始交，荔挺生
多至（氣）	270°	12月21～23日	十一月仲冬	子月	坎	蚯蚓結，麋角解，水泉動
小寒（節）	285°	1月5～7日	十二月季冬	丑月	坎	雁北向，鵲始巢，雉始鴝鴝
大寒（氣）	300°	1月20～21日	十二月季冬	丑月	艮	雞始乳，鷙鳥厲疾，水澤腹堅

※二十四節氣成因、在黃道上的位置〔註38〕

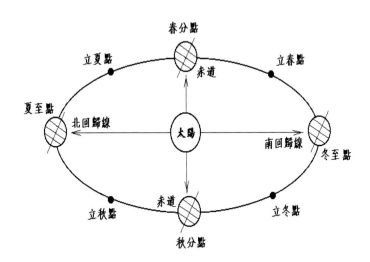

二、陰陽四時之氣

　　「清明」是上古根據日照與天候的變化，由四時八節再細分出的節氣標誌。節氣每十五天的改變，除了觀察物候天候等自然現象外，最直接的感受便是大地吹起不同的風。中國屬於季風性氣候，冬季季風來自西北內陸，挾帶冷氣流南下，夏季季風來自東南海洋，挾帶暖氣流北上，一年一度周而復始。季節風吹的方向幾乎是固定的：春是東風，夏是南風，秋是西風，冬是北風，於是可依據各自不同的風向，而劃分出溫、熱、涼、冷的性質差異，因而能掌握四時的規律。《夏小正》便以季風的去來，作爲季節轉換的標誌：

　　　　正月必雷……時有俊風。俊者，大也，大風，南風也。何大於南風
　　　　也？曰：合冰必於南風，解冰必於南風；生必於南風，收必於南風；
　　　　故大之也。〔註39〕

　　每當南風吹起，可使冰融解、稻禾生長；當南風轉向離去，稻穀已熟、

〔註38〕太陽升起東方，西方落下，是地球自轉所引起的，但太陽每天的高度、方位
　　　　與仰角的變化，是地球公轉（由西向東繞太陽）所引起的。又因地軸的傾斜
　　　　（赤道與公轉軌道呈約23.5度傾斜），使得當太陽直射北半球之北回歸線時，
　　　　北半球爲夏季，南半球爲冬季。在春分或秋分的一刻，地球赤道平面與公轉
　　　　軌道平面相交的直線正向著太陽，南北半球受日照的時間均等。
〔註39〕見於（西漢）戴德傳，（南宋）傅崧卿注：《夏小正戴氏傳》，（長沙市：長沙
　　　　商務印書館，1937年12月），頁1～2。

冰又再結凍，可見俊風、南風就是東南季風。中國地形上，東方瀕臨海洋，故自東吹來的風，本質帶水氣，性溫煦，適合農作物生長。給人最直接感受的風，其性質是將寒暖陰陽之「氣」的變化過程，更細微地展現。節氣就是天地間的陰陽之「氣」變化，而形成的自然時序的感受，「春暖、夏熱、秋涼、冬寒」是陰陽消長的結果。如何劃分四時八節至二十四節氣，即有所謂「陽生於五，極於九，五九四十五日變，變以爲風，陰合陽以生風也。〔註40〕」之說，「風」與「氣」只是同一意義的不同用詞之表達。依馮時的說法，節氣的概念亦起於此〔註41〕。

（一）分至四時的節奏與陰陽運行

陰陽觀念的形成，最晚可上推至商代，甲骨文卜辭已出現陰陽二字：

丙辰卜，丁巳其陰乎？允陰。〔註42〕

此「陰」字應釋爲天氣變化的陰天，指太陽或陽光爲物所遮蔽；後來才引申出黑暗之意，並表示地理方位。孟榮榮曾據甲骨文卜辭資料析分，商代的陰陽涵義極其簡單直觀，僅僅是對天、地自然景象的客觀描述。從天氣上說，日出爲陽，日沒爲陰；從地理上說，山水之向陽面爲陽，背日面爲陰。〔註43〕徐強引用《說文解字》中記載「黔，雲覆日也。從雲，今聲。会，古文黔省。〔註44〕」、「陰，闇也。水之南，山之北也。会聲。〔註45〕」說明陰是陰暗，由於雲蔽日而來。又記載「易，開也。從日一勿。〔註46〕」、「陽，高明也。〔註47〕」，此「一」象地平線〔註48〕，「勿」象日出之光芒，

〔註40〕 《白虎通德論》卷三〈八風〉。見於（東漢）班固：《白虎通德論》，（臺北：廣文書局，1965 年 8 月），頁 107。

〔註41〕 見於馮時：《中國天文考古學》，頁 160，載：「四方神主四時，⋯⋯四方風與四時相配，則是分至時來自四方之氣，這便是節氣之『氣』的由來。」

〔註42〕 殷商甲骨文字檢索自胡厚宣主編：《甲骨文合集釋文》，第 19781。

〔註43〕 見於孟榮榮：〈論中國陰陽哲學的起源〉，（湖北：湘潭大學中國哲學碩士學位論文，2009 年），頁 9〜11。

〔註44〕 《說文》第十一篇下〈雲部〉。見於（東漢）許慎撰，（清）段玉裁注：《圈點段注・說文解字》，（臺北：書銘出版社，1992 年 9 月），頁 580。

〔註45〕 《說文》第十四篇下〈阜部〉。見於（東漢）許慎撰，（清）段玉裁注：《圈點段注・說文解字》，頁 738。

〔註46〕 《說文》第九篇下〈勿部〉。見於（東漢）許慎撰，（清）段玉裁注：《圈點段注・說文解字》，頁 458。

〔註47〕 《說文》第十四篇下〈阜部〉。見於（東漢）許慎撰，（清）段玉裁注：《圈點段注・說文解字》，頁 738。

說明太陽升起雲霧散開，日光照射明朗之意。故陰陽二字之本義，與太陽的照射有密切關係，指有無日光兩種天氣。〔註 49〕可知陰陽觀念起源於天象，而衍申成地理位置的表示，在《尚書》和《山海經》中都有相同的記載〔註 50〕。而《詩經》也大量使用陰陽概念，如下表〔註 51〕

語詞	含　義	義類		出　　處	統計
陽	地名	地理	玁狁匪茹，整居焦穫。侵鎬及方，至于涇陽。〔註 52〕	小雅·六月	9
	山之南	地理	殷其靁，在南山之陽。	召南·殷其靁	
	山之南	地理	子之昌兮，遭我乎猺之陽兮。	齊風·還	
	山之南	地理	度其鮮原，居岐之陽，在渭之將。	大雅·皇矣	
	山之南	地理	后稷之孫，實維大王。居岐之陽，實始翦商。	魯頌·閟宮	
	水之北	地理	我送舅氏，曰至渭陽。	秦風·渭陽	
	水之北	地理	文王初載，天作之合。在洽之陽，在渭之涘。	大雅·大明	
	山之西	地理	度其夕陽，豳居允荒。	大雅·公劉	

〔註48〕 見於（清）王筠：《說文釋例》，（北京：中國書店，1983 年），頁 78，載：「从一者地也」。

〔註49〕 見於徐強：〈順天應時之道——先秦陰陽家思想初探〉，（濟南市：山東大學中國哲學碩士論文，2005 年），頁 4。

〔註50〕 見於（西漢）孔安國傳，（唐）孔穎達疏，（清）阮元校勘：《尚書正義》，收入《十三經注疏附校勘記》，卷第六〈夏書·禹貢〉，頁 88，記載：「岷山之陽至于衡山，過九江至于敷淺原。」此陽指山的南邊。又（東晉）郭璞撰，（清）畢沅校正：《山海經》，第一卷，〈南山經〉，頁 3，載「杻陽之山，其陽多赤金，其陰多白金。」此陰陽皆指地理方位上的南北。

〔註51〕 引用孟榮榮：〈論中國陰陽哲學的起源〉，（湖北：湘潭大學中國哲學碩士學位論文，2009 年），頁 10〜11。

〔註52〕 見於（西漢）毛亨傳，（東漢）鄭玄箋，（唐）孔穎達疏，（清）阮元校刻：《毛詩正義》，收入《十三經注疏附校勘記》：卷第六〈唐風·采苓〉，頁 228。卷第十〈小雅·六月〉，頁 359。卷第一〈召南·殷其靁〉，頁 59。卷第五〈齊風·還〉，頁 189。卷第十六〈大雅·皇矣〉，頁 572。卷第二十〈魯頌·閟宮〉，頁 777。卷第六〈秦風·渭陽〉，頁 246。卷第十六〈大雅·大明〉，頁 541。卷第十七〈大雅·公劉〉，頁 620。卷第九〈小雅·采薇〉，頁 333。卷第九〈小雅·杕杜〉，頁 340。卷第八〈豳風·七月〉，頁 281。卷第九〈小雅·湛露〉，頁 350。卷第九〈大雅·卷阿〉，頁 629。卷第二〈邶風·終風〉，頁 79。卷第二〈邶風·谷風〉，頁 89。卷第二〈曹風·下泉〉，頁 272。卷第二〈豳風·鴟鴞〉，頁 293。卷第十二〈小雅·正月〉，頁 400。卷第十五〈小雅·黍苗〉，頁 514。卷第十七〈大雅·公劉〉，頁 620。

陽	十月	季節	曰歸曰歸，歲亦陽止。	小雅・采薇	2
	十月	季節	日月陽止，女心傷止，征夫遑止。	小雅・杕杜	
	溫暖	天氣	春日載陽，有鳴倉庚。	豳風・七月	1
	陽光	天象	湛湛露斯，匪陽不晞。	小雅・湛露	2
	陽光	天象	鳳凰鳴矣，于彼高崗。梧桐生矣，于彼朝陽。	大雅・卷阿	
陰	陰天	天氣	曀曀其陰，虺虺其靁。	邶風・終風	6
	陰天	天氣	習習谷風，以陰以雨。	邶風・谷風	
	陰天	天氣	芃芃黍苗，陰雨膏之。四國有王，郇伯勞之。	曹風・下泉	
	陰天	天氣	迨天之未陰雨，徹彼桑土，綢繆牖戶。	豳風・鴟鴞	
	陰天	天氣	終其永懷，又窘陰雨。	小雅・正月	
	陰天	天氣	芃芃黍苗，陰雨膏之。悠悠南行，召伯勞之。	小雅・黍苗	
陰陽	日光之背向	天文/地理	篤公劉！既溥既長，既景迺岡。相其陰陽，觀其流泉。其軍三單，度其隰原，徹田爲糧。	大雅・公劉	1

以上統計結果，與甲骨文卜辭所分析而得的結果高度吻合，其義均由日光之照射與否的明暗現象承襲而來。以「陰」字來看，多與雨字連用，多表示天氣。以「陽」字來看，使用於表地理方位的次數最多，次則爲表天氣、天象或季節。陰陽多爲單用，另外，陰陽連用乃是指地理之南北方位。總結而言，上古時期的陰陽概念起源於天象，再以天候來言陰陽，陰陽表示天氣晴朗寒暖變化中的一種現象。〔註53〕

《左傳》中提到「六氣曰陰、陽、風、雨、晦、明也。分爲四時，序爲五節，過則爲菑。陰淫寒疾，陽淫熱疾。〔註54〕」，將陰陽置於與風雨晦明等同的地位，視爲天候六氣變化中的二氣。以陰陽六氣的天候變化劃分時序，一旦調和不恰當，將形成天災，使人生病。同樣地，《國語》亦記載「陽氣俱蒸，土膏其動，……陰陽分布，雷震出滯。〔註55〕」每當天候寒暖陰陽之氣遍布之時，大地雷鳴發聲，正是「陰陽序次，風雨時至〔註56〕」，陰陽有序才

〔註53〕見於徐強：〈順天應時之道——先秦陰陽家思想初探〉，（濟南市：山東大學中國哲學碩士論文，2005年），頁5～6。
〔註54〕《左傳》卷第四一〈昭公元年〉。見於（春秋）左丘明撰，（晉）杜預注，（唐）孔穎達疏，（清）阮元校刻：《春秋左傳正義》，收入《十三經注疏附校勘記》，（臺北：藝文印書館，1985年），頁708。
〔註55〕《國語》卷一〈周語上〉。見於（春秋）左丘明撰，（東漢）高誘注：《國語》，（臺北：商務印書館，1968年），頁6～7。
〔註56〕《國語》卷三〈周語下〉。見於（春秋）左丘明撰，（東漢）高誘注：《國語》，頁44。

能風雨調和。便說明四時是通過寒暖區分，寒暖調節適宜，雨露便能按時降下。但是到了《國語・周語》，陰陽由天候變化，發展出天地間的兩種氣的說法：

> 周將亡矣。夫天地之氣不失其序，若過其序，民之亂也。陽伏而不能出，陰迫而不能烝，於是有地震。今三川實震，是陽失其所而鎮陰也。陽失而在陰，川源必塞，源塞，國必亡。〔註57〕

認爲陰陽是天地之氣，兩氣之間有一定的運行秩序，若失序則互相壓迫，天下大亂。將陰陽視作兩種互相對立的力量，不是處於靜止不變的狀態，而是「陰消陽長」或「陽消陰長」的運動之中。天下萬物就是通過陰陽兩氣的消長關係，保持相對的平衡。如一年四時氣候變化，從冬經春至夏，氣候逐漸由寒變熱，是一個「陰消陽長」的過程；從夏經秋至冬，氣候逐漸由熱變寒，是一個「陽消陰長」的過程。正是以這種陰陽消息轉化，宇宙萬物才能保持一個動態的平衡。由上述的演化歷程可看出，上古時期的陰陽之名已由對天氣的寒暖感受，轉化爲天地間對自然現象的描繪和解釋。接著更從天地之氣，進一步成爲萬物生成變化的動力，也代表相對事物的性質。先民於仰觀俯察後，發現大自然的運動，特別是氣候的變化、日夜交替、四時代換，都是陰陽二氣的運動。

　　分至四時與陰陽概念有著天然的聯繫，陰陽指寒暑，從性質上可以歸納春夏屬陽，秋冬屬陰。天地之間陰陽二氣的消長平衡，相互轉化，此消彼長，使四時代換，可視爲分至四時推移的成因。《管子》記載「春者，陽氣始上，故萬物生〔註58〕」陽氣在春時始從土地中冒出，又《呂氏春秋》〈孟春紀〉載「是月也，天氣下降，地氣上騰，天地和同，草木繁動〔註59〕」，在孟春之時，天氣、地氣初動，二氣始和，草木獲得滋養，得以發萌。此上騰之地氣即爲陽氣，是藏於大地之下，促使萬物生長之氣。四時之成因與現象，實因陰、陽二氣之盈虛、消長所致，由《管子》所言之「春秋冬夏，陰陽之推移也。〔註60〕」，已認爲四時之分，實爲陰陽二氣之盈虛交運，正所謂「陰

〔註57〕《國語》卷一〈周語上〉。見於（春秋）左丘明撰，（東漢）高誘注：《國語》，頁9。

〔註58〕《管子》卷二十〈形勢解〉。見於（春秋）管仲，（唐）尹知章注，（清）戴望校正：《管子校正》，頁324。

〔註59〕見於（戰國）呂不韋：《呂氏春秋》，（臺北：商務印書館，1968年），卷一，頁3。

〔註60〕《管子》卷一〈乘馬〉。見於（春秋）管仲，（唐）房玄齡注，（清）陸費遠總

陽之專精爲四時……陽施陰化，天之偏氣，怒者爲風。〔註61〕」大地分布陰陽精華，陽施其氣，陰化其物，而成就四時。《淮南子》〈天文〉亦記載「清陽者薄靡而爲天，重濁者凝滯而爲地〔註62〕」，陽屬輕清之氣，當相互摩蕩，向上成爲天；陰屬重濁之氣，則逐漸凝滯，向下成爲地。當「通乎陽氣，所以事天也……通乎陰氣，所以事地也〔註63〕」，天地的精氣結合而分爲陰陽，再分立而成爲四時，可知四時變化正是天的陰陽氣調和的過程。《淮南子》的自然觀基本是以陰陽氣爲天地的根本，所謂「陽氣起於東北，盡於西南；陰氣起於西南，盡於東北。陰陽之始，皆調適相似，日長其類，以侵相遠。〔註64〕」說明陰陽的初始性質寒暖相近，爲春秋二時之過渡氣候，再逐漸各自發展，此消彼長，而爲冬夏二時之相反氣候。四時觀念的建立便是順應大氣循環規律，所呈現出的大自然現象。「清明」呈現氣候寒消暑長變化的感受，當時序進入清明時節，日光照射轉強，氣候晴暖，正是從冬經春至夏，氣候逐漸由寒變熱，是一個「陰消陽長」的過程。

（二）四時與四方、八卦

上古視太陽能量的陰陽盛衰變化，爲節候形成的主因。大地的氣候狀況，從四時的遞變、寒暑的消長、時間的推移到日夜的更迭，都與陰陽二氣有著不可分割的關聯。於是陰陽消長形成四時，而太陽的東升西落確定了四方，將自然時序與方位空間相結合，以四時配合四方，由四方生出八方。按照太陽在天上運行的位置，而顯示地上的節候，因而形成更細微的節氣標誌。「清明」即是根據日照與天候的變化，將大地的陰陽盛衰變動，以細膩的時間與空間感受所呈現的標誌。爲了探討「清明」的實質內涵意義，對於陰陽初始變化有極大關係的八卦概念，必須有所了解，如此一來更可證明清明不僅只是農耕節氣的標誌，其實更將清明的概念深化至中國人的精神哲學

勘：《管子》，收入《中華書局據明吳郡趙氏本校刊：四部備要（子部）》，（臺北：商務印書館，1965 年），頁 18。

〔註61〕《淮南子》第三卷〈天文〉。見於（西漢）劉安撰，（東漢）高誘注：《明刻淮南鴻烈解》，頁 105～106。

〔註62〕見於（西漢）劉安撰，（東漢）高誘注：《明刻淮南鴻烈解》，第三卷，頁 105～106。

〔註63〕《管子》卷十四〈五行〉。見於（春秋）管仲，（唐）房玄齡注，（清）陸費逵總勘：《管子》，收入《中華書局據明吳郡趙氏本校刊：四部備要（子部）》，頁 10。

〔註64〕《淮南子》卷十四〈詮言〉。見於（西漢）劉安撰，（東漢）高誘注：《明刻淮南鴻烈解》，頁 242。

之中。

　　八卦的初始意義，是為了具體深化對所生活的空間——陰陽之氣的存在，於是利用抽象的線形符號，表達具體的空間關係。這樣的表述方法，在文字尚未成熟之前十分常見。如《說文》記載的「上」字寫作「⊥」，下字寫作「⊤」〔註65〕，上下觀念是一種對比關係，兩條線一長一短，利用位置的相反以表達其特點。先民往往是以符號呈現事物，由此可推論上古亦是以此方式，表達陰陽之氣的存在。陰陽之氣的盛衰變化是根據日照的觀察，所謂「天道運而無所積，故萬物成〔註66〕」敘述的便是太陽不斷地東升西落循環運行。詹石窗敘述，上古觀察太陽從地平線上剛升起露出一半時，一半露出地面，一半在地下，相交而成「☉」的形狀。由於光線照射，大地的一橫線之中部與太陽渾為一體，遠望大地似乎被中斷為「— —」，這一瞬間地平線相分離而顯示中空。推想太陽運行的軌跡為「—」，代表太陽運行軌跡的符號，象徵天象。此「—」分開了黑夜與白天，成了八卦中的陽爻。在與地平線相交的同時「一分為二」，將「—」演變為「— —」，代表太陽與地相交衍變來的，象徵地面，「— —」成了八卦中的陰爻。〔註67〕這樣的論述與傳說伏羲「仰則觀象於天……始作八卦〔註68〕」是可以相配合的。由於陰陽八卦的起源問題，一直眾說紛紜，此文則以八卦的線條形式與其基本內涵的陰陽觀念，來探討八卦的起源和本質，以便陰陽結合五行，構建四時五行的時空觀。

　　依李明德說法，八卦是在上古天文學的基礎上發現的，是古代天文曆法的最初形式。〔註69〕孫繼忠也說八卦早期應是象形文，指觀察日月變化時所得的八個自然物體物象。〔註70〕李玉亭更具體說伏羲八卦的天地初始卦

〔註65〕《說文》第一篇下〈一部〉。見於（東漢）許慎撰，（清）段玉裁注：《圈點段注·說文解字》，頁1。

〔註66〕《莊子》卷第五〈天道〉。見於（戰國）莊周撰，（西晉）郭象注，（清）陸費達總勘：《莊子》，收入《中華書局據明世德堂本校刊：四部備要（子部）》，（臺北：中華書局，1965年），頁12。

〔註67〕見於詹石窗：〈八卦起源新探〉，《福建師範大學學報》哲學社會科學版，（1996年第1期），頁54～55。

〔註68〕《周易》卷第八〈繫辭下〉。見於（三國魏）王弼、韓康伯注，（唐）孔穎達疏，（清）阮元校勘：《周易正義》，收入《十三經注疏附校勘記》，（臺北：藝文印書館，1985年），頁166。

〔註69〕見於李明德：〈周易與現代自然科學〉，《汕頭大學學報》人文社會科學版，（2006年第1期），頁31。

〔註70〕見於孫繼忠：〈易八卦與文字考〉，《漢字文化》2008年第5期，頁90。

形，是上古時代長期觀察天象運行軌跡的摹畫，象徵日月星辰運行軌跡及其衍化的符號。〔註71〕以《說文》記載「時」字爲例，「旹，古文時，從日止作〔註72〕」，表示太陽行走的軌跡用肉眼看不到，便使用象徵的手法，以有形來代替無形，以「━」摹畫太陽行走的軌跡，成了八卦中的陽爻。又因天象有日月星辰，故上古摹畫日月星辰運行的軌跡爲三條線「☰」，代表八卦中的天。再以日月星辰與地平線相交，一分爲二，分割「☰」衍化成爲「☷」，代表八卦中的地。由此推衍出天、地的「☰」、「☷」卦形。上古觀察自然天象變化的運行軌跡，以八卦的抽象符號來表意，將自然物、空間與時間囊括在一套體系之中，可說是時空結合型態的抽象描述。八卦以不同抽象符號，呈現因陰陽兩種勢力的相互作用而形成的「天、地、雷、風、水、火、山、澤」八種自然界的物象，尤其「天」（乾）、「地」（坤）即是陽、陰的化身和代稱。八卦以卦爻之象萬物，陰陽是相對獨立的，氣之消長而形成四時物候氣象、寒暑大氣的變化周期。正如《周易》所指出的：

> 易有太極，是生兩儀，兩儀生四象，四象生八卦〔註73〕

《正義》曰「太極謂天地未分之前，元氣混而爲一……老子云道生『━』即此太極」、「兩儀即老子云一生二也」，所謂太極就是「━」，衍而爲奇爲陽儀，衍而爲偶爲陰儀，此爲太極生兩儀。又說兩儀生四象，四象再生八卦。如果把一年作爲太極的主體，則一年可分成寒半年爲陰，和暑半年爲陽，陰陽盛衰轉化細分爲春、夏、秋、冬四時。按照太極觀點，氣象變化是無窮無盡的，如同《易》記載「剛柔相推而生變化〔註74〕」，表示陰陽相反相成、互相轉化。於是將四時分爲「冬至、立春、春分、立夏、夏至、立秋、秋分、立冬」八節〔註75〕，有了「伏羲畫八卦，別八節而化天下〔註76〕」、「仰則

〔註71〕見於李玉亭：〈八卦符號起源新說〉，《華夏考古》2009 年第 4 期，頁 64。

〔註72〕《說文》卷第七〈日部〉。見於（東漢）許慎撰，（清）段玉裁注：《圈點段注·說文解字》，頁 305。

〔註73〕《周易》卷第七〈繫辭上〉。見於（三國魏）王弼、韓康伯注，（唐）孔穎達疏，（清）阮元校勘：《周易正義》，收入《十三經注疏附校勘記》，頁 156～157。

〔註74〕《周易》卷第七〈繫辭上〉。見於（三國魏）王弼、韓康伯注，（唐）孔穎達疏，（清）阮元校勘：《周易正義》，收入《十三經注疏附校勘記》，頁 145。

〔註75〕李明德：〈《周易》與現代自然科學〉，《汕頭大學學報》人文社會科學版，（2006年第 1 期），頁 31，載：「易道陰陽與古天文斗建律曆都有著深刻的內涵關係，其關係的核心在於日月四時陰陽、律呂陰陽與易道天之陰陽的關係，六十四卦具有干支納音五行規律。《周易》八卦、六十四卦、干支、卦氣等是從古天文學觀測中發現的一整套自然規律，它是易學的主體部分，河圖、洛書、八

觀象於天，俯則觀法於地，觀鳥獸之文與地之宜，近取諸身，遠取諸物，於是始作八卦〔註77〕」的神話傳說，伏羲根據天象和自然事物創造出八卦相配合。八卦具有多重涵義，如八方、八風、八節氣等等，將陰陽表現在寒暑上，用它定四時，造月令，對於春耕、夏種、秋收、冬藏以及二十四節氣各種農作物的播種、管理都有所安排。

　　依照八卦卦氣理論〔註78〕，與四方、四時的排列順序作結合，可區分出「坎、離、震、兌」四正之卦，分別代表「北、南、東、西」四方與「冬至、夏至、春分、秋分」四分至；而「乾、坤、艮、巽」四維之卦，分別代表「西北、西南、東北、東南」四位與「立冬、立秋、立春、立夏」四立，最後加上中方，形成八卦配八方。在《周易》：

> 萬物出乎震，震，東方也。齊乎巽，巽，東南也。齊也者，言萬物
> 之潔齊也。離也者，明也，萬物皆相見，南方之卦也。聖人南面而
> 聽天下，向明而治，蓋取諸此也。坤也者地也，萬物皆致養焉，故
> 曰致役乎坤。兌正秋也，萬物之所說也，故曰說；言乎兌。戰乎乾，
> 乾西北之卦也，言陰陽相薄也。坎者水也，正北方之卦也，勞卦也，
> 萬物之所歸也，故曰勞乎坎。艮東北之卦也，萬物之所成，終而所
> 成始也，故曰成言乎艮。〔註79〕

將八卦分配於八方，用八方說明八卦變化的次序，另也以八卦表示季節，作

卦、六十四卦中內蘊著科學的天時觀，由於易學不斷向縱深發展，從而促進了天文曆法的高度發達，特別是六十四卦與干支甲子的出現，並有機結合起來反應天地陰陽之象，終於使回歸年與朔望週期協調起來」。

〔註76〕見於（戰國）尸佼撰，（清）孫星衍校集，（清）朱記榮校刊，（清）陸費逵總勘：《尸子》，收入《中華書局據平津館本校刊：四部備要（子部）》，（臺北：中華書局，1965年），頁16。

〔註77〕《周易》卷第八〈繫辭下〉。見於（三國魏）王弼、韓康伯注，（唐）孔穎達疏，（清）阮元校勘：《周易正義》，收入《十三經注疏附校勘記》，頁166。

〔註78〕按照易家的理解，八卦有所謂先天方位與後天方位之分。相傳先天八卦方位出於伏羲，後天八卦方位則出於文王。先天八卦只是一種陰陽相生的次序，即《繫辭》所說「易有太極，是生兩儀，兩儀生四象，四象生八卦」，至少在宋代以前是根本不存在。宋代以前只存在一種後天八卦方位，故在此只討論後天八卦方位。後天八卦的觀念，陰陽的消長是逐漸生成的，必須有一定的歷程而不是驟變的，所代表的是一種順序觀念，就是指四季寒暑冷熱的觀念，代表的是地球繞行太陽公轉。

〔註79〕《周易》卷九〈說卦〉。見於（三國魏）王弼、韓康伯注，（唐）孔穎達疏，（清）阮元校勘：《周易正義》，收入《十三經注疏附校勘記》，頁184。

爲分散用事之序。震爲正東方，爲萬物之始，配春分；巽爲東南方，配立夏；離爲正南方，配夏至；坤爲西南方，配立秋；兌爲正西，配秋分；乾爲西北方，配立冬；坎爲正北方，配冬至；艮爲東北方，爲萬物之終始，配立春。八卦與八方、分至八節的配合，將時空變化結合在一起，呈現上古特有的時空觀念，以時間上的連續來貫穿空間的活動，明確地標誌細微的時間概念。八卦潛藏著方位與時間的疊合，詹石窗說八卦陰陽符號乃是緣起於天地人的內在聯繫，具有立體空間感受，陽爻是連續的流動，陰爻具有漸進過程中斷特點的流動。八卦中的方位是一個重要的空間觀念，八卦的排列是以方位的確定爲基礎，一畫之中已隱含著前後左右的意蘊。方位與時間不可分割，方位的測定，是以物體的運動爲依據，而一種運動都是一個過程，過程就是時間。從這個角度來看，方位與時間的觀念應該是同時存在，因此若方位是八卦的基礎，時間觀念便是八卦符號賴以顯現的尺度。太陽不停的運動，明暗與晝夜互相轉換，既顯示了空間，又顯示了時間。〔註 80〕空間的存在必須要有時間的貫穿才顯得出意義，在時空的流轉中，先民感受到自然的節奏感和方向感，與四時陰陽推移、四方八卦有緊密的內在關聯。

在《管子》更將四時與四方五行相結合，以東方爲春，屬木；南方爲夏，屬火；西方爲秋，屬金；北方爲冬，屬水，將時空的對應關係相連。〔註 81〕若將循環天地之間的八卦陰陽之氣，與五行「金、木、水、火、土」的五種有形物象，對天地萬物進行概括性的分類，即可推出木、火屬陽，金、水、土屬陰。而八卦中的「地」（坤）和「山」（艮）可對應的是五行中的「土」，「水」（坎）和「澤」（兌）可對應的是五行中的「水」，「雷」（震）可對應的是五行中的「火」，「風」（巽）可對應的是五行的「木」。這一模式將陰陽的運轉、四時的變易及五方的轉換，緊密地聯結在一起，也就是將自然物、時間和空間的推移囊括在一個體系中。由此陰陽、四時、八卦、五行相生的過程，可以了解上古的時空觀具有迴圈理論的特質。在《呂氏春秋》〈圜道〉篇

〔註 80〕見於詹石窗：〈八卦起源新探〉，《福建師範大學學報》哲學社會科學版，（1996年第 1 期），頁 54～55。

〔註 81〕《管子》卷十四〈四時〉。見於（春秋）管仲，（唐）房玄齡注，（清）陸費逵總勘：《管子》，收入《中華書局據明吳郡趙氏本校刊：四部備要（子部）》，頁 5～7，載：「春夏秋冬將何行？東方曰星，其時曰春。其氣曰風。風生木與骨，……南方曰日，其時曰夏，其氣曰陽，陽生火與氣……中央曰土，土德實輔四時入出……西方曰辰，其時曰秋，其氣曰陰，……北方曰月，其時曰冬，其氣曰寒，寒生水與血」。

說得很清楚：

> 天道圜，地道方。聖王法之，所以立上下。何以說天道之圜也？精
> 氣一上一下，圜周復雜，無所稽留，故曰天道圜。……日夜一周，
> 圜道也；月躔二十八宿，軫與角屬，圜道也。精行四時，一上一下，
> 各與遇圜道也。物動則萌，萌而生，生而長，長而大，大而成，成
> 乃衰，衰乃殺，殺乃藏，圜道也。〔註82〕

這裏將天道變化視作一個周而復始的圓形運動，陰陽之氣遍行四時，與萬物
相生。以循環往復為世間萬物運動變化所遵循的法則，展現出「日新」的特
點。

（三）四時與四風、八風

　　節氣的決定，與太陽的運動位置息息相關，太陽的熱氣引動「風」的大
氣流動，風的寒暖變化正是四時的陰陽之氣。氣與風的概念是一體兩面，四
方風來自四方之氣，其概念與殷商甲骨文卜辭所記載相合：

> 〔辛〕亥〔卜〕，內〔貞〕：帝〔于〕北〔方〕〔曰〕伏，〔風〕曰役。
> 棄〔年〕〔辛〕亥〔卜〕，內〔貞〕：〔帝〕〔于〕〔南〕〔方〕〔曰〕〔〕，
> 風因。棄〔年〕
> 貞：帝于東方曰析，風曰劦。棄〔年〕
> 貞：帝于西方曰彝，風曰口。棄〔年〕〔註83〕

此卜辭分別卜問求年於東南西北和四方風，舉行禘祭好不好。胡厚宣以此認
為在殷人的心目中，四方和四方風為一種神靈，求年祈雨，生產大事，都要
禱告四方和四方風神的崇拜。〔註84〕李學勤由《山海經》記載的四方之神的
作用一是出入風，二是司日月之長短，〔註85〕認為上古已經了解一年之中隨
著季節的推移，風向有所變化，晝夜也有所不同，四方風名便蘊含著四時的
觀念。〔註86〕由此段文字紀錄，可以分析「分至四時的出現」與「四方的空

〔註82〕見於（戰國）呂不韋：《呂氏春秋》，頁44。
〔註83〕殷商甲骨文字檢索自胡厚宣主編：《甲骨文合集釋文》，第14295。
〔註84〕見於王宇信、楊升南主編：《甲骨學一百年》，（北京：社會科學文獻出版社，
　　　　1999年9月），頁597，引胡厚宣〈釋殷代求年於四方和四方風的祭祀〉，《復
　　　　旦學報》人文科學1956年第1期。
〔註85〕見於（東晉）郭璞撰，（清）畢沅校正：《山海經》，第十四卷，〈大荒東經〉、
　　　　第十六卷，〈大荒西經〉，頁120～130。
〔註86〕見於王宇信、楊升南主編：《甲骨學一百年》，頁597，引李學勤〈商代的四

間方位」有著內在的關聯，這觀念是來自上古對日出和日落方向的觀測。依
常正光說法，四方是確立四時的基礎，認為此兩者有密切關係：

> 卜辭的出日入日之祭，就是以測定準確的東西方向線為基礎從而測
> 得南北方向線的方法。……東西線可以判定春分或秋分的到來，據
> 南北線觀測中星及斗柄的指向，又是判定夏至與冬至的一種手
> 段。……所以能夠測定四方才能判知四時，四時得之於四方。〔註87〕

四方是四時觀念在空間中的表現形式，四時和四方是不可分割的，有著深厚
固定的天然聯繫的對應關係。以卜辭東方風「協」來看，《國語》曰：「虞幕
能聽協風，以成樂物生者也〔註88〕」，韋昭注「協，和也。言能聽知和風，因
時順氣，以成育萬物，使之樂生。」可知「協」有和合之意，即陰陽和合而
交。又《山海經》紀錄東方風名「俊〔註89〕」，協與俊意近〔註90〕，故協風即
和風，亦為俊風，皆指春分時大地陰陽和合所呈現的溫和天候。上古往往透
過空間的物候變化，來把握時間的自然流動；對於自然時序的確定，時間與
空間是不可切割的。又提到東方之神「析」來看，「析」意為分、散，帶有「分
散種子破芽」之意，故春分之分，象徵「祈禱豐收」之目的。此記錄著祭祀
東方之神與東方風，東方神為春神，每當春季東風吹來，造化之神使萬物生
長。對此，《山海經》作「折〔註91〕」，《說文解字》解釋「析，破木也，一曰
折。〔註92〕」此破木當有破殼發芽之意。鄭杰祥引楊樹達之說「當以析字為
正。《山海經》作折者，乃緣析，折相近，傳寫致誤。」又說「東方曰析者，

風與四時〉，《中州學刊》1985 年第 5 期。

〔註87〕 見於常正光：〈陰陽五行學說與殷代方術〉，收入艾蘭、汪濤、范毓周主編：《中國古代思維模式與陰陽五行說探源》，（江蘇：古籍出版社，1998 年 6 月），頁256。

〔註88〕 《國語》卷十六〈鄭語〉。見於（春秋）左丘明撰，（東漢）高誘注：《國語》，頁184。

〔註89〕 《山海經》卷第十四〈大荒東經〉。見於（東晉）郭璞撰，（清）畢沅校正：《山海經》，頁120，載：「日月所出名曰折丹，東方曰折，來風曰俊，處東極以出入風。」

〔註90〕 見於胡厚宣：〈釋殷代求年於四方和四方風的祭祀〉，《復旦學報》人文科學版，（1956 年第 1 期），頁184。

〔註91〕 見於（東晉）郭璞撰，（清）畢沅校正：《山海經》，第十四卷，〈大荒東經〉，頁120，載：「日月所出名曰折丹，東方曰折，來風曰俊，處東極以出入風。」

〔註92〕 《說文》卷第六上〈木部〉。見於（東漢）許慎撰，（清）段玉裁注：《圈點段注‧說文解字》，頁271～272。

此殆謂草木甲坼之事也⋯⋯東爲春分，春爲草木甲坼之時，故殷人名其神曰
析也。〔註93〕」此「坼」有開花之意，意指古以春分配屬東方，而「析」神
掌管農作物破苞發芽之事。由析、折二字形近義同相通來論，《廣雅》釋曰「剖、
判、劈、劈、裂、參、離、墳、析、斯、折⋯⋯，分也。」，王念孫疏證「坼，
各本譌作折，《說文》『坼，裂也』」，錢大昭疏義「析者，木之分也。《說文》
『析，破木也，一曰折也』〔註94〕」，可知折、析古通，皆意含有「分、裂」，
除了帶有種子破芽特徵，似乎也可意味春分時節的天候「日夜長度等分」之
象徵。

　　由此看來，殷商甲骨文卜辭的四方與四方風，蘊含分至四時概念。馮時
亦解說四方神名的本義，代表著晝夜長度均齊短長的二分二至。〔註95〕四方
風是分至四時的物候，如《尚書》記載：

> 乃命羲、和，欽若昊天，厤象日月星辰，敬授人時。分命羲仲，宅
> 嵎夷，曰暘谷。寅賓出日，平秩東作。日中，星鳥，以殷仲春。厥民
> 析，鳥獸孳尾。申命羲叔，宅南交，曰明都。平秩南訛，敬致。日
> 永，星火，以正仲夏。厥民因，鳥獸希革。分命和仲，宅西，曰昧
> 谷。寅餞納日，平秩西成。宵中，星虛，以殷仲秋。厥民夷，鳥獸
> 毛毨。申命和叔，宅朔方，曰幽都。平在朔易。日短，星昴，以正
> 仲冬。〔註96〕

此將四方神羲仲、羲叔、和仲、和叔與四氣相配，並兼物候。四子實即二分
二至之神，四方神不僅可確定分至四氣，充當著一年中的四個時間標記點。
更保存了上古的宇宙方位觀念，可知上古往往通過在不同的方位推算日月星
辰的運行理數，制定曆法，把時令節氣昭示百姓。由於節氣是視太陽從春分
點出發，運行一周，再回到春分點，即爲一回歸年。故此以春分作說明，春
分時太陽日出從正東方升起，此「嵎夷」指東方的邊地，爲古時所認爲的日

〔註93〕見於鄭杰祥：〈商代四方神名和風各新證〉，《中原文物》1994年第3期，頁6，
　　　　引用楊樹達：〈甲骨文中之四方風名和神名〉，收入《積微居甲文說》卷下，（北
　　　　京：中國科學院，1954年），頁52～57。
〔註94〕《廣雅》卷第一〈釋詁〉。參見（三國）張揖撰，（清）錢大昭疏義，（清）王念
　　　　孫疏證，徐復主編，《廣雅詁林》，（江蘇：古籍出版社，1992年7月），頁46。
〔註95〕見於馮時：《中國天文考古學》，頁186。
〔註96〕《尚書》卷第二〈虞書·堯典〉。見於（西漢）孔安國傳，（唐）孔穎達疏，（清）
　　　　阮元校勘：《尚書正義》，收入《十三經注疏附校勘記》，頁21。

出之地。敬以「寅賓出日」之禮，分別儀式次序，此「春分朝日之禮」即春分之時敬迎東方日出。此禮，自古沿行甚久。鄭玄注曰「寅敬賓，導秩序也。歲起於東而始就耕，謂之東作。東方之官敬導出日，平均次序；東作之事，以務農也。」每當春分日出之時，古人在面對暘谷東方日出之地〔註97〕，以恭敬態度進行祭祀引導，以此展開一年的農耕週期之始，意味農耕之初生於東方。又《風俗通義》引《青史子》曰「辨秩東作，萬物觸戶而出。〔註98〕」即有相同之意。描述了古人的方位概念的認識，將四方神與分至四氣相配，與殷卜辭四方風記載十分吻合。上古利用辨察日月星辰之行，來確定自然時序的位置，故義仲、義叔、和仲、和叔不僅為四方之神，亦代表二分二至之神，標記著一年中的四個時間點。以「日中」對「星鳥」的觀察確定仲春的時間，以「日永」對「星火」的觀察確定仲夏的時間，以「宵中」對「星虛」的觀察確定仲秋的時間，以「日短」對「星昴」的觀察確定仲冬的時間。從《尚書》〈虞書‧堯典〉的這一段記載，可以看出古人已經將整個天空分為四個象限，且各自找到了一個星系為標誌，並由此大致確定了春夏秋冬的劃分：亦即「鳥→仲春、火→仲夏、虛→仲秋、昴→仲冬」。〔註99〕

由四方風四時不同，反映了季風的自然現象，不同方向的風、雨和天氣系統的運動有關。上古已能觀察出不同的風向所帶來的降水特性不同，如北來的雨很快就會下完，轉為晴天；東來的雨連綿時間長；南來的雨量較多；西來的雨往往是疾風猛雨等等。當風向轉變時，便可預知節氣轉化亦會伴隨而至，於是更細微地從四極四方擴為八極八方，各方各配一風，代表了不同季節來自八個不同方向的氣，這些氣乃陰陽二氣消長盛衰的調和結果。四時配四方，再由四時細分出八節，即包括「二分二至」和「四立」八個節氣，正好與「八風」相對應。《國語》有「節之鼓而行之，以遂八風〔註100〕」之說，

〔註97〕《後漢書》卷一百十五〈東夷列傳〉。見於（東漢）范曄撰，（三國梁）劉昭注志，（唐）李賢注，（清）陸費逵總勘：《後漢書》（冊六），收入《中華書局據武英殿本校刊：四部備要（史部）》，（臺北：中華書局，1965 年），頁 1，載：「昔堯命義仲宅嵎夷，曰暘谷，蓋日之所出也。」

〔註98〕《風俗通義》卷第八〈祀典〉。見於（東漢）應劭撰，（民國）王利器注：《風俗通義校注》，（臺北：漢京文化，2004 年 3 月），頁 374。

〔註99〕見於梅政清：〈中國上古天文學之社會文化意涵〉，（成功大學歷史研究所碩士論文，2003 年），頁 41，載「→」符號表示「對應至」。以四顆星標示四季大致上的中點，不見得是精確的對應。

〔註100〕《國語》卷三〈周語下〉。見於（春秋）左丘明，（清）徐元誥，王樹民、沈

《禮記》記載「八風從律而不姦」注曰「八風從律，應節至也〔註101〕」，即八方與風相配。所以《左傳》說「夫舞，所以節八音而行八風」孔疏「八方風氣，寒暑不同，樂能調陰陽，和節氣。〔註102〕」，強調八風形成寒暑季節之氣，陰陽氣調和才得以生成萬物，所謂「八風六律者，天氣也，助天地成萬物者也。〔註103〕」便是此意。《說文解字・風部》以八風詮釋風，強化「風」字含有虫子孵化之義：

> 風，八風也：東方曰明庶風，東南曰清明風，南方曰景風，西南曰
> 涼風，西方曰閶闔風，西北曰不周風，北方曰廣莫風，東北曰融
> 風。……風動蟲生，故蟲八日而匕。〔註104〕

「風」字形從虫，表明了天地之風孕生萬物。上古以風為震物之氣，《白虎通德論》有「風者何謂也？風之為言萌也，養物成功，所以象八卦。〔註105〕」的記載，由於氣動成風，因此必須注意人們生活能否與天地自然之「風氣」調適順遂，以養成各種天地萬物。

八風的變化是隨季風而改變。《呂氏春秋》記載八風，依其不同性質：

> 東北曰炎風，東方曰滔風，東南曰熏風，南方曰巨風，西南曰淒風，
> 西方曰飂風，西北曰厲風，北方曰寒風。〔註106〕

此風向的轉變，代表季節的轉換，和冷暖燥溼的變化。當季風變為西南風，稱為淒風，代表秋天開始，陰氣起於西南，從此進入冬天；直到季風變為東北風，稱為炎風，即乾燥之風，陽氣起於東北，從此進入夏半年。同樣地，《淮南子》這樣記載：

　　　長雲點校：《國語集解》，（北京：中華書局，2006 年 4 月），頁 111。
〔註101〕《禮記》卷三十八〈樂記〉。見於（東漢）鄭玄注，（唐）孔穎達疏，（清）阮
　　　　元校勘：《禮記注疏》，收入《十三經注疏附校勘記》，頁 681～682。
〔註102〕《左傳》卷第三〈隱公五年〉。見於（春秋）左丘明撰，（西晉）杜預注，（唐）
　　　　孔穎達疏，（清）阮元校刻：《春秋左傳正義》，收入《十三經注疏附校勘記》，
　　　　頁 61。
〔註103〕《白虎通德論》卷一〈禮樂〉。見於（東漢）班固：《白虎通德論》，（廣文書
　　　　局，1965 年 8 月），頁 35。
〔註104〕《說文》第十三篇下〈風部〉。見於（東漢）許慎撰，（清）段玉裁注：《圈點
　　　　段注・說文解字》，頁 684。
〔註105〕《白虎通德論》卷三〈八風〉。見於（東漢）班固：《白虎通德論》，頁 107。
〔註106〕《呂氏春秋》卷十三〈有始覽・有始〉。見於（戰國）呂不韋，（東漢）高
　　　　誘注，陳奇猷校釋：《呂氏春秋校釋》，（臺北：華正書局，2004 年 6 月），
　　　　頁 658。

> 何謂八風？東北曰炎風，東方曰條風，東南曰景風，南方曰巨風，
> 西南曰涼風，西方曰飂風，西北曰麗風，北方曰寒風。

此八風以「方位」為各風來源之關鍵，從東北方順時針方向至北方。《淮南子》再將八風配合節氣物候作記載：

> 何謂八風？距日冬至四十五日條風至，條風至四十五日明庶風至，
> 明庶風至四十五日清明風至，清明風至四十五日景風至，景風至四
> 十五日涼風至，涼風至四十五日閶闔風至，閶闔風至四十五日不周
> 風至，不周風至四十五日廣莫風至。〔註107〕

從冬至算起，記載一年之間每四十五日，依循天候變化而有不同的風向，此八風配合「時節」，以「四分四至」為各風來源的關鍵，而有「冬至、夏至、春分、秋分、立春、立夏、立秋、立冬」八個節氣。此與〈淮南子·墜形〉所記載：

> 諸稽、攝提，條風之所生也；通視，明庶風之所生也；赤奮若，清
> 明風之所生也；共工，景風之所生也；諸比，涼風之所生也；皋稽，
> 閶闔風之所生也；隅強，不周風之所生也；窮奇，廣莫風之所生也。
> 〔註108〕

從其名稱觀之，皆可尋出彼此之間相關的脈絡。如：東北風名為「條風」、「融風」，條與融為雙聲字，乃春日和暢之氣；南風名為「巨風」、「景風」，巨與景皆有「大」之意，此乃因夏天陽氣盛於極點；西風名為「閶闔風」、「飂風」，皆有秋分時飄自西方，以導物斂藏之高風，描述秋風高吹的樣子。明白這些脈絡，便知八風命名的原委，一部分取之於人們的直覺感受，如涼風、寒風；另一部分取之於季節的物候特徵，如條風。但是大致皆不離陰陽四時之氣相互消長，故高誘為此八風作注「巽氣所生也，一曰清明風。〔註109〕」，說明八風乃八卦方位之艮氣、震氣、巽氣、離氣、坤氣、兌氣、乾氣、坎氣所生。《國語》記載「節之鼓而行之，以遂八風。」韋昭注曰：

〔註107〕《淮南子》卷三〈天文〉。見於（西漢）劉安撰，（東漢）高誘注：《明刻淮南鴻烈解》，頁114～122。

〔註108〕《淮南子》卷四〈墜形〉。見於（西漢）劉安撰，（東漢）高誘注：《明刻淮南鴻烈解》，頁163。

〔註109〕《淮南子》卷四〈墜形〉。見於（西漢）劉安撰，（東漢）高誘注：《明刻淮南鴻烈解》，頁161～162。

正西曰兌，爲金，爲閶闔風。西北曰乾，爲石，爲不周。正北曰坎，
爲革，爲廣莫。東北曰艮，爲匏，爲融風。正東曰震，爲竹，爲明
庶。東南曰巽，爲木，爲清明。正南曰離，爲絲，爲景風。西南曰
坤，爲瓦，爲涼風。〔註110〕

此八風、八卦、八方各配八節氣，兼合陰陽五行之說，乾、兌爲金，坎爲水，
震、巽爲木，離爲火，坤、艮爲土。以《周易》「齊乎巽，巽東南也，齊也者
言萬物之絜齊也〔註111〕」爲說明，「巽」主東南方位，爲東南清明風，地面吹
起溫暖和煦的暖風。巽屬木，陽氣旺盛，所謂「清明風至物形乾。〔註112〕」
呈現草木陽剛之氣，此正是大地適宜萬物遍布生長的季節〔註113〕。

　　隨著春分「加十五日指乙則清明風至〔註114〕」，大地之氣日照量增加，天
候從寒暖參半，至清明完全脫離寒冬。由和風形成暖風，風向由東風轉居「東
南維，主風吹萬物而西之〔註115〕」，時序從春分節氣轉化清明時序之時，陰陽
之氣象由參半交融逐漸呈現陽盛陰衰狀態，溫暖之氣使萬物呈現蓬勃生長的
生機。天地吹起溫暖和煦的暖風，由《周易》記載「巽爲木，爲風〔註116〕」
及《淮南子》記載「東北曰炎風，東方曰條風，東南曰景風」，高誘注「巽氣
所生也，一曰清明風。〔註117〕」，可知巽風又稱作景風、清明風。在《說文》
解釋「巽，具也。〔註118〕」巽風一吹，花草樹木皆齊生──《釋名·釋天》。

〔註110〕《國語》卷三〈周語下〉。見於（春秋）左丘明撰，（漢）韋昭注：《國語韋氏
　　　　解》，收入《士禮居叢書景宋本》，頁 41。（檢索自「臺灣師範大學中國基本
　　　　古籍庫系統」）
〔註111〕《周易》卷九〈說卦〉。見於（三國魏）王弼、韓康伯注，（唐）孔穎達疏，（清）
　　　　阮元校勘：《周易正義》，收入《十三經注疏附校勘記》，頁 184。
〔註112〕《白虎通德論》卷三〈八風〉。見於（東漢）班固：《白虎通德論》，頁 108。
〔註113〕《釋名》卷一〈釋天〉。見於（東漢）劉熙：《釋名》，（上海市：上海商
　　　　務印書館，1936 年），頁 4，載：「巽，散也，物皆生布散也。」
〔註114〕《淮南子》卷三〈天文〉。見於（西漢）劉安撰，（東漢）高誘注：《明刻淮南
　　　　鴻烈解》，頁 114～122。
〔註115〕《史記》卷二五〈律書〉。見於（西漢）司馬遷，（南朝宋）裴駰集解：《史記》，
　　　　（臺北：藝文印書館，2005 年），頁 491。
〔註116〕《周易》卷九〈說卦〉。見於（三國魏）王弼、韓康伯注，（唐）孔穎達疏，（清）
　　　　阮元校勘：《周易正義》，收入《十三經注疏附校勘記》，頁 184。
〔註117〕《淮南子》卷四〈墜形訓〉。見於（西漢）劉安撰，（東漢）高誘注：《明刻淮
　　　　南鴻烈解》，頁 161～162。
〔註118〕《說文》卷第五〈丌部〉。見於（東漢）許慎著，（清）段玉裁注：《圈點段注·
　　　　說文解字》，頁 202。

在五行相生之序與四時四方結合，「木」代表春，配屬東方。東方是日出的方位，陰陽八卦五行之始皆由此而起，象徵萬物循環秩序的起頭。木風吹起，萬物萌發，在大地回暖、日照漸漸增長之時，萬物擺脫寒冬，獲得滋潤與新生。又《說文》記載「東，動也。從木。〔註119〕」東方代表萬物生長，故「東、童、蒙、龍」等字古音相同，常常互為假借、通用的情況下，可知皆帶有萬物初生之意，皆具春生之性，代表循環生生不息。萬物生長無不仰賴太陽，而日出東方，東方便順理成章成為了春天的代表方位。由春分至清明，正是由木生火，春夏遞嬗的契合，《淮南子》〈時則〉記載：

> 五位，東方之極，自碣石山過朝鮮，貫大人之國，東至日出之次，
> 扶樹木之地，青土樹木之野，太皞、句芒之所司者，萬二千里。……
> 南方之極，……中央之極，……北方之極……〔註120〕

文中「句芒」像萬物萌發蜷曲之樣貌，搭配五行「木」。句芒是東方之帝神，由句芒至祝融，由春而夏，萬物由萌發而興盛，炎帝和祝融正是這一時期最好的象徵。從春天的木神句芒、夏天的火神祝融、秋天的金神蓐收、冬天的水神玄冥（禺彊），以及中央神后土，都顯現出先民對於自身生活環境及大自然的重視及崇敬。人必須效法且順應自然，陰陽五行的概念就是由此萌發，所以方位神在形象上與木、火、土、金、水密切相關，其存在並不是先民的迷信而產生，而是對自身生活現實的體認，且配合「生、長、養、收、藏」之概念而來。清明風吹起的時間點，是在立春條風後九十日吹來，正是雨水帶來萬物齊長之時。對整年農作收成佔很大的關鍵因素。這個時節的稻作已經進入發芽分化期，氣溫逐漸回暖，雨水的多寡正影響著一年的收成。可想而知先民對於這段播種時機的慎重，在《國語》有這樣記載：

> 先時五日，瞽告有協風至，……是日也，瞽帥音官以風土。廩于
> 籍東南，鍾而藏之，而時布之于農。稷則遍誡百姓，紀農協功。
> 〔註121〕

談到古代帝王在春天舉行象徵農耕之始的藉田禮祭祀之前，瞽樂師必須先偵

〔註119〕《說文》第六篇上〈木部〉。見於（東漢）許慎撰，（清）段玉裁注：《圈點段注‧說文解字》，頁273～241。

〔註120〕見於（西漢）劉安撰，（東漢）高誘注：《明刻淮南鴻烈解》，第五卷，頁238。

〔註121〕《國語》卷一〈周語上〉。見於（春秋）左丘明撰，（東漢）高誘注：《國語》，頁6。

聽協風，即和諧的春風，以利農事的進行。尤其中國東南面海，東南風正是帶來水氣，故農諺可預測豐歉：「清明風若從南起，預報田禾大豐收」。

　　自然景物、寒來暑往的變化雖然在空間生成的，而其變化軌跡也顯示了時間的推移，一年之中的四時即由此構成。上古除了用陰陽五行與時間對應外，還賦予以特定的自然節候更迭變遷爲其內蘊，〈豳風〉詩記載了關於自然節候特徵變換的詳細描寫：

> 七月流火，九月授衣。一之日觱發，二之日栗烈。……三之日于耜，四之日舉趾。……四月秀葽，五月鳴蜩。八月其穫，十月隕蘀，……五月斯螽動股，六月莎雞振羽。七月在野，八月在宇，九月在戶，十月蟋蟀入我牀下。……六月食鬱及薁，七月亨葵及菽。八月剝棗，十月穫稻。〔註122〕

描述不同的季節出現不同的物候特徵，隨之進行不同的農事活動。人們逐漸發現地上的自然季節轉換與天穹中的日月星辰位置變化有直接的關係，因此天文、日月星辰成爲人們用來確定時間流轉的重要參照物。〔註123〕以太陽來看，北面總是陽光較少照射到，相對來說就比較「暗」，以「背暗」的「背」借作南北的「北」，這是跟古人通過太陽運行的軌跡來判斷方位的情況相一致的。實際上，古人對「宇宙」的解釋，可見《淮南子》〈齊俗〉記載「故天之員也不中規，地之方也不中矩。往古來今謂之宙，四方上下謂之宇。〔註124〕」正是一種時空概念的體現。

　　空間是有形可見的，時間卻是無形不可見的，時間較空間具有不可捉摸性。古人計量時間，多借助於空間物體的變化來確定，如根據日月運行、日影等。四時分主四方格局已定，剩下的再平分各方，便有八風、八節的傳統形成。從現存資料來看，上古對時空的體認，最初源於對自然的觀察，如《周易》「觀乎天文，以察時變，觀乎人文以化天下〔註125〕」說的就是從日月星

〔註122〕《詩經》卷第八〈豳風‧七月〉。見於（西漢）毛亨傳，（東漢）鄭玄箋，（唐）孔穎達疏，（清）阮元校刻：《毛詩正義》，收入《十三經注疏附校勘記》，頁280～285。

〔註123〕見於蕭放：《歲時──傳統中國民眾的時間生活》，頁9。

〔註124〕見於（西漢）劉安撰，（東漢）高誘注：《明刻淮南鴻烈解》，第十一卷，頁470。

〔註125〕《周易》卷第三〈賁〉。見於（三國魏）王弼、韓康伯注，（唐）孔穎達疏，（清）阮元校勘：《周易正義》，收入《十三經注疏附校勘記》，頁62。

辰等天象變化來考察時間世事的變化，所以人們要「先天而天弗違，後天而
奉天時〔註126〕」。在《左傳》〈昭公七年〉記載「何謂六物？對曰：『歲、時、
日、月、星、辰是謂也』〔註127〕」，更明確地將「歲、時、日、月、星、辰」
稱為六物。《禮記・禮運》中也有「天生時而地生財〔註128〕」的說法，表明
歲、時等時間觀念的確與自然天象有著緊密的聯繫。而《說文》之「時，四
時也。〔註129〕」、《釋名》的「四時，四方各一時，時，期也。〔註130〕」以
及《廣雅》所言「時，期也，物之生死，各應節期而止也。〔註131〕」，將「時」、
「四時」與「節期」等同起來，皆說明四時在中國人心目中的地位。郝相國
認為現實的時間只是變易中諸物體的一種相互關係，絕對時間則是這種關係
的抽象，與其說事物在時間中，不如說時間在事物中。中國古人的四時觀念
更接近介於陰陽與萬物之間的抽象的絕對時間，是內在於萬事萬物的構成要
素與構造模式，而不僅僅是自然界意義上的、外在於萬物的物理時間意義上
的四季。〔註132〕因而古人常把天地（陰陽）、四時、萬物聯稱次舉，如「故
聖人作，則必以天地為本，以陰陽為端，以四時為柄〔註133〕」與「是故清
明象天，廣大配地，始終象四時〔註134〕」。

　　郝相國說明上古既然是根據太陽的東升西落來確定四方，那麼太陽能量
的盛衰便是四時形成的直接原因，由日出日落這一自然現象認識了方位（空

〔註126〕《周易》卷第一〈乾〉。見於（三國魏）王弼、韓康伯注，（唐）孔穎達疏，
　　　　（清）阮元校勘：《周易正義》，收入《十三經注疏附校勘記》，頁17。

〔註127〕《左傳》卷二一〈昭公七年〉。（春秋）左丘明撰，（西晉）杜預注，（唐）孔
　　　　穎達疏，（清）阮元校刻：《左傳正義》，收入《清阮刻十三經注疏本》，頁973。
　　　　（檢索自「臺灣師範大學中國基本古籍庫系統」）

〔註128〕《禮記》卷二二〈禮運〉。見於（東漢）鄭玄注，（唐）孔穎達疏，（清）阮元
　　　　校勘：《禮記注疏》，收入《十三經注疏附校勘記》，頁430。

〔註129〕《說文》第七篇〈日部〉。見於（東漢）許慎撰，（清）段玉裁注：《圈點段注・
　　　　說文解字》，頁305。

〔註130〕《釋名》卷第一〈釋天〉。見於（東漢）劉熙：《釋名》，頁4。

〔註131〕見於（三國）張揖撰，（清）錢大昭疏義，（清）王念孫疏證，徐復主編：《廣
　　　　雅詁林》，（江蘇：古籍出版社，1992年7月），頁233。

〔註132〕見於郝相國：《四時的美學意義》，（濟南市：山東大學美學碩士論文，2007
　　　　年），頁6。

〔註133〕《禮記》卷二二〈禮運〉。見於（東漢）鄭玄注，（唐）孔穎達疏，（清）阮元
　　　　校勘：《禮記注疏》，收入《十三經注疏附校勘記》，頁435。

〔註134〕《禮記》卷二四〈樂書〉。見於（東漢）鄭玄注，（唐）孔穎達疏，（清）阮元
　　　　校勘：《禮記注疏》，收入《十三經注疏附校勘記》，頁479。

間）的概念，再擴展到跟朝夕（時間）和萬物生長的聯繫有極大關係。除了太陽外，亦可以根據星象方位來確定四時，如「斗柄東指，天下皆春；斗柄南指，天下皆夏；斗柄西指，天下皆秋，斗柄北指，天下皆冬〔註135〕」，此將在下一節中再行討論。由於四時的陰陽之氣流動，有了風向變化的概念，上古神話所賦予的四方風神名，便是內寓方位、地域和四時的意義。〔註136〕上古，清明便是通過這樣的空間物候變化，把握時間的自然流動，而產生了「歲時」觀念。歲與時的配合，構成上古的時間標誌，蕭放說明其意義有二：一為年度循環周期；二指一年中的季節以及與季節相關的時令節日。由此循環往復的季節次序，主要是有助於人民謀生活動的安排，以及對應自然時間細膩的方式，標誌出時間與空間感受所呈現的節候，而形成歲時觀念。

　　總結本章節所論之節氣時序，是由陰陽五行八卦觀念所衍伸，在八節應八風，定八方，配八卦的觀念下，「清明」應時而吹清明風，在方位上主東南，五行歸屬木，八卦歸屬巽卦，卦形代表風〔註137〕。

〔註135〕《鶡冠子》第五〈環流〉。見於（北宋）陸佃注：《鶡冠子》，（臺北：商務印書館，1968年），頁21。

〔註136〕見於郝相國：《四時的美學意義》，（濟南市：山東大學美學碩士論文，2007年），頁9。

〔註137〕《周易》卷九〈說〉。見於（三國魏）王弼、韓康伯注，（唐）孔穎達疏，（清）阮元校勘：《周易正義》，收入《十三經注疏附校勘記》，頁184，載：「巽，入也」正義曰「巽象風，風行无所不入」。

※八節、八風、八位相配表

卦 名		乾	坤	震	坎	艮	巽	離	兌
含 義		天	地	雷	水	山	風	火	澤
方位	先 天	南	北	東北	西	西北	西南	東	東南
	後 天	西北	西南	東	北	東北	東南	南	西
節 令		立冬	立秋	春分	冬至	立春	立夏	夏至	秋分
五 行		金	土	木	水	土	木	火	金
八風	《呂氏春秋·有始覽》	厲風	淒風	滔風	寒風	炎風	熏風	巨風	颾風
	《淮南子·墜形》	麗風	涼風	條風	寒風	炎風	景風	巨風	颾風
	《淮南子·天文》	不周風	涼風	明庶風	廣莫風	條風	清明風	景風	閶闔風
	《說文》	不周風	涼風	明庶風	廣莫風	融風	清明風	景風	閶闔風

※太陽形成節候的主因

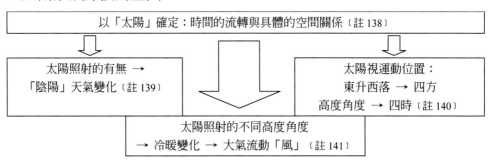

〔註138〕太陽日升夜落，標誌著「一日」晝夜的時間概念。日出與入落的位置，往往
　　　　會發生時段性向南或向北偏移的高度與角度的變化，標誌著「一年」的季節
　　　　迴圈移動，明顯表現在二分日（春分、秋分）和二至日（夏至、冬至）的確
　　　　定。可知太陽是上古時間觀念形成過程的關鍵。

〔註139〕陰陽觀念起源於天象，與日光之照射與否的明暗現象有相關，再轉變以表示
　　　　天氣寒暖變化的現象，接著又轉變為天地之氣，天下萬物就是通過陰陽兩氣
　　　　的消長關係，保持相對的平衡。陰陽概念演化歷程：天象→天候→天地之氣
　　　　→四時。四時變化正是陰陽氣調和的過程，從冬經春至夏，氣候逐漸由寒變
　　　　熱，是一個「陰消陽長」的過程；從夏經秋至冬，氣候逐漸由熱變寒，是一
　　　　個「陽消陰長」的過程。

〔註140〕「分至四時的出現」與「四方的空間方位」有著內在的關聯，這觀念是來自
　　　　上古對日出和日落方向的觀測。太陽的東升西落，確定了四方；太陽能量的
　　　　陰陽盛衰變化，形成四時→將自然時序與方位空間相結合。

〔註141〕太陽的熱氣的變化，會引動大氣流動，即形成「風」。風向的轉變，代表季節
　　　　的轉換，和冷暖燥溼的變化。太陽的熱氣引動「風」的大氣流動，風的寒暖
　　　　變化正是四時的陰陽之「氣」。氣與風的概念是一體兩面。季節的推移，風向
　　　　有所變化，晝夜也有所不同，四方風名便蘊含著四時的觀念。

第二節　清明與農事的關係

　　清明既列於二十四節氣之一，可作為每年循環往復的時序標示參考外，清明的節氣性質意義，更標示著物候與農事活動〔註142〕。歲時節氣的清明，對於上古社會的農事來說，具有生產「指時針」的重要價值和作用，如古諺「清明下種，穀雨下秧」，便清楚地指示不同時序的農事活動。另外，清明也是作為節氣之間相互涵接的「物候標誌」，是古代長期農耕生產、生活實踐經驗的總結。如《夏小正》「正月啓蟄。……初歲祭耒……農緯厥耒……農率均田〔註143〕」記載每年正月要視察田器，準備農具，準備春耕，此為上古時期以物候指示農時的紀錄。歲時節氣應時而作，劃一有序，對上古日常生活及農作，有其強大的制約作用，同時可以彼此克服地理上的障礙，通過節氣歲時的各種物候，使之能應時生產，耕耘、播種、收穫，以不誤農時、不違節氣。〔註144〕

　　清明是一個很重要的的氣象節氣，傳統農耕依賴天候，必須能把握時序適時耕作，收成才有保障。二十四節氣在農時中具有的重要地位。「清明」的象徵意義便在於天地時序能否抓得恰恰好，《周易》所說的「天地節而四時成。節以制度，不傷財，不害民。〔註145〕」即言掌握天地自然變化，才能順利進行生產。在二十四節氣的記憶歌謠：

> 種田無定例，全靠看節氣。立春陽氣轉，雨水沿河邊。驚蟄烏鴉叫，
>
> 春陽滴水乾。清明忙種粟，穀雨種大田。

不僅提到傳統農耕憑著節氣來預知天時、物候的變化，也指出清明節氣與農事之進行有直接的關係。又《四民月令》記載「三月三日，以及上除，可采

〔註142〕　見於宋兆麟：《圖說中國傳統二十四節氣》，（西安市：世界圖書出版社，2007年2月），頁4～5，載：二十四節氣分為四種類型：「一種是反映寒來暑往變化的，如立春；春分；立夏；夏至；立秋；秋分；立冬；冬至等八個節氣。一種是反映溫度升降的，有小暑；大暑；處暑；小寒和大寒等七個節氣。一種是反映降雨量的，有雨水；穀雨；白露；寒露；霜降；小雪；大雪等七個節氣。一種是根據物候而確定農事活動的，有驚蟄；清明；小滿；芒種等四個節氣。」

〔註143〕　《夏小正戴氏傳》卷一〈春〉。見於（西漢）戴德傳，（南宋）傅崧卿注：《夏小正戴氏傳》，頁1～2。

〔註144〕　見於李永匡、王熹：《中國節令史》，頁19～26。

〔註145〕　《周易》卷第六〈節〉。見於（三國魏）王弼、韓康伯注，（唐）孔穎達疏，（清）阮元校勘：《周易正義》，收入《十三經注疏附校勘記》，頁132。

艾及柳絮。清明節令蠶妾治蠶室。塗隙穴,具槌持箔籠。清明節後十日,封生薑。至四月立夏後,蠶大食,芽生,可種之。〔註146〕」說明對於清明自然時序的重視,在農事安排上,清明是適合養蠶、種植生薑的時候。而農諺中「清明前後,種瓜點瓜」和「清明穀雨兩相連,浸種耕種莫遲延」,更表示清明是春耕的關鍵時期。

然而農耕播種的時機,並非如此容易控制,太早播種,雨水太少,太晚播種,雨水太多。如何才能預料季節的來臨,能及時耕種且不誤農時,是掌握農事的關鍵,「清明」節氣正是具有這樣的「春耕」意義。清明的遲早和天氣的好壞,對全年的農業生產都有重大的影響。清明多數在農曆三月初,也有在二月底的。一般來說,清明在二月,節氣早,對農業生產比較有利;清明在三月,節氣晚,農時將受到一定的影響,農諺有「三月清明不見清,二月清明滿山青」之說。若播種時機掌握得好,清明的雨水即恰好能助長農事的豐收。由於清明時節,江南地區受太陽照射的時間愈來愈長,天氣漸漸暖和;加上來自東南海面溫暖潮濕氣流,碰上南下的乾冷氣流,便凝結成小雨滴落下來,故往往出現「牛毛細雨」的狀況。這樣的降雨,對春耕育秧、植樹造林等都很有好處,故有「種樹造林,莫過清明」〔註147〕的農諺。由於此時稻作已經進入發芽分化期,氣溫逐漸回暖,因此雨水的多寡正影響著一年的收成。

清明節氣可說是一年農收的指標象徵,如俗諺「清明風若從南起,預報田禾大有收」,就是推測清明日吹南風的話,稻作就會豐收;如果吹北風,則可能會歉收。而「清明晴,魚上高坪;清明雨,魚埤下死。」就是推測清明日晴,則日後多雨水,若當日雨,反而會有旱災。又「雨淋墓頭紙,日曝穀雨田」,意指清明下雨,穀雨多半會放晴,但穀雨卻是農民春耕剛結束之時,水田內秧苗正需大量雨水滋潤,將導致歉收。

農耕首重時序與天候,在二十四節氣尚未成熟之前,上古往往將對天象變化的觀察與農耕活動作結合。前一節曾提及以目測觀察太陽與利用「表」等簡易儀器觀測不斷變化的日影軌跡來判定節氣,但這方法的測定技術仍有

〔註146〕(東漢)崔寔:《四民月令》,收於(清)嚴可均校輯:《全上古三代秦漢三國六朝文:第一冊》,(北京:中華書局出版,1958 年 12 月),頁 729。

〔註147〕見於秦安祿、馮光榮:《中國節日及傳說》,(四川省:四川大學出版社,1998年 6 月),頁 198。

困難之處，且若僅根據陰陽二氣的理論，來推論時序，似乎也不夠準確。因此開始觀察夜空的星星，找出循環定量規律。其方法基本上是兩個系統：一個是觀察終年不落的「北斗」，繞北極迴轉不息，北斗七星為天上恆顯圈〔註148〕中最重要的星象，由於終年常顯不隱，觀測十分容易，從而成為終年可見的時間指示星。另一個是觀察赤道附近的「固定恆星」，從東升起，橫過南中天，向西落下。此二者融合而成二十八宿體系，二十八宿與北斗相互聯繫則使其沿赤道組成了四個象限宮，即東宮、西宮、南宮、北宮，與四象、四季相互配屬〔註149〕，以適應古人觀象授時的需要。《夏小正》曾記載「正月……初昏參中，蓋記時也，云斗柄縣於下〔註150〕」、「六月初昏，斗柄正在上〔註151〕」，便指明北斗星方向和時令的關係。由於就紀錄來看，上古大致著重觀察黃昏與日出時，朝出東方和夕沒西方的星星，以及日月交會所在的星宿作為標準星象。「清明」時序，夜空天象可見北斗斗杓東指偏南，東方蒼龍之心宿由東方升起，橫亙過南中天，此二者雖皆具有標示季節的意義，但在此節以探討東方蒼龍七宿為主，北斗只配合作討論。

一、「大火」定農事之時

從傳世的典籍文獻中來看，上古的夏商周三代由於觀測的地理位置不同，似乎各自有著自己著重觀測的天文星象。梅政清將此特定的星象稱之為「觀測基準星組」，由單一觀測基準，逐漸演進到整個天空進行規劃。〔註152〕然而上古所留存的典籍資料不足，欲探究上古的天文觀測活動並非易事，由於殷商有出土甲骨文可資為證，加上已有多人研究大火星的觀測，如成家徹

〔註148〕所謂恆顯圈，是以北天極為中心，以 36 度為半徑的圓形天區，實際是一個終年不沒入地平的常顯區域，古人把這個區域稱作恆顯圈。詳見馮時：《中國天文考古學》，頁 89。

〔註149〕見於馮時：《天文學史話》，頁 32～36，具體的分配是：「東宮蒼龍主春：角、亢、氐、房、心、尾、箕；北宮玄武主冬：斗、牛、女、虛、危、室、壁；西宮白虎主秋奎、婁、胃、昴、畢、觜、參；南宮朱雀主夏井、鬼、柳、星、張、翼、軫」

〔註150〕《夏小正戴氏傳》卷一〈春〉。見於（西漢）戴德傳，（南宋）傅崧卿注：《夏小正戴氏傳》，頁 1～2。

〔註151〕《夏小正戴氏傳》卷二〈夏〉。見於（西漢）戴德傳，（南宋）傅崧卿注：《夏小正戴氏傳》，頁 6。

〔註152〕見於梅政清：〈中國上古天文學之社會文化意涵〉，（成功大學歷史研究所碩士論文，2003 年），頁 19。

郎認爲殷商是以大火星的運轉來確定年的周期，即日落時大火出現在東方地平線時所開始的月份爲正月，也就是將大火作爲開始農業活動的時間標準。〔註153〕故便先以殷商的大火星的觀測進行討論。

在殷商大量甲骨文和青銅器銘文的記載中，可以知道農業已經十分發達。爲了適應生活需要，據甲骨文學者之研究，殷商確實有觀測大火的行爲，而且商人主祀大火星，這在甲骨文中可屢見。如：

　　癸…丙…

　　癸丑卜…女…（正）

　　七日己巳夕皿〔庚午〕屮（有）新大星並火

　　…吉…崇其有來（反）〔註154〕

這條卜辭記載殷商時期在「己巳夕皿庚午」時刻，也就是在己巳日夜間即將結束，臨近庚午日天明時，觀察到有一顆新的大星出現與大火星同出並行。〔註155〕董作賓認爲，此「火」即大火星，「並」訓「近」，「新大星」即新星之大者，此段意爲有大新星傍近大火星〔註156〕。對此，胡厚宣認爲「有、新、並」俱爲祭名，解釋此卜辭之意，以在說明（癸亥）後七日己巳晚上是陰天，殷人於次日施行「有、新」二祭，當晚天大晴，大火星見於夜空，卜官行「並」祭祀大火，此實爲殷人主祀大火星的珍貴資料。〔註157〕關於大火星的祭祀事實，甲骨文記載頗多，如「癸巳卜，於祓月侑心？〔註158〕」，此「祓」爲祭名，解釋此卜辭之意，應是關於祓除之月，對心宿祭祀的占問，卜日恰在巳日。又如「癸丑卜，扶，有火？」此「有」亦爲祭大火星。又如：

　　丙寅卜，殼貞：其有火？

　　丁卯卜，殼貞：今日夕有于兄丁，小牢？〔註159〕

此「兄丁」指武丁，解釋此卜辭之意，應是以武丁配祭大火星。又如「乙亥

〔註153〕見於成家徹郎著，李權生譯：〈大火曆──從新石器時代晚期到西周時代所使用的曆法〉，《平頂山師專學報》社會科學版1995年第2期，頁3。

〔註154〕殷商甲骨文字檢索自胡厚宣主編：《甲骨文合集釋文》，第11503正反。

〔註155〕見於王宇信、楊升南主編：《甲骨學一百年》，頁641。

〔註156〕見於董作賓：《殷曆譜》下編卷三《交食譜》，（中央研究院歷史研究所，1945年），頁28。

〔註157〕見於胡厚宣：〈殷代之天神崇拜〉，收入《甲骨文商史論叢初集》第二冊，（成都齊魯大學國際研究所石印本，1944年），頁1190。

〔註158〕殷商甲骨文字檢索自胡厚宣主編：《甲骨文合集釋文》，第11444。

〔註159〕殷商甲骨文字檢索自胡厚宣主編：《甲骨文合集釋文》，第12430。

卜，賓貞：勿苜用火，羌？〔註160〕」，「用」是祭名，「羌」是人牲，卜辭意是
繼續用羌奴致祭大火星。又如「勿于齒火，燎？〔註161〕」，此「燎」本作「尞」，
是祭名，解釋此卜辭之意，乃說明應是記燎祭大火星。又如「壬申卜，王，
陟火，黃，癸酉易日？〔註162〕」，此「陟」是祭名，《說文》釋「陟，登也。
〔註163〕」，《尚書‧君奭》釋「殷禮陟配天。〔註164〕」，孔穎達正義「故殷有
安上治民之禮，升配上天」。此「黃」即尪，用爲人牲。「易日」即錫日，上
天賜以日照，解釋此卜辭之意，以說明爲錫日曝人牲，祭獻於大火星。殷人
主祀大火星，遍行有、燎、陟、並、用、祓等多種祭祀，用牲有羔羊、牡豬
乃至人牲，足見祭祀之隆重〔註165〕。甲骨文卜辭中，有關大火星的材料，多
集中在年末和年初，反映了大火星對於確定殷曆歲首的意義。如甲骨文「…
于…火…一月〔註166〕」、「王于口御火？一月〔註167〕」，火與一月並舉，此火
應是代表時間之物。又「丁未卜今口火來毋〔註168〕」，此火如果是一般的火，
點了就好，何必還要問，顯然問的是天上的大火星是否出現？殷商時代，清
明至穀雨節氣間，進入三月，正是心宿昏見於東方的時刻。如：

　　　甲子卜，其祓雨於東方？

　　　庚午卜，其祓雨於火？〔註169〕

卜辭記載祈雨於大火和東方，以大火配祭東方。又「貞：唯火？五月〔註170〕」，
卜辭中指的殷曆五月約當夏曆二月，二月的中氣是春分，殷人以五月觀測大
火星，想必與確定春分有關。接著又說：

　　　丁卯卜口岳

　　　癸未口好火雨

〔註160〕殷商甲骨文字檢索自胡厚宣主編：《甲骨文合集釋文》，第 13450。
〔註161〕殷商甲骨文字檢索自胡厚宣主編：《甲骨文合集釋文》，第 22450。
〔註162〕殷商甲骨文字檢索自胡厚宣主編：《甲骨文合集釋文》，第 11678。
〔註163〕《說文》十四篇下〈阜部〉。見於（東漢）許慎撰，（清）段玉裁注：《圈點段
　　　　注‧說文解字》，頁 739。
〔註164〕《尚書》卷十六〈君奭〉。見於（西漢）孔安國傳，（唐）孔穎達疏，（清）阮
　　　　元校勘：《尚書正義》，收入《十三經注疏附校勘記》，頁 249。
〔註165〕見於馮時：《中國天文考古學》，頁 142。
〔註166〕殷商甲骨文字檢索自胡厚宣主編：《甲骨文合集釋文》，第 11550。
〔註167〕殷商甲骨文字檢索自胡厚宣主編：《甲骨文合集釋文》，第 17780。
〔註168〕殷商甲骨文字檢索自胡厚宣主編：《甲骨文合集釋文》，第 21059。
〔註169〕殷商甲骨文字檢索自胡厚宣主編：《甲骨文合集釋文》，第 22888。
〔註170〕殷商甲骨文字檢索自胡厚宣主編：《甲骨文合集釋文》，第 19028。

十山〔註171〕

一般的火是見不得雨，要天下火雨更不可能，猜測是大火星出現時，可能伴隨下雨。常玉芝《殷商曆法研究》透過殷商甲骨文中關於天象、氣象、農事活動記錄研究殷商曆法，論證殷商時期確實以火出之時爲歲首〔註172〕：

火今一……不其雨

……不其雨（甲）

火今一月其雨

己巳卜爭……火今一月其雨

壬寅卜貞以（乙）〔註173〕

此卜辭應當是指在黃昏看見天上大火星（心宿二），春天已到，農事將興，故卜問是否有雨，此時約當清明、穀雨之間，即夏曆之三月。卜辭中，「火」加在「今一月」之前，說明所指爲火曆的一月，可證實殷商以觀察大火星的運行來制定曆法。〔註174〕

《尚書‧堯典》曾提「鳥、火、虛、昴」四仲中星〔註175〕，大致把周天劃分爲四段標誌點。四顆星中，最值得注意的是「火」──即大火，也就是心宿二。這幾乎是許多古籍中處處提到的一顆星，如《左傳》「火正曰祝融〔註176〕」與《史記》「命火正黎司地以屬民〔註177〕」皆記載設火官，而火官之職責便是專門觀測「大火」。又《左傳》記述了一段有關大火的神話：

昔高辛氏有二子，伯曰閼伯，季曰實沈，居于曠林，不相能也。日尋干戈，以相征討。后帝不臧，遷閼伯于商丘，主辰。商人是因，故辰爲商星。遷實沈于大夏，主參，唐人是因，以服事夏商，其季

〔註171〕殷商甲骨文字檢索自胡厚宣主編：《甲骨文合集釋文》，第34205。

〔註172〕見於常玉芝：《殷商曆法研究》，（長春：吉林文史出版社，1998年9月），頁400～422。

〔註173〕殷商甲骨文字檢索自胡厚宣主編：《甲骨文合集釋文》，第12488甲乙。

〔註174〕見於王宇信、楊升南主編：《甲骨學一百年》，頁683～685。

〔註175〕《尚書》卷第二〈虞書‧堯典〉。見於（西漢）孔安國傳，（唐）孔穎達疏，（清）阮元校勘：《尚書正義》，收入《十三經注疏附校勘記》，頁100，記載以鳥、火、虛、昴四宿爲仲春、仲夏、仲秋、仲冬黃昏時候的中星。

〔註176〕《左傳》卷五十三〈昭公二十九年〉。見於（春秋）左丘明撰，（西晉）杜預注，（唐）孔穎達疏，（清）阮元校刻：《春秋左傳正義》，收入《十三經注疏附校勘記》，頁923。

〔註177〕《史記》卷二十六〈曆書〉。見於（西漢）司馬遷，（南朝宋）裴駰集解：《史記》，頁497。

世曰唐叔虞。當武王邑姜方震大叔，夢帝謂己，余命而子曰虞，將
與之唐屬諸參，而蕃育其子孫，及生有文在其手曰虞，遂以命之，
及成王滅唐，而封大叔焉。故參爲晉星。由是觀之，則實沈，參神
也。〔註178〕

殷商先祖閼伯，就是「火正」出身，閼伯與實沈兄弟互不相讓，常動干戈，
終日廝殺。父親帝嚳爲使兄弟遷離，便將閼伯封於商丘，主管大火星；而實
沈遷到大夏，主管參星。由此神話可見火正閼伯的職責，就是觀察大火星的
運行，紀錄並祭祀，以便及時告知人民防災避禍，並適時播種收割。此故事
的天文意義十分清楚，商星與參星正好位於黃道的東西兩端，每當商星從東
方升起，參星便已沒入西方的地平，二星在天空中絕不同時出現。唐朝杜甫
在〈贈衛八處士〉一詩中寫道：「人生不相見，動如參和商。」其典故就源於
此。大火與參星在上古觀象授時方面佔有重要的意義，如果以大火星昏見東
方，決定焚田的時間定於春分附近的話，那麼大火星昏伏西方的時刻，則恰
好會在秋分附近。這時大火星在夜空消失，而位於黃道另一端的參宿，則取
代大火星昏見東方。這兩個星象輪流指示半年的時間，絕不同現於夜空。閼
伯與實沈的神話故事，在《左傳》還有這樣的記載：

陶唐氏之火正，閼伯居商丘，祀大火，因火紀時焉，相土因之，故
商主大火。〔註179〕

明確記載了閼伯、相土是火正，一方面祭祀大火，一方面又隨時觀測它的出
沒方位，用以計載時日。在《國語》也有「吾聞晉之始封也，歲在大火，閼
伯之星也，實紀商人。〔註180〕」這樣的記載，閼伯的商丘奉祀大火星，掌握
四時變化，大火成了商星，也叫辰星。《公羊傳》記載「大火爲大辰〔註181〕」，

〔註178〕《左傳》卷四一〈昭公元年〉。見於（春秋）左丘明撰，（西晉）杜預注，（唐）
　　　　孔穎達疏，（清）阮元校刻：《春秋左傳正義》，收入《十三經注疏附校勘記》，
　　　　頁705～706。

〔註179〕《左傳》卷三十〈襄公九年〉。見於（春秋）左丘明撰，（西晉）杜預注，（唐）
　　　　孔穎達疏，（清）阮元校刻：《春秋左傳正義》，收入《十三經注疏附校勘記》，
　　　　頁525。

〔註180〕《國語》卷十〈晉語四〉。見於（春秋）左丘明撰，（東漢）高誘注：《國語》，
　　　　頁123。

〔註181〕《公羊傳》卷第二三〈昭公十七年〉。見於（西漢）公羊壽撰，（東漢）何休
　　　　解詁，（唐）徐彥疏：《春秋公羊傳注疏》，收入《十三經注疏附校勘記》，（臺
　　　　北：藝文印書館，1985年），頁291。

何休《解詁》說「大火謂心，⋯⋯所以示民時早晚」，同樣在《爾雅》又記載「大火謂之大辰。〔註182〕」郭璞注：「大火星也。在中最明，故時候主焉」。大火指示天候，充當著天上的標記點，《左傳》記載「冬有星孛于大辰。〔註183〕」孔穎達《正義》說「大火謂之大辰。李巡云：『大辰，蒼龍宿之體最爲明，故曰房心尾也。大火蒼龍宿心，以候四時，故曰辰。』孫炎曰：『龍星明者以爲時候，故曰大辰。大火也，心在中最明，故時候主焉。』」視大火爲授時的標準星。因此馮時以爲，上古之所以賦予它大火這個名稱，不僅僅因爲它是蒼龍七宿中最明亮的紅色巨星，關鍵還在於大火對於古人授時定候的指示作用。〔註184〕

上古農耕技術十分傳統，當時刀耕火種的農業，火燒田地的焚田是最主要的耕作方式。焚田的時間一定要有準確的把握，過早燒田，種子發芽之後，若沒有雨水就會枯死；過晚燒田，又會受到雨水的干擾。於是長期觀察天象發現，每當黃昏，東方天空出現大紅亮星之時最適宜，火燒田地景象恰好相對，此觀測星的顏色與焚田的烈火如此契合。便將大火星授時定候的意義，猶如火對於農耕的作用一樣重要，代表著再生與豐收，被人們所重視，逐漸成爲授時星象。大火星在天空十分耀眼，如同火神般俯視大地，重視農作豐收的人們，總是抱持著敬神的心理來迎接大火星，經過一個多天沉寂已久的農事，從此再度展現，開始一年的耕作。由《夏小正》「五月⋯⋯初昏大火中〔註185〕」、「九月內火，內火也者，大火〔註186〕」的記載來看，由於三月大火昏見東方，便有五月大火昏中，八月昏時隱沒於西方地平線以下，九月與太陽的位置相合見不到大火星而內火。與《周禮》所說「掌行火之政令⋯⋯季春出火，民咸從之；季秋內火，民亦如之〔註187〕」，可見在「出火」和「內火」

〔註182〕《爾雅》卷第六〈釋天〉。見於（東晉）郭璞注，（宋）邢昺疏：《爾雅注疏》，收入《十三經注疏附校勘記》，頁98。

〔註183〕《左傳》卷四八〈昭公十七年〉。見於（春秋）左丘明撰，（西晉）杜預注，（唐）孔穎達疏：《春秋左傳正義》，收入《十三經注疏附校勘記》，頁834。

〔註184〕見於馮時：《天文學史話》，頁22。

〔註185〕《夏小正戴氏傳》卷二〈夏〉。見於（西漢）戴德傳，（南宋）傅崧卿注：《夏小正戴氏傳》，頁5。

〔註186〕《夏小正戴氏傳》卷三〈秋〉。見於（西漢）戴德傳，（南宋）傅崧卿注：《夏小正戴氏傳》，頁8。

〔註187〕《周禮》卷三十〈夏官・司爟〉。見於（東漢）鄭玄注，（唐）賈公彥疏，（清）阮元校勘：《周禮注疏》，收入《十三經注疏附校勘記》，頁458。

這兩個時令都要舉行一定的儀式，前者是大火始升昏見之時，後者是大火沉伏與太陽同沒之時。這樣的祭祀，甚至在《尸子》即曾記載「燧人上觀辰星，下察五木以爲火〔註188〕」，把觀察心宿的昏見而舉行「出火」活動，上推至燧人氏時代。

　　龐樸曾指出中國古代確實存在過以火紀時的曆法〔註189〕，上古對於大火星的周天運行十分重視，由典籍資料可見，幾乎每一個重要的位置變化都給予了系統觀測。以「火中，寒暑乃退〔註190〕」來看，杜預集解「心以季夏昏中而暑退，季冬旦中而寒退。」說明大火星清晨出現在正南方時，寒就退了；大火星晚上出現在正南方時，暑就退了。可知大火帶有季節轉換的授時意義。《詩經》〈豳風・七月〉詩所記載「七月流火，九月授衣〔註191〕」，王先謙集疏「流火，火下也。火向西下，暑退將寒之候也。〔註192〕」說明七月時大火星像西下的流星一樣很快下落了。孔疏引服虔曰「季冬十二月平旦正中，在南方，大寒退；季夏六月黃昏大火中，大暑退，是爲寒暑之候也」五月黃昏時心宿在中天，六月以後，就漸漸偏西，暑熱也開始減退。古人一年四季都觀測大火，昏中和旦中，都標示著節氣。《左傳》說「火見而致用。」杜預集解：「大火，心星，次角、亢見者。」孔穎達正義：「十月之初，心星次角、亢之後而晨見東方也。〔註193〕」記載大火在十月早晨時，偕同太陽出現之天

〔註188〕《尸子》卷上〈君治〉。見於（戰國）尸佼撰，（清）孫星衍校集，（清）朱記榮校刊，（清）陸費逵總勘：《尸子》，收入《中華書局據平津館本校刊：四部備要（子部）》，頁15。

〔註189〕見於龐樸：〈火曆鉤沉──一個遺失已久的古曆之發現〉，《中國文化》1989年創刊號，頁4〜5，說明傳說在亘古時代便據大火紀時，以大火的視運行來紀敘時節，「大火始見東方」被定爲第一個時節，相應行事是出火，就是後來意義上的正月，爲一歲之首。「大火中」爲第二個時節來表示寒暑，接著是「流火」、「火伏」，表示嚴寒將至。這種以火紀時、周而復始的粗疏曆法，可仿陰曆陽曆命名法，名之曰火曆。火曆以火紀時，自有專人注意觀察大火，經籍中屢見「火正」一職，便是因火曆而設的官員。

〔註190〕《左傳》卷四二〈昭公三年〉。見於（春秋）左丘明撰，（西晉）杜預注，（唐）孔穎達疏，（清）阮元校刻：《春秋左傳正義》，收入《十三經注疏附校勘記》，頁721。

〔註191〕《詩經》卷第八〈豳風・七月〉。見於（西漢）毛亨傳，（東漢）鄭玄箋，（唐）孔穎達疏，（清）阮元校勘：《毛詩正義》，收入《十三經注疏附校勘記》，頁280。

〔註192〕見於（清）王先謙撰，吳格點校：《詩三家義集疏》（上冊），（明文書局，1988年10月），頁510。

〔註193〕《左傳》卷十〈莊公二十九年〉。見於（春秋）左丘明撰，（西晉）杜預注，（唐）

象。上古習慣於以大火星出現在不同方位來確定不同季節。

上古倚賴觀測大火星的變化，在《左傳》「火見，鄭其火乎？」中，前面的「火」字，杜預集解「火，心星也。周五月昏見。〔註194〕」每當見到大火星必慎重其事。主要以大火來安排農事和土木工程，《左傳》又記「火出，而畢賦。〔註195〕」杜預集解：「火星昏見東方，謂三月、四月中。」楊伯峻注：「則夏正三月，天蠍座α星於黃昏時出現，於是食肉者皆可以得冰。〔註196〕」說明大火星在四月的黃昏，出現於東方時節，此時必須將藏冰分配完畢。又記曰「火伏而後，蟄者畢〔註197〕」即說明當大火與太陽位於同角度時，便看不見大火星，此時進入深秋之時，動物都蟄伏了。接著，《國語》也曾記載：

> 火朝覿矣，道弗不可行。……駟見而隕霜，火見而清風戒寒。……
> 火之初見，期於司里。〔註198〕

此「駟」和「火」分別指蒼龍七宿的房宿和心宿，韋昭注：「火，心星也。覿，見也。……朝見，謂夏正十月，晨見於辰也。……霜降以後，清風先至，所以戒人為寒備也。」當心宿大火星在太陽西面，早晨可見於東方，且此時已進入立冬，寒風開始來襲，便是修補城郭房舍之時。總結而論，先民是一年到頭觀測大火星，並以之作為自己生產活動和日常生活的日程表。大火星升沒的條件與時刻相當關鍵，觀測其運行規律可以掌握四時變化，協助農耕進行的需要。《左傳》記載「或食於心，或食於咮，以出內火〔註199〕」說火官祭

孔穎達疏，（清）阮元校刻：《春秋左傳正義》，收入《十三經注疏附校勘記》，頁179。

〔註194〕《左傳》卷四十二〈昭公六年〉。見於（春秋）左丘明撰，（西晉）杜預注，（唐）孔穎達疏，（清）阮元校刻：《春秋左傳正義》，收入《十三經注疏附校勘記》，頁729。

〔註195〕《左傳》卷四十三〈昭公四年〉。見於（春秋）左丘明撰，（西晉）杜預注，（唐）孔穎達疏，（清）阮元校刻：《春秋左傳正義》，收入《十三經注疏附校勘記》，頁751。

〔註196〕見於楊伯峻：《春秋左傳注》，（臺北：中華書局，1993年），頁1249。

〔註197〕《左傳》卷四十〈哀公十二年〉。見於（春秋）左丘明撰，（晉）杜預注，（唐）孔穎達疏，（清）阮元校刻：《春秋左傳正義》，收入《十三經注疏附校勘記》，頁22～23。

〔註198〕《國語》卷二〈周語中〉。見於（春秋）左丘明撰，（東漢）高誘注：《國語》，頁22～23。

〔註199〕《左傳》卷三十〈襄公九年〉。見於（春秋）左丘明撰，（晉）杜預注，（唐）孔穎達疏，（清）阮元校刻：《春秋左傳正義》，收入《十三經注疏附校勘記》，

祀時，或用心宿、或柳宿來陪祭，通過對大火星出沒的觀測，來決定出火、內火的生產工作時間早晚。杜預集解「謂火正之官配食於火星，建辰之月，鶉火星昏在南方，則令民放火。建戌之月，大火星伏在日下，夜不得見，則令民內火，禁放火」。又孔穎達正義「火正之官居職有功，祀火星之時以此火正之神配食也。……而火正又配食於火星者，以其於火有功，祭火星又祭之后稷，得配天，又配稷。」清楚地表明上古對大火星的重視，不僅有專人觀測以指導生活安排，觀測農耕之始，更按時祭祀以表示崇敬。

二、東方蒼龍的農耕意義

　　隨著農耕的需要發展，定季節的標準星象由一顆發展到多顆組合的星宿，於是有了二十八宿體系的產生。研究二十八宿起源的論文很多，在這兒僅針對二十八宿的農耕社會需要的功能討論，主要研究二十八宿的名稱含義和來歷，且特別集中於春天的東方蒼龍七宿的含義，並不準備涉及考證每一個星座具體的方位。由二十八星宿所逐步形成的龍虎雀蛇四象的整個星座系統來看，在上古普遍存在著星座崇拜。它起源於被用於定畫季節的星座，以融合多數民族的文化習俗；星座的方位正與中國境內各民族的分布相對應。用以定季節的辰星，並不限定某一顆星或某一星座，乃視不同地域的民族所觀測到的星空而選定「祭星」，一來可作為定季節之標準，二又因各民族普遍存在星座崇拜的心理，往往以民族所崇拜的圖騰〔註200〕與所崇拜的星座相聯繫。圖騰是一種種族的標記，轉變成為種族的名稱後，又變為種族祖先的名稱，最後才演變為種族所崇拜東西的名稱。

　　上古在建立星座與地域對應關係時，所依據的便是各民族的星座崇拜。星座崇拜與民族的圖騰往往有密切關係，《山海經·海外東經》說「雷澤中有雷神，龍身而人頭〔註201〕」，這是古文獻中，東部地區以龍為圖騰的形象記載，

頁 524。
〔註200〕見於佛洛伊德（Freud, Sigmund，1856～1939年）撰，楊庸一譯：《圖騰與禁忌》，（臺北：志文出版社，1975年），頁321，載：「圖騰，是一群原始民族所迷信而崇拜的物體，……圖騰保護人們，而人們則以各種不同的方式來表示對它的崇敬……在屬於同一個部落圖騰下的所有男人和婦人都深信自己來源於相同的祖先並且具有共同的血緣；他們之間由於一種共同的義務和對圖騰的共同信仰而緊密地結合在一起。」
〔註201〕《山海經》卷第十三〈海內東經〉。見於（東晉）郭璞撰，（清）畢沅校正：《山

崇拜的是龍圖騰。「龍」對農事的意義是十分重要，它不僅綜合各種動物的特徵，具有升天入水、變化莫測的神性，如《左傳》說「龍，水物也〔註202〕」，被賦予想像興雲布雨，期盼能擁有神性帶給人們風調雨順。可知龍是雷雨之神，握有掌管雨水之大權，決定著農耕的豐歉。陳久金說：

> 人們將大火星看作神靈一樣，每當見到它在天空出現之時，都要予以祭祀，感謝它告訴人們正確的時節，便於人們適時播種，獲得好收成……這條龍星之所以冠以東方二字，正是由於春季黃昏時能見到它在東方出現。蒼龍為蒼青色的龍，也象徵春季萬物反青的顏色。
> 〔註203〕

因為春耕農作影響一整年收成，對於人民而言，這顆祭星如同命脈般重要，因而衍生多方儀式來表達內心的敬畏，期盼如此的祈禱上天能帶來好運。馮時曾收集甲骨文、金文龍字的寫法，他將這些字形與蒼龍星座七宿的分布圖形做出對比，認為與其所呈現的形象是相同。馮時不僅認為甲骨文、金文龍字取象於東方蒼龍七宿，甚至龍的形象也源於此。〔註204〕七個宿名的含義也與蒼龍的各個部位一一對應，角宿即龍角、亢宿即龍頸、氐宿即龍胸、房宿即龍腹、心宿即龍心、尾宿和箕宿即龍尾。將甲骨文、金文龍字的字形與蒼龍形象作對比觀察，可見殷商已經完整確立了龍的原始含義和形象。

對龍的崇拜就是對東方星宿的崇拜，起源於星宿象徵著上古先民的授時意義。根據馮時的說法，上古對天空星宿的了解，主要是為了更清楚認識兩個分點（春分和秋分）和兩個至點（夏至和冬至）〔註205〕。東方蒼龍星宿備受關注，乃直接源於諸宿所具有觀象授時上的重要作用，而與農耕需要有極大關係。蒼龍於黃昏出現在南中天時，正值春分前後，黃河流域正當農耕播種的理想時節。《禮記·月令》曾記載「仲春之月，日在奎，昏弧中，旦建星中〔註206〕」，說明每當二月之際，太陽位於奎宿，相對初昏時，東方地平線上

海經》，頁109。

〔註202〕《左傳》卷五三〈昭公二十九年〉。見於（春秋）左丘明撰，（晉）杜預注，（唐）孔穎達疏，（清）阮元校刻：《春秋左傳正義》，收入《十三經注疏附校勘記》，頁924。

〔註203〕見於陳久金、張明昌：《中國天文大發現》，頁59～60。

〔註204〕見於馮時：《天文學史話》，頁84～85。

〔註205〕見於馮時：《中國天文考古學》，頁109。

〔註206〕《禮記》卷十五〈月令〉。見於（東漢）鄭玄注，（唐）孔穎達疏，（清）阮元校勘：《禮記注疏》，收入《十三經注疏附校勘記》，頁302。

便有角宿出現〔註207〕。角宿是東方蒼龍七宿最初出現的一顆星，代表節氣進入春天。掌握節氣變化，對於農耕收成具有關鍵的作用，因此將東方蒼龍七宿的氣候意義看得很重要。東方蒼龍七宿中以「心宿二」為主星，由前述《左傳》關於心宿的神話，梅政清解讀其象徵意義——殷商以大火星（心宿）為主要測時依據〔註208〕。目前以殷商時期出土的甲骨文可資以為證，七宿中以心宿為主星，東方蒼龍七宿由角宿漸升起至心宿時，節氣已接近春分前後。《淮南子》記載「東方，木也，……其獸蒼龍。其音角，其日甲乙。〔註209〕」，高誘注「木色蒼。蒼龍順其色也。角，木也。甲乙皆木也。」蒼龍象徵大地一片蒼青色，意含春季萬物反青的顏色。

在正月以前，整個冬季東方蒼龍在黃昏時均隱沒於地平線之下，如同冬天蟄伏。二月春分時，開始露出龍角（角宿），告示著正是農業生產的開始，是及時播種的關鍵。接著，逐漸出現亢宿、氐宿、房宿，象徵龍的頸、胸、腹。暮春三月時，打春雷、降春雨，心宿即大火星升起，龍身已出現一大半。當時春種耕作焚田的時機，即是以東方蒼龍的授時主星（心宿）的出現為標準。耀眼的大火星如同火神般俯視大地，因此，重視農作豐收的人們，便以敬神的心理來迎接大火星，期待開始一年的耕作。四月時尾宿、箕宿出現，象徵龍的尾巴，此時農耕播種插秧工作已完成，就等待著農作物蓬勃生長。五月時正好完整龍身的星象呈現於正南方天空；直到秋分再潛伏於地下。「清明」時節，夜空天象可見北斗斗杓東指偏南，而橫亙過南中天的天象即是東方蒼龍之「心宿」升起。

（一）龍抬頭：二月冒龍（播種的關鍵期）

遠古春分的星象，從二月開始升起角宿，即有兩顆星象徵著龍的兩隻角。「角」為東方蒼龍七宿的第一宿，只要角宿一出現在天空上，就是田裡植物冒芽的時節。它的出現代表萬木破綠芽，大地呈現一片青綠生機。因為東方蒼龍的「角宿」是春天最早出現在天空的星宿，此時為春分前半個月，所以古人將「角」這個意象廣泛運用在與二月春天有關的事物上。角的外形極像農作物剛抽的芽，而嫩芽捲曲又像剛出生的嬰兒，往往帶有生命源頭的意象。

〔註207〕奎宿與角宿是相對的，相差180°。

〔註208〕見於梅政清：《中國上古天文學之社會文化意涵》，（成功大學歷史研究所碩士論文，2003年），頁19～20。

〔註209〕《淮南子》卷三〈天文〉。見於（西漢）劉安撰，（東漢）高誘注：《明刻淮南鴻烈解》，頁110。

下列將以此切入蒼龍的意義：

　　春天嫩芽剛剛頂開種殼，捲曲如鉤。接著嫩芽漸漸伸展，如尖角般鑽出地面，這一段植物發芽的過程很像龍的外形。《玉篇》曰「龍，能幽明大小，登天潛水也。又……萌也。〔註210〕」，萌是草木剛生的階段，所以此龍指草木的嫩芽。二月又稱卯月，《說文》曰「卯，冒也。二月萬物冒地而出。〔註211〕」，「卯」就字面來解釋就是冒，有冒芽之意；而就卯字形來看，甲骨文作雙刀的樣子，代表種子的兩片子葉，植物的根從雙子葉間生發出來，子葉就像一扇舒出生氣的天門，把植物逐漸抽拔長大。植物從無角到角芽牴著種皮邊邊時，尚未見蒼龍角宿，直到二月的春分之時，「角宿」剛剛好會出現東方天空的邊沿，植物種芽也開始抽放出來。

（二）見龍辰：三月大火（焚田與雨水的關鍵期）

　　東方蒼龍七宿「心」宿的出現，時序進入春分的後半個月。心宿代表著蒼龍的心臟，為龍體最主要部分。此時為三月，又稱辰月，所謂「大火為大辰。〔註212〕」、「日永星火〔註213〕」等，都把「火」或「大火」用來作為觀象授時的標準星象，即「辰」星。金文「辰」字形有個捲曲的尾端，與捲曲植物的根芽和捲曲在地底下的幼蟲形象非常相似，正象徵農作物由幼苗成長之形。《說文》曰「辰，震也。三月易气動，靁電振，民農時也，物皆生。」，段玉裁注引《釋名》曰「辰，伸也，物皆伸舒而出也〔註214〕」，辰星出現為三月之時，天氣清爽明朗，且往往伴隨雷電大作，農夫正積極進行農事，能配合雨水才能豐收。在《史記》記載「命火正黎司地以屬民〔註215〕」設有專門

〔註210〕《玉篇》卷第二十三〈龍部〉第三百八十一。見於（南朝梁）顧野王撰，（唐）孫強增字，（清）陸費逵總勘：《大廣益會玉篇》，收入《據建德周氏藏元本：四部備要（經部）》，（臺北：中華書局，1965年），頁26。

〔註211〕《說文》第十四篇下〈卯部〉。見於（東漢）許慎撰，（清）段玉裁注：《圈點段注·說文解字》，頁752。

〔註212〕《公羊傳》卷第二十三〈昭公十七年〉。見於（西漢）公羊壽撰，（東漢）何休解詁，（唐）徐彥疏：《春秋公羊傳注疏》，收入《十三經注疏附校勘記》，頁291。

〔註213〕《尚書》卷第二〈虞書·堯典〉。見於（西漢）孔安國傳，（唐）孔穎達疏，（清）阮元校勘：《尚書正義》，收入《十三經注疏附校勘記》，頁21。

〔註214〕《說文》第十四篇下〈辰部〉。見於（東漢）許慎撰，（清）段玉裁注：《圈點段注·說文解字》，頁752。

〔註215〕《史記》卷二十六〈曆書〉。見於（西漢）司馬遷，（南朝宋）裴駰集解：《史記》，頁497。

的火正，足見上古時代，春季黃昏大火的初見，爲一年中農耕上的大事。原始農耕以火耕爲農作方法，耕作的時機一定要準確把握，過早燒田，種子發芽之後，如果沒有雨水就會枯死；過晚燒田，又會受到雨水的干擾。什麼時候開耒播種、放火燒山，是上古農事收成的決定性關鍵。

總論來看，從二月見龍角到三月見龍辰，龍形已半現；卯爲冒，辰爲龍，所以「卯辰」就是「冒龍」。「辰」字也通「農」字，農字下面就是辰，代表「冒龍」的階段，這期很重要，應致力於農事。以此或許能推證天上星宿的命名取象，是直接對應地面上現實的物候。

（三）〈乾〉爻六卦中「龍與星象」的關係

東方蒼龍角宿出現的同時，附近會伴隨天田星，天田即取意天上的田地。諺曰「二月二，龍抬頭。」即農曆二月之時，龍見於地平線上，即曰見龍在田，這田非一般之田，它含有用角宿見於天田來定季節之意。見到龍抬頭也就預示著春耕季節到了。在《左傳》有「龍見而雩〔註216〕」記載，說明蒼龍出現在天空時，即舉行雩祭以求雨。又記載「凡土功，龍見而畢務〔註217〕」當蒼龍出現之後，農事也忙完了，這時才準備進行土木工程。可見蒼龍具有生活作息安排的意義，因此，對龍崇拜，事實上就是對東方蒼龍星宿的崇拜，而這一崇拜的緣起，則在於這些星宿所象徵的最初作爲農耕「授時」的古老含義〔註218〕。

中國傳統天文學的所謂的四象，並非單純只看以七顆星星所構成的表象，所重視的是對四方位中有代表性質的主星含帶的「授時意義」，顯示四象體系的古老淵源——古人觀象授時的需要。而東方蒼龍即以「心宿」，爲主要的授時意義代表。劉志雄與楊靜榮引用陳綏祥持「龍源於物候形象組合」之言：

> 實際上，它是一個最早測定時間的工具——「表」。「表」是以測日影定時辰的最早的測時器——這一含義至今未變。〔註219〕

〔註216〕《左傳》卷第六〈桓公五年〉。見於（春秋）左丘明撰，（西晉）杜預注，（唐）孔穎達疏，（清）阮元校刻：《春秋左傳正義》，收入《十三經注疏附校勘記》，頁108。
〔註217〕《左傳》卷第十〈莊公二十九年〉。見於（春秋）左丘明撰，（西晉）杜預注，（唐）孔穎達疏，（清）阮元校刻：《春秋左傳正義》，收入《十三經注疏附校勘記》，頁31。
〔註218〕見於馮時：《天文學史話》，頁87。
〔註219〕見於劉志雄與楊靜榮：《龍的身世》，（臺北：商務印書館，2001年11月），

如《禮記》有「龍旂九旒，天子之旌也〔註220〕」的說法，此「斿」是古代旌旗上的飄帶，象徵著火光。《周禮》也說「龍旂九斿，以象大火也。〔註221〕」鄭玄注「大火蒼龍宿之心，其屬有尾，尾九星。」由此可知，這類具有九斿的龍旗上的龍紋是用來表現大火星。

上古往往是根據對天文節氣的現象作理解，進而運用到人事上。故孔子說〈乾〉九二爻的「見龍在田」是「龍德而正中〔註222〕」，此龍是指春分時節的陽氣，春分之際晝夜、陰陽之氣等分等長，不偏不倚，所以是正中、持中；而德可以看作「特徵、特質」，如此可以解釋為春分的陽氣特質是端正而中和。「田」代表東方，陽氣（即蒼龍的角宿）出現在正東方時，恰好為陰陽正中等分的春分時節。孔穎達正義「言九五，陽氣盛至於天，故云飛龍在天。此自然之象，猶若聖人有龍德，飛騰而居天位。」〔註223〕《周易》是最典型的以龍表示東方七宿，以自角至尾六宿龍星，於不同季節天球的位置的變化來解釋。：

> 初九，潛龍，勿用；九二，見龍在田，利見大人；九三，君子終日
> 乾乾，夕惕若厲，无咎；九四，或躍在淵，无咎；九五，飛龍在天，
> 利見大人；上九，亢龍，有悔；用九，見群龍无首，吉。〔註224〕

此〈乾〉爻六卦是記錄蒼龍七宿在天空中所呈現出來的狀態，龍所代表的是春分節氣。初九「潛龍」指冬天，蒼龍全體處於地平線下。九二爻「見龍在田，利見大人」，是蒼龍東升，角宿出現在東方地平線之上的情景。九三爻「君子終日乾乾，夕惕若厲，無咎」指「蒼龍正處於從地平線處上升的階段」，「龍位卻相當於君子之位」。九四爻「或躍在淵，無咎」，表現龍身「躍上天空」。九五爻「飛龍在天，利見大人」，指「初昏時蒼龍位於正南方」。上九爻「亢

頁72，引用陳綬祥：《中國的龍》，（桂林：灕江出版社，1988年）。

〔註220〕《禮記》卷三十八〈樂記〉。見於（東漢）鄭玄注，（唐）孔穎達疏，（清）阮元校勘：《禮記注疏》，收入《十三經注疏附校勘記》，頁684。

〔註221〕《周禮》卷第四十〈冬官‧考工記‧輈人〉。見於（東漢）鄭玄注，（唐）賈公彥疏，（清）阮元校勘：《周禮注疏》，收入《十三經注疏附校勘記》，頁614。

〔註222〕《周易》卷第一〈乾〉。見於（三國魏）王弼、韓康伯注，（唐）孔穎達疏，（清）阮元校勘：《周易正義》，收入《十三經注疏附校勘記》，頁13，載：「九二曰見龍在田，利見大人，何謂也？子曰『龍德而正中者也。』」

〔註223〕《論衡》卷六〈龍虛〉。見於（東漢）王充撰，劉盼遂集解：《論衡集解》（上冊），（臺北：世界書局，1967年12月），頁134。

〔註224〕《周易》卷第一〈乾〉。見於（三國魏）王弼、韓康伯注，（唐）孔穎達疏，（清）阮元校勘：《周易正義》，收入《十三經注疏附校勘記》，頁8～10。

龍，有悔」，表示「蒼龍升至高位之後，開始下行」。用九「見群龍無首，吉」，龍無首，指東方蒼龍七宿的「角宿」（代表龍頭）隱沒不見，而蒼龍其他各個部分在初昏時仍呈現在西方地平線以上。〈乾卦〉六爻正表現東方蒼龍從潛隱到出現、飛升、高亢，然後一步步伏沉，回歸潛淵的循環過程。〔註225〕

「潛龍」代表正處於冬天，農事尚未作。二月初的春氣到時，蒼龍七宿的角宿和天田星會出現在東方，象徵龍剛出水面，呈現在水面田間的狀態，此時可開始準備農耕播種。接著當三月時，蒼龍正日漸上升階段，可見龍「心」火紅，焚田農作活動大興，不敢稍加懈怠，此時正降下春雨春雷，期待雨水能助長豐收。此與《說文》說龍是「鱗蟲之長……春分而登天，秋分而潛淵〔註226〕」有其相關性，蒼龍在春分時節漸漸登上天空，雷雨季到來，雷驚動蟄伏的鱗蟲，便開始了牠們的活動。時節至四、五月初昏時，東方蒼龍完整呈現於正南方，代表春天陽氣正旺盛。而七（立秋）、八（秋分）月間心宿逐漸西流隱沒，蒼龍沉入無際的藍天，有如躲進水藍色的大川一般，這時鱗蟲就準備要蟄伏到洞裏過冬。《詩經》中的「七月流火〔註227〕」正與「用九，見群龍無首」相應對，即龍角隱於西方地平線之下，而大火星位於西方地平線之上，正合乎「流火」之象，也才會有《夏小正》「八月……辰則伏」和「九月內火」〔註228〕。蒼龍經過了昏見、昏中、群龍無首和內火之後，就將出現晨見的天象。正因春天是萬木剛萌發之初，對於遠古火耕農業而言，焚燒雜草可當肥料有助農事，然而皆要小心農作以防不慎。又因風容易吹散火苗，加上東風性溫，容易引發火災，木易招來火燒，導致必須先禁火。又對於遠古農耕收成不確定狀況下，水火不相容，春天正需要雨水，禁火才能招來雨水滋潤。

聞一多指出「〈乾卦〉六言龍，亦皆謂龍星。《史記‧天官書》索隱引石氏曰：『左角爲天田』，〈封禪書〉正義引《漢舊儀》曰：『龍星左角爲天田』。

〔註225〕見於劉志雄與楊靜榮：《龍的身世》，頁 97～98，引用：陳江風：《天文與人文》，（臺北：國際文化出版社，1988 年）。

〔註226〕《說文》十一篇下〈龍部〉。見於（東漢）許慎撰，（清）段玉裁注：《圈點段注‧說文解字》，頁 588。

〔註227〕《詩經》卷第八〈豳風‧七月〉。見於（西漢）毛亨傳，（東漢）鄭玄箋，（唐）孔穎達疏，（清）阮元校刻：《毛詩正義》，收入《十三經注疏附校勘記》，頁 280。

〔註228〕見於（西漢）戴德傳，（南宋）傅崧卿注：《夏小正戴氏傳》，卷三〈秋〉，頁 7～8。

九二『見龍在田』，田即天田。蒼龍之星即心宿三星……《後漢書・張衡傳》曰：『夫玄龍迎夏則陵雲而奮鱗，樂時也；涉冬則掘泥而潛蟠，避害也』玄龍即蒼龍之星，迎夏奮鱗，涉冬潛蟠，正合龍星見藏之候。……九五『飛龍在天』春分之龍也；初九『潛龍』、九四『或躍在淵』秋分之龍也。〔註229〕」又說「《象傳》曰：『時乘六龍以御天。』天言『御』者，天以斗為樞紐，而斗為帝車，『時乘六龍以御天』猶乘六馬以御車耳。〔註230〕」皆很明白地將龍視作天空星宿，說明蒼龍角宿正適合田耕之時。

在《史記・天官書》指出「北斗七星，……杓攜龍角，衡殷南斗，魁枕參首。」當北斗第七星通過它的延長線最終指向蒼龍七宿。斗柄所指之東方正是角宿所在，是東方蒼龍的第一宿，即民間所謂二月初二「龍抬頭」。斗柄左迴旋從地平線漸升的亢宿、氐宿、房宿，至暮春三月，當心宿昏升時，斗柄轉指東南方，時序便進入「清明」。常玉芝引用張培瑜說法：

> 殷商武丁時期大火昏出的時間約在『清明』前後，即『春分』後半個月，這時北斗星的斗柄指卯、辰方向，是建卯、見辰之月，即仲春、季春之月，也即夏曆二月和三月；而大火昏中的時間約在『芒種』至『夏至』的時候，這時斗柄指巳、午方向，……殷商武丁時初昏大火在正南方的時間在仲夏之月，與《尚書》〈堯典〉紀錄的『日永星火，以正仲夏』的時間是一致的。〔註231〕

此時受中國季風影響，帶來霪雨霏霏，清明稻作進入了發芽分化期，正需要大量雨水灌溉，故十分有助於稻作成長。春分時節太陽由正東方升起，日照均勻，此為日夜平均，陰陽融合之時，正是冬天的寒氣漸融消失，萬物剛脫離冬天蟄伏，準備發綠苗之時。由以上可說明「清明」最初的定義是農事的天候。綜論而言，「清明」處於春分之後半個月，對於農事影響很大，春初天朗氣清，惠風和暢，加上豐沛的雨水，正是春耕春種的大好時節。因此依天候「清如水，明如鏡；清如風，明如月」之狀況，將此節氣命名為「清明」。慢慢由於歲差的關係，至春季黃昏時，東方的角宿出現時已非二月春分，星象無法提供人民準時耕作的依據，此時轉而發展更為穩定的二十四節氣。至

〔註229〕見於聞一多：〈周易義證類纂〉，收入《聞一多全集・古典新義》（二），（臺北：里仁書局，1994年2月），頁46～47。

〔註230〕見於聞一多：〈周易義證類纂〉，收入《聞一多全集・古典新義》（二），頁48。

〔註231〕見於常玉芝：《殷商曆法研究》，（長春：吉林文史出版社，1998年9月），頁403。

西漢時已大多是依節氣來農作，而依推算心宿大火星昏升之時，則能作爲報
時農作之依據，而此時正是二十四節氣中的「清明」。

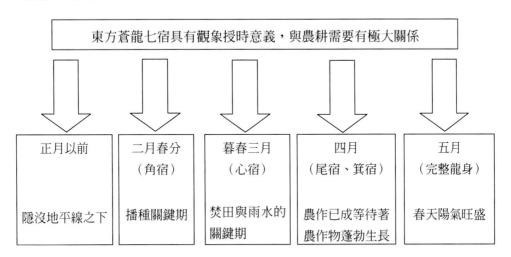

第三章　清明與上巳、寒食節的傳承和置代關係

　　清明依託於上古時期的歲時節令，最初與自然物候變化和農耕生產活動密不可分，後來逐漸加入了豐富的人文內涵。歲時節日其實是由歲時和節日兩個部分組成，前者主要強調自然時序的切割劃分，後者則是在於強調將定時節下人們的社會生活及人文活動的需要。儘管傳統社會的歲時節日來自於人們對自然時序的認識，但是歲時節日的自然性逐漸向人文性轉化，從人對自然的適應，逐漸發展為人對社會關係的調適乃是必然趨勢。節氣並非節日，節氣只是季節時序的標記，而節日則往往包含某種紀念意義及相應的儀式習俗。故清明節並非一開始就是目前所見的型態，清明節氣如何轉變成作為風俗活動意義的清明節日？本章便以上巳與寒食節起源與節俗活動結構進行分析，以見其風俗在清明節前後傳承過程中的變異，是節日習俗經過各種整合的結果。清明與上巳節、寒食節之間不僅有節期的置代關係，也有節俗內容上的繼承關係，其發展過程將於本論文第三至四章討論。

第一節　上巳轉型併入清明節俗

　　上古農耕以四仲節氣來掌握農耕活動，後來更清楚地發展出「四立、二分、二至〔註1〕」的農時節氣概念。其中「春分」節氣的時間點，正是上巳、

〔註1〕　見於馮時：《中國天文考古學》，頁154，提出春分與秋分這兩個分點，是確定

寒食、清明所重疊之時間區塊。「春分」是由仲春所細分出來的農時，其前後分別是「驚蟄」與「清明」兩節氣，前者反映大自然的生物生態變化，後者則呈現節氣天候。《禮記》曾有「驚蟄」相關的景象描述「仲春之月……始雨水，桃始華，倉庚鳴，鷹化爲鳩。〔註2〕」孔穎達疏引《周書・時訓》載「驚蟄之日桃始華，又五日倉庚鳴，又五日鷹化爲鳩」，說明驚蟄之時大地正是桃花開始盛開的時候，黃鸝鳥、燕子感於春陽清新之氣，而振翅高歌。故可知「驚蟄」是仲春農耕階段的節氣物候，依外在自然判斷農時耕作，視爲春耕開始的日子，屬於水稻插秧盛期。驚蟄約爲二月初，在春分前半個月，此時天地陰陽氣接觸頻繁，大氣激盪，閃電特多。《月令七十二候集解》中說「二月節……萬物出乎震，震爲雷，故曰驚蟄。是蟄蟲驚而出走矣。〔註3〕」意思是天氣回暖，春雷初響，驚醒蟄伏於地下冬眠的昆蟲，紛紛自土中爬出，此時過冬的蟲卵也要開始卵化。此時的天象，則爲東方蒼龍「角宿」出現，亦告示著農事始起之象徵。由二月初至三月間，大地正好是「日暝對分」之時，日夜分明，大地呈現陰陽氣調和，故才有「春分之日，玄鳥至；又五日，雷乃發聲；又五日，始電。〔註4〕」之說。玄鳥代表適合生育的時節，而雷電正是陰陽之氣交接衝擊之結果。以此來看，上巳節之「巳」字，象長而蜷曲垂尾之形，在《說文》記載「巳，巳也。四月易气巳出，陰氣巳藏；萬物見，成攵彰，故『巳』爲『它』象形。〔註5〕」段玉裁注「以蛇象之蛇，長而冤曲垂尾，其字像蛇，則像陽巳出。」陽氣如蛇般出動，形容萬物茂盛生長狀況。

上巳節就是春分的祭祀儀式，主要伴隨農事而祈求農作順利、五穀豐收，由此推演祈求生殖。《禮記》提到仲春之月「玄鳥至……以大牢祀于高

二十四節氣所有其他各點的基礎。通過平分兩分日找到兩個至點，即冬至和夏至，又通過平分四時（冬至、春分、夏至、秋分），找到了立春、立夏、立秋、立冬，接著將八節平均三分，於是確立了二十四節氣。

〔註2〕《禮記》卷十五〈月令〉。見於（東漢）鄭玄注，（唐）孔穎達疏，（清）阮元校勘：《禮記注疏》，收入《十三經注疏附校勘記》，頁302。

〔註3〕見於（元）吳澄：《月令七十二候集解》，（臺北：商務印書館，1965年12月），頁2。

〔註4〕《逸周書》卷六〈時訓〉。見於（清）朱右曾校：《逸周書集訓校釋》，頁143，此將春分分三候：第一候爲「元鳥至」，元鳥是指春分來，秋分去的侯鳥——燕子，於春分時飛到住家的屋簷下築巢，開始準備哺育下一代。第二候與第三候的「雷乃發聲」、「始電」兩種現象是相聯在一起。

〔註5〕《說文》第十四篇下〈巳部〉。見於（東漢）許慎撰，（清）段玉裁注：《圈點段注・說文解字》，頁752。

祺。〔註6〕」，上古仲春之月進行高禖祭祀，孫作雲說：

　　「禖」即「媒」字，實亦即「母」字（古從「母」之字多從「某」）；

　　高禖神就是管理結婚與生子的女神，亦即「大母之神」。〔註7〕

祭高禖的古俗，起源於原始農耕的大地生殖崇拜，高禖祭祀後來成為上巳節最主要的活動。

　　上巳節的祭高禖活動，儀式是在水邊進行，希望透過對「水」的強大力量祈福，希望帶給大地欣欣向榮，無窮的生命力。主要是春天在插秧完成後，氣溫逐漸回暖，清明時節的稻作已經進入發芽分化期，此時對整年農作收成佔很大的關鍵因素。尤其是清明後的「穀雨」為水稻幼穗形成期，需要大量雨水滋潤，故在清明前便會積極求雨，象徵著農民布穀後祈望下雨之心態。故而後來衍申出像《詩經》〈溱洧〉詩所描述的水邊嬉遊。

　　上巳節脫胎於節令氣候的轉變，但節氣的確定僅僅是為節日的產生提供了必要前提。節慶必須有一定的民俗活動，從最早的民俗活動來看，原始崇拜、迷信和禁忌應是節慶產生的最早淵源。由古籍記載上巳節節俗活動，包含了「春嬉」、「祓禊」、「招魂續魄」來看，過程推展逐漸單純化，上巳節的巫術意義已逐漸被出遊宴飲的娛樂因素所取代，分別衍申轉型為節令遊戲和掃墓祭祖，併入成為清明節俗的變體。

一、祈孕子嗣祭祀：高禖神

　　農耕文化會影響生殖觀念，先民從動植物春生夏長、秋冬衰亡的自然現象，建構生命之神在春夏復活的觀念，認為仲春之月正是陰陽之氣交合的季節，草木鳥獸繁殖，也應是男女交合生育的最佳時令。雖然陽氣蠢動之時，正是生物繁衍之重要季節，《詩經》〈玄鳥〉詩「天命玄鳥，降而生商，宅殷土芒芒。〔註8〕」描述殷始祖母簡狄吞玄鳥遺卵而生契之記載，可以推想由於玄鳥隨陽氣而至，正好可以補充說明春季為生物之重要交配期。此毛亨傳便

〔註6〕　《禮記》卷十五〈月令〉。見於（東漢）鄭玄注，（唐）孔穎達疏，（清）阮元校勘：《禮記注疏》，收入《十三經注疏附校勘記》，頁299。

〔註7〕　見於孫作雲：《詩經與周代社會研究》，（北京：中華書局，1966年4月），頁298。

〔註8〕　《詩經》卷第十〈商頌‧玄鳥〉。見於（西漢）毛亨傳，（東漢）鄭玄箋，（唐）孔穎達疏，（清）阮元校刻：《毛詩正義》，收入《十三經注疏附校勘記》，（臺北：藝文印書館，1985年），頁793。

云「春分玄鳥降，湯之先祖有娀氏女簡狄配高辛氏帝。」，與《禮記》所提之「仲春之月……玄鳥至……以太牢祀於高禖。〔註9〕」對於禖祀時間，這兩種典籍的觀點是一致的。

上古由於認識能力的侷限，他們往往通過對其心目中的土地之神──社神──的祭祀以祈求農業豐收，同時亦希望在神靈的庇佑下，人類自身的生息可以蕃盛。祀社與祭高禖往往是結合在一起進行。對於主管土地與農作物收成的「社」神，與主管人類繁衍的「高禖」神，二者在管理「生命」這一點來看是相契合的。為了迎祭生命之神──「社」神和「高禖」神，便產生了一系列與生殖有關的儀式。故按照前所提《禮記》〈月令〉的規定，每年仲春郊祀社神〔註10〕後，接著便要舉行祭高禖祈子的儀式，「天子親往，后妃率九嬪御，乃禮天子所御，帶以弓，授以弓矢，於高禖之前。〔註11〕」為那些天子所「幸」的妃嬪祈禱，祈求生育。「弓矢、弓禖」頗有祈求生男之意，則知高禖之祭不但為祈子之祭，同時禖宮更是施行生男接觸巫術之據點〔註12〕。魏昕即以文中的「御」字，解釋為交媾的隱語，這正道出高禖祭祀儀式中的主要內容。在祭祀進行當中，男女交媾是以「桑林」之舞、「萬舞」等舞蹈形式表現出來的，它是一種極其莊嚴的儀式，其目的就是希望通過尸女（裝扮成生殖女神和女祖先的女巫）直接從神那裡獲得繁育子嗣的能力〔註13〕。在《詩經》〈生民〉詩：

> 厥初生民，時維姜嫄。生民如何？克禋克祀，以弗無子。履帝武敏
> 歆，攸介攸止。載震載夙，載生載育，時維后稷。〔註14〕

〔註9〕 《禮記》卷十五〈月令〉。見於（東漢）鄭玄注，（唐）孔穎達疏，（清）阮元校勘：《禮記注疏》，收入《十三經注疏附校勘記》，頁299。

〔註10〕 《夏小正》卷一〈春〉。見於（西漢）戴德傳，（南宋）傅崧卿注：《夏小正戴氏傳》，頁3，載：「二月……綏，多女士。綏，安也。冠子取婦之時也。」又《呂氏春秋》卷二〈仲春紀〉。見於（戰國）呂不韋，（東漢）高誘注，陳奇猷校釋：《呂氏春秋校釋》，頁2，載：「擇元日，命人社。」先秦時期，春社的時間普遍擇定在仲春二月。以二月為舉行春社月份的習俗，可以一直追溯到夏代，周代亦以二月為春社月。

〔註11〕 《禮記》卷十五〈月令〉。見於（東漢）鄭玄注，（唐）孔穎達疏，（清）阮元校勘：《禮記注疏》，收入《十三經注疏附校勘記》，頁299。

〔註12〕 見於林師素英：〈論鄭風‧溱洧中的禮與俗──兼論上巳節的由來與定型〉，《第六屆通俗文學與雅正文學研討會》2006年3月，頁64。

〔註13〕 見於魏昕：〈滲透於詩經中的原始宗教意識〉，（吉林省長春市：東北師範大學中國古代文學碩士論文，2006年），頁16。

〔註14〕 《詩經》卷第六〈大雅‧生民之什‧生民〉。見於（西漢）毛亨傳，（東漢）

記載周之始祖母姜嫄，因踩著上帝的足跡而懷孕的神話。「禋」是古代祭天的儀式，祭於野，用火燒牲，使煙氣上衝於天。林師素英對此解說姜嫄於懷有后稷之前，以「克禋克祀」的祭祀儀式，虔誠向上帝禱祈，為求「以弗無子」除去無子之不祥；而「履帝武敏歆，攸介攸止」為儀式中的後續禮儀，是更積極的祈子巫術活動。聞一多即以「履跡」為祈子之象徵性舞蹈，此儀式為姜嫄尾隨巫師〔註15〕之後，踐其足跡而舞，心甚喜悅。舞畢，止息於幽處，於是遂有身孕〔註16〕。姜嫄以禋祀之禮燔柴祭天，使虔誠之心隨同馨香之氣上達於天，所以鄭玄直接以「乃禋祀上帝於郊禖，以祓除其無子之疾，而得其福也」為注。由此可見祈禱之上帝應與主掌生育大事的禖神有極大相關。〔註17〕

總結而言，祭祀高禖神是一種祈孕子嗣的祭祀形式，由孫作雲定義「『高』言其大和重要，『禖』即『媒』字，實亦即『母』字（古從『母』之字多從『某』）。〔註18〕」可看出古漢語「禖、姆」音同，高禖即高姆，指重要的母親。高禖神被認為蘊涵著先民強烈渴求生育的願望，往往將土地的豐饒性與女性的生殖性相結合，把大地當作原始的母神〔註19〕。故此言「禖」原同「媒」〔註20〕，《說文》釋「禖，祭也。〔註21〕」禖原先即稱為媒，只是

鄭玄箋，（唐）孔穎達疏，（清）阮元校勘：《毛詩正義》，收入《十三經注疏附校勘記》，頁587。

〔註15〕見於林師素英：〈論鄭風·溱洧中的禮與俗——兼論上巳節的由來與定型〉，《第六屆通俗文學與雅正文學研討會》2006年3月，頁64。提到：「巫」除了可以預言天災與人禍，並使之降低災害外，最主要還在於兼有醫治疾病的具體能力，可謂直接關係生命之延續。並以「巫」之從二「工」引用《周髀算經》之說「環矩以為圓，合矩以為方。方屬地，圓屬天，天圓地方。……是故知地者智，知天者聖。智出於句，句出於矩。」解釋巫善於交錯使用構畫天地一切方圓之「矩」，因而象徵巫乃能通悟天地之智者與聖者。

〔註16〕見於聞一多：〈姜嫄履大人迹考〉，收入《聞一多全集（三）》，（武漢：湖北人民出版社，1993年），頁50～57。

〔註17〕見於林師素英：〈論鄭風·溱洧中的禮與俗——兼論上巳節的由來與定型〉，《第六屆通俗文學與雅正文學研討會》2006年3月，頁64。

〔註18〕見於孫作雲：《詩經與周代社會研究》，（北京：中華書局，1966年4月），頁298。

〔註19〕見於汪洋：〈論女媧神話中的靈石信仰〉，（吉林省長春市：東北師範大學中國古代文學碩士論文，2006年5月），頁4～5。

〔註20〕《禮記》卷十五〈月令〉。見於（東漢）鄭玄注，（唐）孔穎達疏，（清）阮元校勘：《禮記注疏》，收入《十三經注疏附校勘記》，頁299，載：「是月也，玄鳥至，至之日，以大牢祠于高禖」，鄭玄注「變媒言禖，神之也」。

〔註21〕《說文》一篇上〈示部〉。見於（東漢）許慎撰，（清）段玉裁注：《圈點段注·

將其作為神靈祭祀時，才把「媒」字變成「禖」字。又《說文》釋「腜，婦孕始兆也。〔註22〕」朱駿聲《說文通訓定聲》：「禖，祭也。……祈子之祭也。……注變媒為禖神之也，按變腜為禖也。〔註23〕」又「腜，婦始孕腜兆也。……按高禖之禖，以腜為義也〔註24〕。」《廣雅疏證》：「殕腜，胎也。〔註25〕」注曰：「腜之言，媒也。說文腜，婦始孕，腜兆也」由此推論「媒」、「禖」、「腜」三者意義相同，皆含有生育之意。

農業文明視大地為母親，對大地懷著一種虔誠的信仰，以為萬物皆有生命，皆有靈魂。清代王引之《經義述聞》：

> 高者，郊之借字。古聲高與郊同，故借高為郊。……高誘注呂氏春秋仲春紀曰，周禮媒氏，以仲春之月，合男女，因祭其神於郊，謂之郊禖，郊音與高相近，故或言高禖。〔註26〕

認為「高」是「郊」的借字，古漢語中「皋」與「高」通用，「交」與「郊」通用。至此，可得出高禖稱謂的演進序列為：郊（交）腜──郊媒──郊禖──高（皋）禖。〔註27〕

這樣淵源長久的春祓祈子活動固定於「三月上巳」，依林師素英說法，是到東漢有固定曆法出現，加上天文學發展日趨細密，於是整合先秦時期〈月令〉之歲時禮儀，再配合漢代月建之觀念，便先以「三月上巳」為節，藉此以保存原始巫術行為意在「尚子」之期盼與「得子」福祉之祈求，其後則因為「上巳」之日期仍然無法固定在某一日，不利於生活記憶，因此再以重日之方式立節，遂使「三月三日」成為固定日期。〔註28〕趙世林引用馮漢驥曾提出的「孕育儀式」，談到春季的農事祭祀程序：

說文解字》，頁 7。
〔註22〕《說文》四篇下〈肉部〉。見於（東漢）許慎撰，（清）段玉裁注：《圈點段注‧說文解字》，頁 169。
〔註23〕見於（清）朱駿聲：《說文通訓定聲（一）》，（臺北：商務印書館，1968 年），頁 803。
〔註24〕《說文通訓定聲》〈頤部第五〉。見於（清）朱駿聲：《說文通訓定聲（一）》，（臺北：商務印書館，1968 年），頁 804。
〔註25〕《廣雅疏證》卷第六下〈釋親〉。見於（魏）張揖：《廣雅疏證》，（臺北：中華書局，1965 年），頁 5。
〔註26〕《經義述聞》卷十四〈高禖〉。見於（清）王引之：《經義述聞》（上），（臺北：商務印書館，1968 年），頁 546～547。
〔註27〕見於方川：〈媒神高禖崇拜〉，《淮南師專學報》1999 年第 3 期，頁 17。
〔註28〕見於林師素英：〈論鄭風‧溱洧中的禮與俗──兼論上巳節的由來與定型〉，《第六屆通俗文學與雅正文學研討會》2006 年 3 月，頁 68。

以農曆「三月三」爲中心，在之前，人們進行了備耕、春播等活動
後，便在這一天祭祀主管大地豐產的植物（生殖）之神，或是田公
地母，隨之進行一系列的對歌、舞蹈、體育競技等活動，以人的歡
樂取悅、感動神靈，促使種子萌芽，植物生長，並用集體的性交合
來影響大地生殖，祈求豐收。人們之所以選擇這幾天舉行這種儀式，
一是因爲春季的農忙已過，這時稍有閒暇；二是這時水稻、玉米等
作物處在生長的關鍵時期，極需得到神靈的保佑。〔註29〕

可見三月上巳是農事祭祀儀式，上古相信萬物有靈，大自然莫名的力量，使
人不得不畏懼。先民對於這段播種時機的慎重，爲了達到豐收的企盼，除了
實質努力外，由裏而表地藉著不同樣貌的祭祀風俗，來表達對天地的敬意。
由於中國古代傳統文化根植於農耕，所以在敬時行禮的同時，亦重視奉神祈
報，常使農事與祭祀渾然一體。

　　上巳節最主要的活動是「臨水祈福」。水與農耕生產有著直接的關係〔註30〕，
它決定著農作物的生長。尤其在刀耕火種的原始農業階段，先民不僅利用燒荒
的草木灰作肥料，也得經常「負水澆稼」。由《山海經》中便可見大量包含天地
萬物源於水、人祖生於水的古老信仰觀念的神話〔註31〕，且《史記》亦記載：

　　殷契，母曰簡狄，有娀氏之女，爲帝嚳次妃。三人行浴，見玄鳥墮

〔註29〕　見於趙世林：〈論「孕育儀式」及其文化內涵〉，《雲南民族學院學報》哲學社
　　　　　會科學版，（1993 年 1 月），頁 39。
〔註30〕　在原始的農耕，人對水的依賴很深，爲了汲水方便，大都緣水而居。無論是
　　　　　中國或其他國家的文明發源無不與水有關，如定期氾濫的尼羅河孕育了古埃
　　　　　及文明，神秘的恒河滋潤了古印度文明，古老的底格里斯河和幼發拉底河澆
　　　　　灌了古巴比倫文明，而中國的長江和黃河更是華夏文明的搖籃。先民憑著生
　　　　　活經驗知道水能促進植物發芽、生長、結果，故把人和植物看作是同類，從
　　　　　相似律的思維認爲人也是水生成的，水賦予人生命。
〔註31〕　見於（東晉）郭璞撰，（清）畢沅校正：《山海經》，卷第十五，頁 125。〈大荒
　　　　　南經〉有關「浴日」神話記載：「東南海之外，甘水之間，有羲和之國。有女
　　　　　子名曰羲和，方日浴于甘淵。羲和者，帝俊之妻，生十日。」郭璞云：「羲和
　　　　　蓋天地始生，主日月者也。……作日月之象而掌之，沐浴運轉之於甘水中，
　　　　　以効其出入暘谷、虞淵也。」。又〈大荒西經〉也有「浴月」之說：「有女子
　　　　　方浴月。帝俊妻常羲，生月十有二，此始浴之。」帝俊的兩位妻子羲和、常
　　　　　羲爲其所生的子女太陽和月亮，各自在太陽初升和月亮降落的地方洗浴。這
　　　　　兩則浴日浴月的神話是基於對太陽、月亮的期待，至於此所說「生十日」、「生
　　　　　月十有二」，透露出先民生殖崇拜觀念。在先民的觀念中，光潔和明亮是相通
　　　　　的。期待太陽、月亮經過洗浴更爲潔淨，永遠用光芒照射大地。亦帶有長生
　　　　　長壽的意涵，超越有限生命的象徵。

其卵，簡狄吞之，因孕生契。〔註32〕

此為商代始祖之母簡狄在水邊沐浴，吞玄鳥卵生契的神話。由此神話可以呈現上古農業社會對水的依賴心理，甚至將水視為生命的起源，但也可約略探知上古對於生子是充滿著不確定感，只能巧遇而無法祈求。《列女傳》記載簡狄「與其妹娣浴於玄丘之水〔註33〕」，可能就是一種為了順利懷孕而進行的臨水祓禊。〔註34〕這樣的傳說所據或為民間傳說，但亦應屬遠有所承，且其所錄之「行浴」，應與後代上巳祓禊之事基於同一風俗習慣〔註35〕。故追溯臨水祓禊的源頭可上至殷契之母簡狄之時。

詩經中有許多情歌吟詠於水濱河畔或與雨水密切相關。這與古人對水的崇拜分不開。《詩經》〈溱洧〉詩也都反映這種臨水野合的風俗：

溱與洧，方渙渙兮。士與女，方秉蘭兮。女曰觀乎，士曰既且。且往觀乎，洧之外，洵訏且樂。維士與女，伊其相謔，贈之以芍藥。

溱與洧，瀏其清矣。士與女，殷其盈矣。女曰觀乎，士曰既且。且往觀乎，洧之外，洵訏且樂。維士與女，伊其相謔，贈之以芍藥。

〔註36〕

此詩呈現男女水邊相會景象。《詩經》中許多男女相悅吟詠於水濱河畔和與水或雨有關的情歌，都蘊含著祈求人從水中獲取生殖力以繁衍子孫的深層意義。孔穎達正義「溱水與洧水春冰既泮，方欲渙渙然流盛兮，於此之時，有士與女方適野田，執芳香之蘭草⋯⋯相與戲謔，行夫妻之事。」由溱水洧水的匯流特點與吉祥意義，描述男女情投意合。在《詩經》中，水的意象常伴隨著男女相戀，如〈周南・關雎〉、〈鄭風・褰裳〉、〈周南・漢廣〉〔註37〕等。

〔註32〕《史記》卷三〈殷本紀〉。見於（西漢）司馬遷，（南朝宋）裴駰集解：《史記》，頁60。

〔註33〕《列女傳》第一卷〈母儀傳・契母簡狄〉。見於（西漢）劉向：《列女傳》，（臺北：中華書局，1965年），頁2。

〔註34〕見於魏昕：《滲透於詩經中的原始宗教意識》，（吉林省長春市：東北師範大學中國古代文學碩士論文，2006年5月），頁14。

〔註35〕見於孫作雲：〈關於上巳節（三月三日）二三事〉，收入《詩經與周代社會研究》，（北京：中華書局，1966年），頁322～323。

〔註36〕《詩經》卷第四〈鄭風・溱洧〉。見於（西漢）毛亨傳，（東漢）鄭玄箋，（唐）孔穎達疏，（清）阮元校勘：《毛詩正義》，收入《十三經注疏附校勘記》，頁182～183。

〔註37〕《詩經》卷第四〈鄭風・溱洧〉。見於（西漢）毛亨傳，（東漢）鄭玄箋，（唐）孔穎達疏，（清）阮元校勘：《毛詩正義》，收入《十三經注疏附校勘記》，頁

尤其以「涉水〔註 38〕」會同兩性的結合更是頻繁出現，將男女結合神聖化，滲透宗教內涵於其中，《周禮》云「中春之月，令會男女，於是時也，奔者不禁。〔註 39〕」由高禖祭祀發展出以水洗滌來求子的具體方式，每值祓褉之際人們聚集在水濱，在舉行完一系列的宗教巫術儀式之後，便開始了大規模的群眾性擇婚求偶活動。

二、祈雨祓褉

上巳臨水祓褉是農耕祈求豐收的祭祀，藉由河水能引出雨水澆灌農作物，聞一多在〈神話與詩·高唐神女傳說之分析〉曾說：

> 在農業時代，神能賜與人類最大的恩惠莫過於雨——能長養百穀的雨。大概因為先姚是天神的配偶，……先姚與雨常常連想起，……
>
> 先姚能致雨，而虹與雨是有因果關係的，便以虹為先姚之靈。〔註 40〕

這就是古代雩祭的文化內涵。因對水的崇拜，久旱不雨時，人們便自然舉行巫術祈雨儀式。古人由自身的繁衍來推想雨水的形成，祈雨也就蘊含了祈生殖繁衍的意義。《周易》有「天地絪縕，萬物化醇，男女構精，萬物化生。〔註 41〕」之說，將祈雨與祈生殖繁衍聯繫起來。嫁娶遇水則被看作是大吉大利，新婚夫婦會多子多孫，如《周易·睽》載「匪寇婚媾，往，遇雨則吉。〔註 42〕」，以及《詩經》中〈鄭風·風雨〉、〈鄘風·蝃蝀〉的女子分別是在「風雨瀟瀟〔註 43〕」、「崇朝其雨〔註 44〕」的背景下出嫁，其「遇雨則吉」

182，載〈周南·關雎〉「關關雎鳩、在河之洲。窈窕淑女、君子好逑。」、〈鄭風·褰裳〉「子惠思我、褰裳涉溱。子不我思、豈無他人。」、〈周南·漢廣〉「漢有游女、不可求思。漢之廣矣、不可泳思。」

〔註38〕王磊：《詩經興象的文化探源》，（吉林：延邊大學中國古代文學碩士論文，2006年 5 月），頁 24，載「類似〈關雎〉中這種戀愛中的情感……或是由水與其他物象的組合，或是由水引發構成的一個事件或場景來起興的。其中最主要的一種就是『涉水』。」

〔註39〕《周禮》卷十四〈媒氏·地官〉。見於（東漢）鄭玄注，（唐）賈公彥疏，（清）阮元校勘：《周禮注疏》，收入《十三經注疏附校勘記》，頁 217。

〔註40〕見於聞一多：〈神話與詩·高唐神女傳說之分析〉，收入《神話與詩》，（臺北：藍燈文化，1975 年），頁 106。

〔註41〕《周易》卷第八〈繫辭下〉。見於（三國魏）王弼、韓康伯注，（唐）孔穎達疏，（清）阮元校勘：《周易正義》，收入《十三經注疏附校勘記》，頁 171。

〔註42〕《周易》卷第四〈睽〉。見於（三國魏）王弼、韓康伯注，（唐）孔穎達疏，（清）阮元校勘：《周易正義》，收入《十三經注疏附校勘記》，頁 191。

〔註43〕《詩》卷五〈鄭風·風雨〉。見於（西漢）毛亨傳，（東漢）鄭玄箋，（唐）孔

的祈生殖繁衍意義不言而喻〔註45〕。

　　水不僅可以促進生育，還可以消除身體疾病，更能健康長壽。上巳臨水祭祀儀式亦含除疾之意。祓禊是通過洗濯身體，達到除去凶疾的。綜觀各民族去除邪惡不祥之重要管道，普遍採取火燒與水洗之兩種方法，以達到淨身禳災之效果。古人迷信於一切疾病、災難可以用水洗掉、用火燒掉；因為水火是至潔之物，可以拂除不祥。依林師素英說法，「巳」之字形取象於「子」，而「巳」與「子」二字之古文又可通，因此推測「上巳」與「祈子」具有一定之關聯，更由於有「上（尙）子（巳）」之期盼，因此選擇「上巳」之日祓除無子之不祥〔註46〕。由於不生子也是病氣，為了解除這種病氣或促進生育，便用水洗滌〔註47〕，而後相沿成臨水祓禊的風俗，朱熹《詩集傳・鄭風溱洧注》：「鄭國之俗，三月上巳之辰，采蘭水上以祓除不祥。〔註48〕」。林師素英從劉昭引用蔡邕以「《論語》所載『暮春者，春服既成，冠者五六人，童子六七人，浴乎沂，風乎舞雩，詠而歸。』自上及下，古有此禮。今三月上巳，祓禊於水濱，蓋出於此。」之說，以及杜篤〈祓禊賦〉「巫咸之徒，秉火祈福」之載〔註49〕，說明遠在孔子以前，便有以洗濯或秉火進行祓除祈禳之現象。因此商周始祖神話，乃是分從以水洗濯、煙火示誠以祈神助之方式去除不祥之物，而達到淨身禳災之效果〔註50〕。在古籍神話中，

穎達疏，（清）阮元校勘：《毛詩正義》，收入《十三經注疏附校勘記》，頁179。

〔註44〕《詩經》卷五〈鄘風・蝃蝀〉。見於（西漢）毛亨傳，（東漢）鄭玄箋，（唐）孔穎達疏，（清）阮元校勘：《毛詩正義》，收入《十三經注疏附校勘記》，頁122。

〔註45〕見於陳才訓：〈《詩經》情歌與水崇拜〉，《天中學刊》2001年第1期，頁80。提出新娘出嫁撐傘很可能與祈生殖繁衍有關。雨和傘有因果關係，撐傘也就如同行於雨中，符合「遇雨則吉」而多子多孫的內涵。

〔註46〕見於林師素英：〈論鄭風・溱洧中的禮與俗——兼論上巳節的由來與定型〉，《第六屆通俗文學與雅正文學研討會》2006年3月，頁63。

〔註47〕見於孫作雲：〈關於上巳節（三月三日）二三事〉，收入《詩經與周代社會研究》，（北京：中華書局，1966年），頁336。

〔註48〕《詩經集註》第一卷〈鄭・溱洧〉。見於（南宋）朱熹：《詩經集註》，（臺北：群玉堂出版，1991年10月），頁45。

〔註49〕《後漢書》卷三〈禮儀志〉。見於（東漢）范曄撰，（三國梁）劉昭注志，（唐）李賢注，（清）陸費逵總勘：《後漢書》，收入《中華書局據武英殿本校刊：四部備要（史部）》，頁3111，載劉昭之注：引《論語》中所提及之「雩」祭，可分為常雩與旱雩兩類，常雩屬於歲時例行祭典，多在暮春或初夏之間由女巫主導舉行，祈禱一年降雨正常，旱雩則在發生旱災或雨澇之特殊狀況時舉行，皆有祓除祈禳之作用。

〔註50〕見於林師素英：〈論鄭風・溱洧中的禮與俗——兼論上巳節的由來與定型〉，《第

很早就出現洗浴的意象，故如《楚辭》「仍羽人於丹丘兮，留不死之舊鄉。朝濯髮於湯谷兮，夕晞余身兮九陽。〔註51〕」湯谷是古代傳說日出之處，在此濯髮即有實現長生不死的意象。又《列子》記載：「有水湧出，名曰神瀵，臭過蘭椒，味過醪醴。……沐浴神瀵，膚色脂澤，香氣經旬乃歇。〔註52〕」這噴泉是神奇之水，有香氣美味，沐浴之後可以使人通體芬芳，皮膚潤澤，對於在神水中沐浴賦予養生長壽的意義。由此可知先民體驗沐浴能保持身體潔淨，從而健康長壽。

　　「祓禊」是古代的巫術活動，《說文》釋「祓，除惡祭也。〔註53〕」，《廣韻》釋「禊，祓除不祥。〔註54〕」祓禊二字都从「示」部，表示與巫術有關，是化凶為吉的破除之法。《韓詩外傳》載「溱與洧，三月桃花水下之時，眾士女執蘭拂除。鄭國之俗，三月上巳之日，此兩水上招魂，拂除不祥也。〔註55〕」說明上巳行祭之事，至遲在春秋時期就已形成，主要的活動是在水上招魂續魄、祓除不祥。如《論語》所載「莫春者，春服既成，冠者五六人，童子六七人，浴乎沂，風乎舞雩，詠而歸。〔註56〕」，清楚看出上巳儀式最主要的活動是臨水祈福。「祓除」活動則可以推溯到周代的歲時衅浴，《周禮》〈春官・女巫〉記載「女巫掌歲時祓除衅浴。」引鄭玄注「歲時祓除，如今三月上巳

六屆通俗文學與雅正文學研討會》2006 年 3 月，頁 63～64。

〔註51〕《楚辭》卷五〈遠遊〉。見於（西漢）劉向編集，王逸章句：《楚辭》，（上海市：上海商務印書館，1936 年），頁 81。

〔註52〕《列子》卷第五〈湯問〉。見於（春秋）列禦寇撰，楊伯峻集釋：《列子集釋》，（臺北：明倫出版社，1971 年 2 月），頁 102。

〔註53〕《說文》第一篇上〈示部〉。見於（東漢）許慎撰，（清）段玉裁注：《圈點段注・說文解字》頁 6，「祓」為除惡祭之通稱，尚可證諸以下文獻所載：（春秋）左丘明撰，（東漢）高誘注：《國語》，卷一，〈周語上〉，頁 6，載「王其祗祓。」、（西漢）司馬遷，（南朝宋）裴駰集解：《史記》，卷四，〈周本紀〉，頁 76 載「周公乃祓齋，自為質，欲代武王。」、以及莊申：〈禊俗的演變從祓除邪惡、曲水流觴，到狩獵與游船〉，收入宋文薰等編：《考古與歷史文化──慶祝高去尋先生八十大壽論文集》，（臺北：正中書局，1991 年），頁 113～120，直接以祓除之對象為鬼魂。

〔註54〕《廣韻》去聲卷第四〈霽第十二〉。見於（北宋）陳彭年：《廣韻》，（臺北：中華書局，1965 年），頁 18。

〔註55〕《韓詩外傳》〈韓詩外傳補逸〉。見於（西漢）韓嬰撰，周廷寀校注：《韓詩外傳》，（長沙：商務印書館，1939 年），頁 4。

〔註56〕《論語》卷十一〈先進〉。見於（三國魏）何晏等注，（宋）邢昺疏，（清）阮元校勘：《論語注疏》，收入《十三經注疏附校勘記》，（臺北縣：藝文印書館，1985 年），頁 100。

如水上之類。釁浴謂以香薰草藥沐浴。〔註57〕」釁浴材料是香草,必須具有「香」氣與「草」的藥性,來達到以香塗身祓除的效果。又引賈公彥疏「歲時祓除者,……,見今三月三日水上戒浴是也。」此即道出了祓禊巫術儀式的特點。在《楚辭》「浴蘭湯兮沐芳,華采衣兮若英。〔註58〕」提到祭巫用浸過香草的熱水洗浴了身子,穿上花團錦簇的衣服來迎神,這種巫者在祭祀前的潔淨儀式,即所謂的「祓除」。「祓除」是古時求福禳災的儀式,如同今之「齋戒沐浴」。《史記》曾記載周武王病時,周公身替武王之前,必須先「祓齋〔註59〕」淨除以示莊重。《漢書》「三月上巳,官民皆潔於東流水上,洗濯祓除,去宿垢爲大潔。潔者,言陽氣布暢,萬物既出,始潔之也。〔註60〕」可見,臨水祓除即洗澡除災,在上巳日到水中用香薰草藥沐浴。

水邊有特殊香味的香草,在古人的心中有除汙去邪的作用。《詩經》〈溱洧〉詩中所提到的「蘭」,便是一種似「芍藥」的香草,有祓除無子不祥的功能〔註61〕。香氣在宗教祭祀中有其特殊意義,以香氣來淨除邪病,祈求接近神靈。至今日祭祀都要燃香供奉,獻呈花果,都是基於相同心理。《楚辭》〈九歌·東皇太一〉「蕙肴蒸兮蘭藉,奠桂酒兮椒漿〔註62〕」以蕙肴蘭漿四者取而以饗神,又云「巫咸將夕降兮,懷椒糈而要之〔註63〕」用香草的芬芳來悅神,

---

〔註57〕 《周禮》卷二十六〈春官·女巫〉。見於(東漢)鄭玄注,(唐)賈公彥疏,(清)阮元校勘:《周禮注疏》,收入《十三經注疏附校勘記》,頁400,載:「女巫掌歲時祓除釁浴。」

〔註58〕 《楚辭》卷二〈九歌·東皇太一〉。見於(西漢)劉向編集,王逸章句:《楚辭》,頁25。

〔註59〕 《史記》卷四〈周本紀〉。見於(西漢)司馬遷,(南朝宋)裴駰集解:《史記》,頁76,載「武王病……周公乃祓齋,自爲質,欲代武王,武王有瘳。後而崩。」

〔註60〕 《漢書》卷四〈禮儀志〉。見於(後漢)班固撰,(唐)顏師古注,(清)陸費逵總勘:《前漢書》,收入《四部備要(經部)》,(臺北:中華書局,1966年),頁245。

〔註61〕 見於楊文娟:〈溱洧「贈之以芍藥」解〉,《山西大學學報》哲學社會科學版第26卷第2期,(2003年4月),頁38,提到芍藥既是定情結恩之物,也是去病驅邪之物。且認爲以芍藥爲藥,可以補腎氣,治不孕症。特別之時,贈之以芍藥,有祓除無子不祥的功能。

〔註62〕 《楚辭》卷二〈九歌·東皇太一〉。見於(西漢)劉向編集,王逸章句:《楚辭》,頁25。

〔註63〕 《楚辭》卷二〈九歌·東皇太一〉。見於(西漢)劉向編集,王逸章句:《楚辭》,頁25。

吸引神靈降臨。以香氣幫助祭祀進行〔註64〕。邱宜文引用美·O·A·沃爾「神不能使用那些沒有經過火攻使之淨化和稀薄的東西（用煙或用香料），神只能通過嗅覺和上升到天堂的香味意識到祭品〔註65〕」說法，認爲今日以香供神，如同古人用香草祭祀，目的皆是以香悅神。〔註66〕

　　香草有吸引人注意的作用，古代婦女通過佩戴或洗浴，就可以將植物之美傳給自己，以增加自己的魅力。〔註67〕香草被視爲愛情巫術的工具，使男女彼此吸引，如《楚辭》「蘢蘭兮青青，綠葉兮紫莖。滿堂兮美人，忽獨與余兮目成。〔註68〕」香草能激起情慾，所以在男女相會的祭典中，以之相贈。在《金枝·兩性關係對於植物的影響》所提「原始人認爲兩性關係對於植物具有感應影響，從而有些人把性行爲作爲促使土地豐產的手段。〔註69〕」邱宜文以此作「即使在文明的現代，仍保留有以人類繁殖力幫助作物繁衍的儀式」的研究，說明基於巫術「同類相生」的原則，在祭祀中舉行兩性結合的儀式，希望經由男女性交來幫助植物的生產，此形式後來成爲祭典中的男女戀愛活動〔註70〕。而聞一多曾說：「在民間，則《周禮》『仲春之月，令會男女』與夫〈桑中〉、〈溱洧〉等詩所昭示的風俗，也都是祀高禖的故事。這些事實可以證明高禖這祀典，確乎是十足的代表著那以生殖機能爲宗教的原始時代的一種禮俗。〔註71〕」

〔註64〕見於唐英：〈從九歌的直接源頭看其性質〉，《雲夢學刊》第27卷第1期，（2006年1月），頁53，論及香草是祭祀的工具，取其聖潔的象徵。香草可以驅鬼，可以禳毒，可以辟疫，可以祓除。因此祭祀之前巫師要以香草之水清潔自己，祭祀儀式中，往往以香草來修飾布置神壇或作爲祭品。藉著巫術祭祀儀式來抒發自己情感。

〔註65〕見於美·O·A·沃爾撰，翟胜德等譯：《性與性崇拜》，（臺北：光明日報出版社，1998年3月），頁217～230。

〔註66〕見於邱宜文：〈從九歌之草木試論香草與巫術〉，《社會科學戰線文藝研究》1999年5期，頁154～155。

〔註67〕見於楊文娟：〈溱洧「贈之以芍藥」解〉，《山西大學學報》哲學社會科學版，（2003年4月），頁39。

〔註68〕《楚辭》卷二〈九歌·大命司〉。見於（西漢）劉向編集，王逸章句：《楚辭》，頁31～32。

〔註69〕見於〔英〕弗雷澤（J.G.Frazer）撰，汪培基譯：《金枝：巫術與宗教之研究》，（臺北：桂冠圖書出版社，1991年2月），頁209。

〔註70〕見於邱宜文：〈從九歌之草木試論香草與巫術〉，《社會科學戰線文藝研究》1999年5期，頁156。

〔註71〕見於聞一多：〈神話與詩·高唐神女傳說之分析〉，頁106～107。

三、春嬉郊遊

上巳行祭祀之禮，至漢代已逐漸成爲全民性的重大禮儀活動，雖然仍保持傳統的水邊祓禊，行修禊之禮，但是重心已轉向遊春娛樂。但是到了東漢末，上巳節的傳統活動內容臨水祓禊的巫術演變爲臨水飲酒、曲水流觴的娛樂活動，在飲酒的深層意味中仍保留了祓禊的因子。如《後漢書》記「明帝永平二年三月……是月上巳，官民皆絜於東流水上，曰洗濯祓除去宿垢疢爲大絜。〔註72〕」與《晉書》記「漢儀，季春上巳，官及百姓皆禊於東流水上，洗濯祓除去宿垢。〔註73〕」，皆說漢代的上巳節活動仍是以水濱洗濯除災爲主。此外，還舉行盛大宴會，如蔡邕〈祓禊文〉說「洋洋暮春，厥日除巳，尊卑烟鶩，惟女與士，自求百福，在洛之涘。〔註74〕」、以及張衡〈南都賦〉「暮春之禊，元巳之辰，……祓於陽瀨……男女姣服，絡繹繽紛。〔註75〕」皆描寫了上巳節祓禊的熱鬧場面的狀況，且已出現「浮棗」、「醮酒」宴飲遊樂形式，由此可知，上巳節在漢代已經染上娛樂色彩。

魏晉以後的上巳節，上巳日始固定確定爲三月三日，《晉書》明確指出「漢儀，季春上巳……而自魏以後，但用三日，不以上巳也。〔註76〕」。此時習俗活動變得更加豐富多彩，在《荊楚歲時記》中「三月三日，士民並出江渚池沼間，爲流杯曲水之飲。〔註77〕」記載著南朝人過上巳節的遊樂狀況，可知魏晉以後的三月三的節慶內容已單純化。而晉穆帝永和九年王羲之等士人的「蘭亭修禊」、「流觴曲水」之事，已明顯將古禮的祀神轉化爲山水暢情的趣味。將上古的祓禊活動，轉型爲春嬉和掃墓祭祖的活動，如《荊楚歲時記》所述之寒食活動「鬥雞，鏤雞子，鬥雞子。打毬，鞦韆，

〔註72〕《後漢書》志第四〈禮儀上〉。見於（東漢）范曄撰，（三國梁）劉昭注志，（唐）李賢注，（清）陸費逵總勘：《後漢書》（冊一），收入《中華書局據武英殿本校刊：四部備要（史部）》，頁5～7。

〔註73〕《晉書》卷二一〈禮志下〉。唐太宗御撰：《晉書》，（臺北：中華書局，1965年），頁14。

〔註74〕（清）張英撰：《淵鑒類函》〈歲時部〉，收入《清文淵閣四庫全書本》，卷十三，頁210。（檢索自「臺灣師範大學中國基本古籍庫系統」）

〔註75〕見於（清）張英撰：《淵鑒類函》〈歲時部七〉，收入《清文淵閣四庫全書本》，卷十八，頁320。（檢索自「臺灣師範大學中國基本古籍庫系統」）

〔註76〕《晉書》卷二一〈禮志下〉。唐太宗御撰：《晉書》，（臺北：中華書局，1965年），頁14。

〔註77〕見於（南朝梁）宗懍撰，（隋）杜公瞻注，（清）陸費逵總勘：《荊楚歲時記》，頁6。

施鈞〔註78〕」的遊戲便是上巳食卵、被禊習俗的一種綜合變型遺存。又張協〈洛禊賦〉描述禊日的活動有「將禊除於水濱」、「臨涯詠吟，濯足揮手」、「祈休吉，蠲百痾」、「浮素卵以蔽水，灑玄醪於中河」等〔註79〕，而庾闡〈三月三日臨曲水詩〉也有「臨川疊曲流」、「輕舟沉飛觴」〔註80〕，這些所描述的三月三春嬉活動不僅有舊俗被禊意義，並加入了郊遊、詠吟、浮卵的遊戲。上巳節宴飲盛況，在成公綏〈洛禊賦〉、褚爽〈禊賦〉、夏侯湛〈禊賦〉、阮瞻〈上巳會賦〉〔註81〕諸賦的殘篇中，更寫傾城而出、宴飲遊樂的節日場面，宮廷禊飲詩會頻頻出現，標誌著上位者對這一節日的重視和利用，促進了節日的繁榮。

　　唐代上巳達到極盛，由於安定的政治環境，富足經濟，強化出娛樂傾向。《新唐書》記載「帝以前世上巳、九日，皆大宴集，而寒食多與上巳同時，欲以二月名節……帝悅，乃著令，與上巳、九日為三令節，中外皆賜繒錢燕會。〔註82〕」，此上巳節已成唐代三令節之一，可放假遊玩。《舊唐書》唐德宗詔曰「比者卿士內外，左右朕躬，朝夕公門，勤勞庶務。今方隅無事，烝庶小康，其正月晦日、三月三日、九月九日三節日，宣任文武百僚選勝地追賞為樂。〔註83〕」上巳節日在唐代達到極盛，朝廷對此節非常重視，特准文武百官放假遊玩。

〔註78〕 見於（南朝梁）宗懍撰，（隋）杜公瞻注，（清）陸費逵總勘：《荊楚歲時記》，頁5～6。

〔註79〕 《藝文類聚》第四卷〈歲時部中·三月三日〉。見於（唐）歐陽詢等撰：《藝文類聚》，（臺北：文光出版社，1974年），頁69～70。

〔註80〕 《藝文類聚》第四卷〈歲時部中·三月三日〉。見於（唐）歐陽詢等撰：《藝文類聚》，（臺北：文光出版社，1974年），頁65。

〔註81〕 《藝文類聚》第四卷〈歲時部中·三月三日〉。見於（唐）歐陽詢等撰：《藝文類聚》，（臺北：文光出版社，1974年），頁69～70，載〈洛禊賦〉「祓除解禊，同會洛濱，妖童媛女，嬉游河曲」。載褚爽〈禊賦〉「凌元巳之清晨，遡微風之泠然，川迴瀾以澄映」。夏侯湛〈禊賦〉「車駕鱗萃，男女霧會，服煥羅縠」。阮瞻〈上巳會賦〉「聊假日以遊娛，……列四筵而設席，……酌羽觴而交酬」。

〔註82〕 《新唐書》卷一三九〈房張李列傳〉。見於（北宋）宋祁撰：《新唐書》，收入《中華書局據武英殿本校刊：四部備要（史部）》，（臺北：中華書局，1965年），頁8。

〔註83〕 《舊唐書》卷十三〈德宗紀〉。見於（後晉）劉昫，（清）陸費逵總勘：《舊唐書》，收入《中華書局據武英殿本校刊：四部備要（史部）》，（臺北：中華書局，1965年），頁3。

由《新唐書》亦載「開成元年上巳，賜群臣宴曲江〔註84〕」、「上巳宴群臣曲江，度不赴，帝賜詩曰〔註85〕」、「上巳，詔百官會曲江〔註86〕」，以及白居易「今日伏奉聖恩賜臣等，於曲江宴樂并賜茶果者，伏以暮春良月上巳嘉辰侍宴於內庭，又賜歡於曲水蹈舞〔註87〕」來看，朝廷賜宴曲江踏青聚飲，成爲當時節日期間的主要活動。而從「今逢上巳盛明年……不降玉人觀禊飲，誰令醉舞拂賓筵。〔註88〕」、「三月三日天氣新，長安水邊多麗人。〔註89〕」和「巳日帝城春，傾都被禊晨。〔註90〕」詩句來看，皆是描寫長安被禊傾城出動的盛況。唐以前以祓除不祥的水邊活動減少，踏青遊玩成爲唐人上巳節的重要習俗活動，如《秦中歲時記》記載「上巳，賜宴曲江，都人于江頭禊飲，踐踏青草，謂之踏青履〔註91〕」。由於唐人的創新性，增加了上巳節節俗內涵，使得上巳節在唐代擁有獨特的風貌而盛行。〔註92〕上巳具有與寒食相似的踏青活動內容，有時寒食清明節期連在一起，上巳、寒食、清明初步呈融合之勢。

宋代時，上巳節日活動在《夢梁錄》〈三月〉記載著進行踏青、修禊流杯、宴飲娛樂〔註93〕。上巳已多與清明同時進行，如時人詩云「清明池館足游人，被禊風光共此辰〔註94〕」和「百五重三并一朝，風光不怕不嬌嬈〔註95〕」、

〔註84〕《新唐書》卷一六六〈賈杜令狐列傳〉。見於（北宋）宋祁撰：《新唐書》，收入《中華書局據武英殿本校刊：四部備要（史部）》，頁11。

〔註85〕《新唐書》卷一七三〈裴度列傳〉。見於（北宋）宋祁撰：《新唐書》，收入《中華書局據武英殿本校刊：四部備要（史部）》，頁6。

〔註86〕《新唐書》卷一七九〈李鄭二王賈舒列傳〉。見於（北宋）宋祁撰：《新唐書》，收入《中華書局據武英殿本校刊：四部備要（史部）》，頁7。

〔註87〕（唐）白居易〈三月三日謝恩賜曲江宴會狀〉。見於（清）董誥編：《全唐文》，卷六六八，頁3009～3010。

〔註88〕（唐）張說〈三月三日詔宴定昆池宮莊賦得筵字〉。見於《全唐詩》，（臺北：藝文印書館，1960年），頁542。

〔註89〕（唐）杜甫〈麗人行〉。見於《全唐詩》，（臺北：藝文印書館，1960年），頁1224。

〔註90〕（唐）崔灝〈上巳〉。見於《全唐詩》，（臺北：藝文印書館，1960年），頁739。

〔註91〕見於（清）張英撰：《淵鑒類函》〈禮儀部三〉，收入《清文淵閣四庫全書本》，卷十三，頁3556。（檢索自「臺灣師範大學中國基本古籍庫系統」）

〔註92〕見於張勃：〈唐代節日研究〉，（濟南市：山東大學中國古代史博士論文，2007年），頁142～143。

〔註93〕見於（南宋）吳自牧撰：《夢梁錄》，卷二，頁9，載「三月三日，上巳之辰，曲水流觴故事，起於晉時。唐朝賜宴曲江，傾都禊飲踏青，亦是此意。」

〔註94〕（北宋）韓琦〈清明同上巳〉。見於（北宋）韓琦撰：《安陽集》，收入《明正德九年張士隆刻本》，卷十九，頁83。（檢索自「臺灣師範大學中國基本古籍

「今年寒食與清明，各自陰晴作麼生〔註96〕」等都是在上巳、寒食、清明同日時所作。宋代以後，由於禊飲不盛，加上與清明節時間極爲接近，經過長期的演變，上巳節已經消融在清明節之中，遊人上墳、踏青遊玩、修禊流杯和宴飲娛樂都同日進行，由宋穆修〈清明連上巳〉詩「改火清明度，湔衫上巳連」來看，已完全被清明節所取代。儘管如此，我們仍然可以發現最初上古對於風調雨順、人丁興旺的種種美好深切的期盼，藉由巫術發展，以節日儀式的形式保存下來。

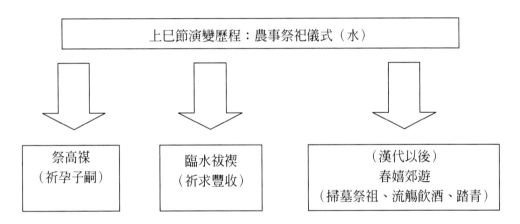

第二節　寒食禁火的起源

　　仲春的黃昏，東方天空會固定出現一顆火紅的「大火星」，上古視其爲重要春耕的開始。等到春雷大作、降春雨之時，便將進入農時關鍵的「春分」──農作插秧期接近完成。爲了表示對農事的重視，祈求來年豐收，便以具有授時意義的大火星爲象徵，舉行了禁火祭祀的儀式。禁火祭祀天地的精神主要是期盼「時雨」，尤其在播種時期的雨水是農獲量的關鍵，更是不能疏忽。此由農耕發展出來的祭典，目的是求風調雨順。由《路史》論述「昔者遂人氏作，觀乾象，察辰心，而出火，……是以仲春禁火，戒其盛也。〔註97〕」

　　　　　庫系統」)
〔註95〕　（南宋）楊萬里〈上巳寒食同日後圃行散〉。見於（南宋）楊萬里撰：《誠齋集》，（上海市：上海商務印書館，1979 年），卷三一，頁 293。
〔註96〕　（南宋）楊萬里〈清明雨寒〉。見於（南宋）楊萬里撰：《誠齋集》，（上海：商務印書館，1979 年），卷九，頁 84。
〔註97〕　《路史》第一卷〈發揮‧論燧人改火〉。見於（南宋）羅泌：《路史》，（臺北：中華書局，1965 年），頁 8。

之說，對大火星的祭典約略可上溯至燧人氏時代。而《周禮》所說「中春以木鐸修火禁于國中。〔註98〕」就是記載祭祀大火星的儀式──禁火。而禁火必然導致寒食，因而出現了相應寒食的節俗活動。可知寒食是上古禁火儀式的演化，舉辦盛大隆重的「出火」與「內火」的祈福祭祀活動。另外「龍禁之說」，此龍指的是東方蒼龍的心宿二，遠古實行火耕，一把火象徵一年農作開始，也如同新生命，人民手上的火和天空的大火星都是如此讓人期待，在大火星出現之前，抱持著敬神的心理，故周代有「二月禁火，三月出火」的習俗，先禁火吃冷食，火有「再生」的意味，民間重新點燃新火，意味深遠。二月先行禁火吃冷食，逐漸發展出寒食節；緊接心宿大火星三月出現，正是農民火耕作的開始。當大火星漸漸退去指導農事地位時，寒食便成為迎接生命之神的祭儀轉型。

上古仲春節氣對春耕的重要，由春分發展出來的祭典，由上古仲春節氣分化為幾個節日。無論是二月二的龍抬頭節、三月初的上巳節，與清明前二天的寒食節，皆與上古的農事祭祀關係密切。上古文獻中並無獨立清明日活動的記載，且清明往往與寒食的活動相連，二者不能完全分開，故此章便先由探討寒食節的起源，以此了解其轉化為清明節對中國人歷史上的意義。寒食節最大特色在於禁火的習俗，綜合前人對於寒食節的源頭，概括有二大方向：周代禁火改火說和介之推焚骸說，主張此兩大派的說法最多，且資料較為完整。至於近來李道和、陳泳超學者所提之山戎說，則因不在此討論之列。首先針對周代禁火制度作探討，以周代禁火制度為寒食源頭的論點有兩方向：

一、禁火源起和內容

（一）大火星崇拜信仰：禁火出火習俗

依《周禮》所記載的「季春出火」、「季秋內火」〔註99〕，賈公彥疏「三月本時昏心星見於辰上，使民出火，……火星以春出以秋入，因天時而以戒」，此「火」應是指蒼龍心宿「大火星」，基於對大火星的崇拜信仰，先民相信大火星出現之時若不禁火，無異火上澆油，火勢更盛，將會造成災難。為了季

─────────────

〔註98〕《周禮》卷三十六〈秋官・司烜〉。見於（東漢）鄭玄注，（唐）賈公彥疏，（清）阮元校勘：《周禮注疏》，收入《十三經注疏附校勘記》，頁550。

〔註99〕《周禮》卷三十〈夏官・司爟〉。見於（東漢）鄭玄注，（唐）賈公彥疏，（清）阮元校勘：《周禮注疏》，收入《十三經注疏附校勘記》，頁458。

春將出火，於是在舊火既滅、新火未升之間，採取禁火措施。三月大火星升起，意謂著火見，即火出。而八月至來年二月，黃昏時都見不到大火星，故統稱爲內火〔註100〕。內火出火的習俗，除了提醒小心用火外，季春出火有象徵一年用火開始、迎接新火的意義，龐樸亦云：

> 春耕……白天忙碌於刀耕火種，傍晚伴隨心宿入睡，其印象最濃關係最深的物事，大概莫過於「火」了：地上的燎原之火與天上的龍星之「火」。這一人事與天象，在古人的心目中，是不可分離。〔註101〕

說明上古靠大火星天象辨識時節，一年裏只有半年時間出現於夜晚晴空，大火星黃昏見於東方時，正是農事開始之際。當時人們相應的行事就是出火，視「出火」爲一項神聖的盛典。而「內火」與「出火」遙相呼應，故在《禮經會元‧火禁》說「季秋內火，非令民內火也。火星昏伏，司爟乃以禮而內之，猶和叔寅餞納日也。」此「和叔寅餞納日〔註102〕」引用《尚書‧堯典》之典故，龐樸視其爲秋季饗日之禮，是一種慶祝收穫的祭祀。〔註103〕

另一說，則與上古的火信仰有關聯。古人對火災視爲火神作祟的結果，因而將火禁與大火星崇拜聯繫起來，把免除火災的希望寄託在對大火星的敬畏、祈禱及順應之中〔註104〕。據《後漢書》載「介之推焚骸，有龍忌之禁〔註105〕」，李賢注「龍星，木之位也。春見東方，心爲大火，懼火之盛，故爲之禁火。」，可見先民對於天空大火星出現之景象，十分懼怕，避免火勢過旺，因而禁火，可見仲春禁火之制應遠在周代之前就有。《左傳》載「火

〔註100〕見於陳久金、盧蓮蓉：《中國節慶及其起源》，（上海科技教育出版社，1989年5月），頁95。

〔註101〕見於龐樸：〈寒食節與火與復活節〉，《跨文化對話》2003年8月，頁123。

〔註102〕《尚書》卷二〈堯典〉。見於（西漢）孔安國傳，（唐）孔穎達疏，（清）阮元校勘：《尚書正義》，收入《十三經注疏附校勘記》，頁21；記載「寅餞納日，平秩西成，……申命和叔宅朔方。」

〔註103〕見於龐樸：〈火歷鉤沉：一個遺失已久的古曆之發現〉，《中國文化》創刊號，（1989年12月），頁5。

〔註104〕見於楊琳：《中國傳統節日文化》，（北京：宗教文化出版社，2006年6月），頁194。

〔註105〕《後漢書》卷第九一〈左周黃列傳〉。見於（東漢）范曄撰，（三國梁）劉昭注志，（唐）李賢注，（清）陸費逵總勘：《後漢書》（冊三），收入《中華書局據武英殿本校刊：四部備要（史部）》，頁7～8。

未出而作火，以鑄刑器，藏爭辟焉。火如象之，不火何爲？〔註106〕」杜預
注「象，類也。同氣相求，火未出而用火，相感而致災。」可知其視大火
星與實用之火爭明，因而火性太盛，是故易致災禍。

（二）從「防止過早焚田」到「戒火盛」之禁火政令

　　若由禁火之因上溯，寒食禁火之制，究竟始自何年已無法考證，但能確
定至於周代已是一種制度〔註107〕。其實周代不能說是禁火之制的起源，周
代「變國火」的政令主要是順應天時，反映上古對於歲時和天象的變化。周
代的禁火政令主要是針對天候而定，依照楊琳的說法，中國地理環境是季風
氣候，春秋恰逢季風換向的時節，從仲春到季春，從仲秋到季秋，風比較大，
容易發生火災〔註108〕。故周代在春秋時，爲防範未然，皆有禁火的規定，
依《周禮》記載「春秋以木鐸脩火禁。〔註109〕」鄭玄注「火星以春出以秋
入，因天時而以戒。」、賈公彥疏「春謂季春，秋謂季秋，二時火星出入之
時，以木鐸警眾使脩火禁也。」，皆清楚說明下達火禁政令的時間。另外依
據李晨光說法，當時因爲仲春冰融雪消，雨水極少，草木乾枯，氣候特別乾
燥，對於火禁尤爲重視〔註110〕，故鄭玄又注曰「爲季春將出火也。火禁，
謂用火之處及備風燥。〔註111〕」，每年仲春二月，下令全國禁火，由司爟氏
敲著木鐸〔註112〕警示人民。

　　目前對於周代的「禁火」制度的內容，並無確切的文獻資料可佐證。有

〔註106〕《左傳》卷四十三〈昭公六年〉。見於（春秋）左丘明撰，（西晉）杜預注，（唐）
　　　　孔穎達疏，（清）阮元校刻：《春秋左傳正義》，收入《十三經注疏附校勘記》，
　　　　頁751。
〔註107〕見於李晨光：〈寒食考〉，《文史月刊》2003年4月，頁61。
〔註108〕見於楊琳：《中國傳統節日文化》，頁194。
〔註109〕《周禮》卷三〈天官・宮正〉。見於（東漢）鄭玄注，（唐）賈公彥疏，（清）
　　　　阮元校勘：《周禮注疏》，收入《十三經注疏附校勘記》，頁52。
〔註110〕李晨光：〈寒食考〉，《文史月刊》2003年4月，頁61。
〔註111〕《周禮》卷三十六〈秋官・司爟〉。見於（東漢）鄭玄注，（唐）賈公彥疏，（清）
　　　　阮元校勘：《周禮注疏》，收入《十三經注疏附校勘記》，頁550。
〔註112〕《周禮》卷第三〈天官・小宰〉。見於（東漢）鄭玄注，（唐）賈公彥疏，（清）
　　　　阮元校勘：《周禮注疏》，收入《十三經注疏附校勘記》，頁46，載：「正歲帥
　　　　治官之屬，而觀治象之濃，徇以木鐸，曰不用灋者國有常刑。」鄭玄注「古
　　　　者將有新令，必奮木鐸以警眾，使明聽也。木鐸木舌也。文事奮木鐸，武事
　　　　奮金鐸」，木鐸是古代常用來宣布政教法令或示警。率領六官官屬，觀覽以文
　　　　字明示的官法，搖動木鐸警告他們，如果不依法行事，則國家自有常立的刑
　　　　罰可以處置。

幾項疑點必須弄清楚：一是所謂的「修火禁」政策，是否能就字面上解釋為禁止用火？二是所禁之「火」，究竟是否為炊爨之火？就《周禮》記載：

> 掌以夫遂取明火於日，以鑒取明水於月，以共祭祀之明齋、明燭，共明水。凡邦之大事，共墳燭庭燎。中春以木鐸修火禁于國中。軍旅，修火禁。〔註113〕

說明當時司爟氏的職掌，管理祭祀用的明水與明火，還有火禁。為順應天時，由負責民間火令的官吏拿著木鐸在自己的管轄範圍巡行，要求注意防範火災。又曰「掌王宮之戒令、糾禁……春秋以木鐸脩火禁。〔註114〕」賈公彥疏「此施火，謂宮正於宮中特宜慎火，故修火禁。」說明王宮之火令由宮正負責於火星出入之時警備慎火。周代有專設的司爟氏與宮正，負責火使用的管理，避免不當用火而造成災害。由此看來，周代的火令制度雖然字面上定義為「禁火」，但內涵上是指管理火的使用，似乎與現代禁止用火的觀念並不合。張勃便提到《周禮》中「修火禁」與禁止民眾用火並不相關，根本不含有禁火的涵義，將周代修火禁制度視為寒食節禁火習俗的起源，只能是一種由於字面上的相似性而造成的誤解〔註115〕。陳泳超亦認為在周制中，炊烹之火是由另一種叫司爟氏的官吏掌管的，也沒有要禁，只有四時為變的制度。此屬朝廷所定的禁火之制，只是為了禳去時疾的一種自然與人事的禁忌，此與民間寒食習俗全面禁火吃冷食的內涵不同。〔註116〕

前述避免不當用「火」，並未明言禁止人民煮食，一般認為禁火不得不寒食，導致必須冷食，這是根據所禁為炊爨之火而言。然而周代禁火是否包含炊爨之火？若所禁非炊爨之火，有必要冷食嗎？李道和持懷疑角度認為：

> 執掌四時變火的司爟行火政時，雖然有禁火令，……是為了與火星協調一致，而且所禁者也只是「陶冶」之火，而不是炊火。〔註117〕

司爟氏所管理的陶冶之火，是利用火將已做成刀斧形狀的泥土燒得透紅。由於被燒過的泥土很堅硬，因而可作為陶質刀斧用於鋤草墾地。最早的陶冶，

〔註113〕《周禮》卷三十六〈秋官・司爟氏〉。見於（東漢）鄭玄注，（唐）賈公彥疏，（清）阮元校勘：《周禮注疏》，收入《十三經注疏附校勘記》，頁550。

〔註114〕《周禮》卷三〈天官・宮正〉。見於（東漢）鄭玄注，（唐）賈公彥疏，（清）阮元校勘：《周禮注疏》，收入《十三經注疏附校勘記》，頁52。

〔註115〕見於張勃：〈寒食節起源新論〉，《西北民族研究》2004年第3期，頁145。

〔註116〕見於陳泳超：〈寒食節起因新探〉，《晉陽學刊》1991年第5期，頁71。

〔註117〕見於李道和：《歲時民俗與古代小說研究》，（天津：古籍出版社，2004年2月），頁42～43。

據《周書》載「神農之時，天雨粟，神農耕而種之，作陶冶斤斧，破木爲耜，鉏耨以墾草莽，然後五穀興以助菓蓏之實〔註118〕」。上古時代尚處於「刀耕火種」之時期，植被豐厚，炎帝神農氏放火燒山墾荒，將荊棘變爲灰肥，可助收成；而爲了便於耕種，炎帝還「脩火之利」、「范金合土」〔註119〕，燒土作刀斧，耕而作陶，可知上古火的利用在農作上極爲普遍，除了田地施肥，還有農具等，都得仰賴火。當初春乾旱季節，遍地易燃，加上將至仲春之際，屆時天空將出現大火星，若地面也放火燒山，則天地之間呈現一片火紅，非常容易引發火災。若仍放肆用火遍燒土塊作農具，實無異火上澆油，火勢更盛，將會造成災難。《周禮》：「季春出火，民咸從之〔註120〕」鄭玄注「火，所以用陶冶，民隨國而爲之，鄭人鑄刑書，火星未出而出火，後有災。」記載鄭國在大火星即將出現前，任意用火鎔金屬，將刑書鑄在鼎上，因而致災。此所指之「火」，即爲陶冶之火。此即奠基於對大火星的信仰，認爲在火禁期間不當使用火，若用之，將會造成災難。由「燧人上觀辰星，下察五木以爲火〔註121〕」來看，燧人氏時代就有見到大火星出現，便放火燒荒的做法。「刀耕火種」是上古的農耕生產方式，放火燒山，乃以其灰作肥以播穀佈種。南宋羅泌《路史》說「昔者遂人氏作，觀乾象，察辰心，而出火，作鑽鐩，別五木，以改火。豈惟惠民哉，以順天也。〔註122〕」提出禁火改火之習俗在燧人氏時代就有，因而將寒食的源頭，從周代舊制進一步上溯到燧人氏。看天吃飯的先民，爲了避免過早使用舊田耕作，在大火星出現之前必須禁用農耕之火，俟大火星出現，方爲春耕的開始。龐樸對此引用《周禮》之「出火」習俗說明：

〔註118〕 《周書》附錄〈周書逸文〉。見於（清）朱右曾校：《逸周書集訓校釋》，頁238。

〔註119〕 《禮記》卷第二十一〈禮運〉。見於（東漢）鄭玄注，（唐）孔穎達疏，（清）阮元校勘：《禮記注疏》，收入《十三經注疏附校勘記》，頁417，載：孔穎達疏「脩火之利者，謂神農也……范金者，謂爲形范，以鑄金器。合土者，謂和合其土，燒之以作器物。」

〔註120〕 《周禮》卷三十〈夏官·司爟〉。見於（東漢）鄭玄注，（唐）賈公彥疏，（清）阮元校勘：《周禮注疏》，收入《十三經注疏附校勘記》，頁458。

〔註121〕 《尸子》卷上〈君治〉。見於（戰國）尸佼撰，（清）孫星衍校集，（清）朱記榮校刊，（清）陸費逵總勘：《尸子》，收入《中華書局據平津館本校刊：四部備要（子部）》，頁15。

〔註122〕 《路史》第一卷〈發揮·論燧人改火〉。見於（南宋）羅泌：《路史》，（臺北：中華書局，1965年），頁8。

全民出動進行春祭的景象。先民生產活動常以祭儀開始……農業生
產則表演「敺爵（驅雀）簸揚」之類舞蹈，以祀豐收，那便是舞雩。
「浴乎沂，風乎舞雩，詠而歸」，孔老夫子也曾因之神往，可想更早
時候其神聖、盛大、狂放到何程度了。〔註123〕

可知出火是一項神聖的盛典，不只是燒荒種地，還有一整套的儀式如改火、
舞雩等〔註124〕。

　　裘錫圭認為《禮記》所記「季春出火，為焚也。〔註125〕」應是一句古語。
中國古代的農耕曾經歷焚田而耕的階段，「焚」本是農業上的焚田，修火禁是
為防止人們過早用舊火焚田有關，也並非指全面禁火〔註126〕。如此來看，周
代的禁火政令目的是管理用火的時機，一是為天候因素，避免天候乾燥不當
用火，引發火災；其次是當時火耕需求，防止過早焚田耕作。既然並非指全
面禁火，則周代的禁火是否會造成冷食？目前並無確切史料證明，或許禁火
期為乾旱季節，時間長達一個月，人們就必須預先準備大量的熟食，以備不
時之需。此狀況和寒食同樣起於對火崇敬的心是非常明確的，雖然表面上並
無直接造成冷食的因果關係，然而文化的傳承本來就有階段性發展。由於遠
古人們對火的崇敬，進而在宗教儀式上有各種呈現，於是不同時期演化為階
段性的民俗發展，很可能是越演越烈，使本來並無嚴苛到必須全面禁火的狀
態，到了後期，具體的民間寒食風俗才浮上檯面，才有所謂的寒食活動。然
而若因為周代禁火與寒食禁火的內涵不同，便認為二者並無淵源關係，則似
乎也過於牽強。首先提出寒食節起於周代禁火的，依《荊楚歲時記》所記載
「去冬節一百五日，即有疾風甚雨，謂之寒食。〔註127〕」，杜注云「今寒食準
節氣是仲春之末，清明是三月之初，然則禁火蓋周之舊制。」杜公瞻認為周
代修火禁的時間在仲春，與寒食清明的時間點相近，既而寒食火禁的目的在
為出火作準備，清明便可以意味著有出火之意。

〔註123〕見於龐樸：〈火歷鈎沉：一個遺失已久的古曆之發現〉，《中國文化》創刊號，
　　　　（1989年12月），頁4。
〔註124〕見於龐樸：〈寒食考〉，《民俗研究》1990年第4期，頁35。
〔註125〕《禮記》卷二十五〈郊特牲〉。見於（東漢）鄭玄注，（唐）孔穎達疏，（清）
　　　　阮元校勘：《禮記注疏》，收入《十三經注疏附校勘記》，頁491。
〔註126〕見於裘錫圭：《古代文史研究新探》，（江蘇：古籍出版社，1992年6月），頁
　　　　545～546。
〔註127〕見於（南朝梁）宗懔撰，（隋）杜公瞻注，（清）陸費逵總勘：《荊楚歲時記》，
　　　　頁5。

二、改火之方式、目的與演變

改火之舉應起源自上古之火耕，而「出火」系列活動中最隆重的儀式是更火。先民認為每年天空出現的大火星都是全新的，為求人間與天象一致，地上的舊火種相對也該更新。以新火燒田，可讓土地更有生命力，以求天人合一，藉此達成上天賜福；遂有熄滅舊火和鑽取新火之舉。〔註128〕這種因為崇拜天上的大火，而以為天上大火與人間之火存在某種聯繫的想法和做法，根據龐樸說法，即是殷商時代以前的「火曆時代」的遺風〔註129〕。龐樸在《學術文化隨筆》云：

> 天上的大火和人間的火，被想像為有某種神秘關係，每當仲春時節
> 大火見東方之時，被認為是新年的開始，有一套隆重的祭祀儀式。
> 儀式之一便是熄滅掉去年薪火相傳下來的全部舊火，代之以重新鑽
> 燧取出的新火。〔註130〕

大火星的出現帶來新生的開始，萬一錯過這佳期，恐造成農事播種時機不對，無法有好收成。基於妃火的崇敬心，產生了種種的宗教儀式，改火習俗便是起源於對火神的崇拜。夏廣興則說古人對火不理解，以為舊火日久即成精，可能作祟成災，由此形成改火之風俗〔註131〕。

改火跟農耕的關係密切，起因於上古之時的農耕必須仰賴大自然而形成的信仰。這樣看來，上古先民並非無火可用，而是謹慎用火，因為對火帶著崇敬的心，凡是與農事有關之火，皆必須全面熄滅，等待天空出現全新的大火，地上之火才點燃新火，象徵天人合一，祈求來年擁有豐收。裘錫圭云：

> 在夏曆二、三月間用改火所得的新火燒山焚田⋯⋯能使農業生產順
> 利進行⋯⋯季春焚田用的是改火後的新火，仲春修火禁原來大概跟
> 防止人們過早地用舊火焚田有關。〔註132〕

此改火改的是農事之火，是起於出火的祭拜儀式之一，原先的目的是希望藉由新的大火提高農事生產。春天是播種季節，春天所舉行的改火應該與農業

〔註128〕見於龐樸：〈寒食節與火與復活節〉，《跨文化對話》2003 年 8 月，頁 124。
〔註129〕見於龐樸：〈寒食考〉，《民俗研究》1990 年第 4 期，頁 35。
〔註130〕見於龐樸：《龐樸學術文化隨筆》，（北京：中國青年出版社，1996 年 9 月），頁 250。
〔註131〕見於夏廣興：〈中國古代的改火之俗〉，《上海消防》1994 年第 1 期，頁 25。
〔註132〕見於裘錫圭：《古代文史研究新探》，（江蘇：古籍出版社，1992 年 6 月），頁 545。

生產有密切關係。用改火所得的新火燒山焚田，能使農業生產順利進行。裘錫圭提出改火的作用：

> 不但能去除疾病，而且還能達到防止自然災害、促進農作物生長等……在古人心目中，改火無疑是爲了保證農業收成所必須進行的一件事。〔註133〕

農耕逐漸脫離焚田階段後，改火之信仰由天轉而至人，視火擁有生命力，應當順應時序自然運轉，以做適時的變化。上古用火方式，並不是動輒生新火，以《玉篇・火部》記載「𤑔，火種也〔註134〕」來看，即象雙手捧火之形，乃是採取保存火種，使其晝夜不滅。由於保存火種並不容易，所以續火是必要的。保存火種除了能延伸防寒、防潮、取暖之作用，加上對於火的崇拜，熊熊大火象徵著火神永久不衰，驅散陰暗，帶來光明。〔註135〕至於傳統的觀念則認爲舊火種已累積一整年，因而會造成毒害，倘若再以此火炊飯，將不利身體健康，因此每到一定之時節，必須另外變火，方可免除舊火之害〔註136〕。將新的火種分傳給家家戶戶使用，這做法就是易火、改火、更火、或變國火。

改火的方法是滅盡所有舊火種，重新鑽燧或取木以求新火。首先，所謂鑽燧取火之法，如《周禮》所記載，「司烜氏掌以夫遂，取明火於日。〔註137〕」鄭玄注「夫遂，陽遂也。」，此「陽遂」指利用金屬反射凹面鏡，當日光充足時，以門面向日，將艾草置於其焦點，不久便會自然燃火。除日常用火外，陽燧取火還有一種特殊用處，古人卜祭燔物時，必用陽燧所取之火，古人稱之爲「明火」，有除災之意。其次，取木以求新火，如《周禮》所記載「四時變國火以救時疾〔註138〕」，鄭玄注「春取榆柳之火，夏取棗杏之火，季夏取桑

〔註133〕見於裘錫圭：《古代文史研究新探》，頁544。

〔註134〕《玉篇》卷二一〈火部〉。見於（南朝梁）顧野王撰，（唐）孫強增字，（清）陸費逵總勘：《大廣益會玉篇》，收入《據建德周氏藏元本：四部備要（經部）》，頁77。

〔註135〕見於汪寧生：《古俗新研》，（臺北：蘭臺出版社，2001年3月），頁184。

〔註136〕見於安志宏：〈人工取火溯源〉，《天水行政學院學報》2000年第1期，頁52～54，載：在原始農業未出現以前，古人燒過的灰燼是不清除的，認爲把灰倒在不乾淨的地方，會觸犯神靈。至今仍有人相信燒過的冥紙等要倒在一定方位，此灰燼即緣於古人對火種的重視。

〔註137〕《周禮》卷三六〈秋官・司烜〉。見於（東漢）鄭玄注，（唐）賈公彥疏，（清）阮元校勘：《周禮注疏》，收入《十三經注疏附校勘記》，頁550。

〔註138〕《周禮》卷三十〈夏官・司爟〉。見於（東漢）鄭玄注，（唐）賈公彥疏，（清）阮元校勘：《周禮注疏》，收入《十三經注疏附校勘記》，頁458。

柘之火，秋取柞楢之火，冬取槐檀之火，所以禳去時疾也。」，賈公彥〈疏〉亦說「所以禳去時氣之疾也」。可見周代變國火的目的是爲救時疾，其方法乃是依不同季節，從不同的樹木引取火種，徹底排除舊火種所散發之有毒氣息。但是也有另外一說，非意指一年四季皆改火，李宗侗《中國古代社會史》引用周柄中《四書典故辯正》之說：「如榆則取心一段爲鑽，柳則取心方尺爲盤，中鑿眼，鑽頭火」認爲此是用固定、合禮的木質來取火，而摩取的方法是每季用兩種木，一做鑽，一做盤。不同的季節裏，鑽燧改火所用的引木之火也不一樣。〔註139〕《日知錄》云：

> 有明火，有國火。明火以陽燧，取之於日，近於天也，故卜與祭用
> 之；國火取之五行之木，近於人也，故烹飪用之。〔註140〕

此國火指烹飪之火，說明引火之不同，是視用途而定，依季節從不同的樹木上取引火種。卜祭必須用光明潔亮之火，取之於太陽；如若不然，炊煮之火將會通過食物把疾病傳染於人，所以必須除舊更新適合之木材。

由此來看，改火的目的除了救時疾外，還是爲了去毒。如《管子》曰「當春三月，萩室熯造，鑽燧易火，杼井易水，所以去茲毒也。」房玄齡注「四時易火，至春則取榆柳之火，……皆去時滋長之毒。」〔註141〕說明易火以去毒。《管子》又進一步說「以冬日至始，數四十六日，冬盡而春始……教民樵室鑽鐩、墐竈、泄井，所以壽民也。〔註142〕」，可見改火更有延年壽命作用之說法。楊琳認爲「讓健壯的有蓬勃生機的生命代替衰老的生命。這就是改火習俗賴以形成的思想基礎。〔註143〕」衰老之火沒有生命力，容易引發疾病。更甚而依夏廣興說法，凡人家失火，家家都得熄滅火種，並由巫師取出一小塊火種，送至村外投入河中，表示送走舊火，然後重新鑽木取火，傳給各家使用。可知在萬物有靈的觀念下，視火爲有生命之物，火以原始的鑽木取火另生新火，然後由火種保存而延綿不絕，又由分借火種而不斷繁衍蔓延，象

〔註139〕見於李宗侗：《中國古代社會史》，（臺北：華岡出版社，1954年7月），頁167。
〔註140〕《日知錄》卷五〈用火〉。見於（清）顧炎武撰，黃汝成集釋：《日知錄集釋》，頁89。
〔註141〕《管子》卷十七〈禁藏〉。見於（春秋）管仲，（唐）房玄齡注，（清）陸費逵總勘：《管子》，收入《中華書局據明吳郡趙氏本校刊：四部備要（子部）》，頁9～10。
〔註142〕《管子》卷二十四〈輕重己〉。見於（春秋）管仲撰，（清）陸費逵總勘：《管子》，收入《中華書局據明吳郡趙氏本校刊：四部備要（子部）》，頁21。
〔註143〕見於楊琳：《中國傳統節日文化》，頁204。

徵生命的延續發展。〔註144〕

　　周因於殷禮，使祀火之風俗已成爲周代文化的一部分〔註145〕，「四時變國火」的政令已成爲國家制度，且有專司改火的官吏——司爟氏於仲春之月挨家挨戶擊木鐸預告禁火。延續到先秦時代，改火習俗仍盛行，但是改火的時間點卻日漸有所變化，且由宮廷之禮流傳至各地，成爲民間風俗。如《論語》已有曰「舊穀既沒，新穀既升，鑽燧改火〔註146〕」之載，魯國風俗，於每年秋收時節改火。《後漢書》記載「日冬至，鑽燧改火云。〔註147〕」東漢改火之禮，訂在冬至日。兩漢以後，宮廷改火之禮可能一度廢止。隋代改火之禮復又興起，《隋書》記載隋文帝朝時，王劭上表要求承襲古代變火之禮：

> 臣謹案《周官》，四時變火，以救時疾。明火不數變，時疾必興。……，新火舊火，理應有異。伏願遠遵先聖，於五時取五木以變火，用功甚少，救益方大。縱使百姓習久，未能頓同，尚食内厨及東宮諸主食厨，不可不依古法。〔註148〕

王劭相信火種久傳易滋生毒氣，將使人罹患疾病。隋代，改火儀式復活，作爲寒食終了清明日出火的改火儀式，使寒食習俗更盛，至唐代逐成爲宮中的活動，原本興起於太原地區的民間風俗，由於和經義結合，已成爲國家的節日。〔註149〕唐宋時，多有皇帝在清明寒食賜大臣新火之舉，如韓翃詩「寒食東風御柳斜，日暮漢宮傳蠟燭〔註150〕」，此「傳蠟燭」正是改新火之禮的變形。從上古迄於唐宋，改火時間數易，由不一致到一致，最後固定在清明時節舉行。此皆基於延續上古對火的崇敬，於是在萬物有靈的宗教信仰下，舉行禳解儀式，其中之一就是定期改火。

〔註144〕見於夏廣興：〈中國古代的送火鬼之俗〉，《上海消防》1994年第7期，頁28。

〔註145〕見於龐樸：〈火歷鉤沉：一個遺失已久的古曆之發現〉，《中國文化》創刊號，（1989年12月），頁17。

〔註146〕《論語》卷第十七〈陽貨〉。見於（三國魏）何晏等注，（宋）邢昺疏，（清）阮元校勘：《論語注疏》，收入《十三經注疏附校勘記》，頁157。

〔註147〕《後漢書》卷十五〈禮儀志中〉。見於（東漢）范曄撰，（三國梁）劉昭注志，（唐）李賢注，（清）陸費逵總勘：《後漢書》（冊二），收入《中華書局據武英殿本校刊：四部備要（史部）》，頁4～5。

〔註148〕《隋書》卷第六十九〈王劭列傳〉。見於（唐）魏徵等：《隋書》，（臺北：藝文印書館，1986年），頁798。

〔註149〕見於常建華：《歲時節日裏的中國》，（北京：中華書局，2006年6月），頁110～111。

〔註150〕（唐）韓翃〈寒食〉。見於《全唐詩》，（上海：古籍出版社，1986年），頁620。

三、寒食爲出火儀式之演化

上古基於對農事的需求，焚田燒陶皆是農事生產之過程，當時所謂的禁火是對大火星的崇敬，深怕一不小心，引發火神大怒，不僅會有災禍發生，更甚而農事耕作受牽累。故而在期盼能求得大豐收之心理下，便有一連串的祭祀儀式，提醒所有的人能小心愼用火。殷商之後，儘管大火星的影響力逐漸變小，加上農耕技術的進步，已不需倚靠陶冶之土製農具，但是對火崇敬的精神，已成爲中國人農耕文化的一部份。周代的禁火習俗，在精神上是因襲上古的宗教習俗，儀式卻隨著時空背景而有所轉變。由天而著重於人，鑒於天候乾燥，易引起火災，加上人期望能藉由火讓帶來健康，因而舉行相關儀式。

改火爲祀火出火的儀式之一，龐樸在〈寒食考〉說「它於季春時節的黃昏重見於東方晴空。爲了迎接大火星的出現，有一整套儀式；隨著大火星的出現，人們要改用新火。〔註 151〕」提出上古時代對大火星的崇拜，爲表達崇高之敬意，改用新火就是迎接祭祀儀式之一。改火是否需要滅盡舊火，是否眞的禁止使用炊爨之火，而有寒食的習俗，並無明顯史料可循。依裘錫圭說法，寒食習俗較早的記載，在戰國以前就已存在，是民間有深厚基礎的一種古老習俗，這種習俗在古代太原郡地區最爲盛行，與火耕階段的大火曆有關。〔註 152〕古代太原郡位於山西地區，此地在戰國時期對應天空星宿分野上屬參星，視參星爲守護神。參星與大火星（商星）不相容的，基於對於守護神的參星信仰，當參星出現的多季便對火星有所禁忌，於是禁火以祈豐穰。《左傳》記載了大火星和參星關係的傳說：「山川之神，則水旱癘疫之災，於是乎禜之；日月星辰之神，則雪霜風雨之不時，於是乎禜之。〔註 153〕」，當有水旱之災，則祭山川之神。至於不定時的雪霜風雨是由星辰所掌控，故由於參星之信仰而禁大火，以祈豐收。寒食習俗來自上古對農耕的需要，其內涵則是大火星崇拜的改火精神。

但是當大火曆已不實用時，禁火的習俗也就漸漸失去它的存在意義，於

〔註 151〕見於龐樸：〈寒食考〉，《民俗研究》1990 年第 4 期，頁 35。

〔註 152〕見於裘錫圭：《古代文史研究新探》，頁 531。

〔註 153〕《左傳》卷四十一〈昭公元年〉。見於（春秋）左丘明撰，（西晉）杜預注，（唐）孔穎達疏，（清）阮元校刻：《春秋左傳正義》，收入《十三經注疏附校勘記》，頁 706。

是在《周禮》和《論語》中勉強可見的禁火與改火，到了《呂氏春秋》十二月紀與《禮記》月令幾乎全無蹤跡。但是到了漢武帝太初元年實施太初曆，又恢復改火。由於太初曆重冬至，遂以冬至為一陽來復之期；故改火的日子也從原來的季春大火昏見之時，改到了冬至太陽北歸之日。〔註154〕孟冬之月，正是天文物候循環周期的終結與開始的神秘之時。由於古代社會十分重視自然節氣的轉換，遂將立冬作為四季循環的終點或起點的節氣標誌，因而人們自然要向天神獻祭。立冬迎氣，顯示天子權威的盛大典禮，迎回冬氣後，天子要對為國捐軀的烈士及其家小進行表彰與撫恤，以此順應肅殺的時氣。這種在冬季到來時的撫慰死者，有其深層考慮：

> 表彰死者、撫恤生者不僅僅是順應時氣的需要，其真正的意義在於
> 它在冬季閉藏階段既請死者祐護生靈，同時又鼓勵民眾抵禦外敵或
> 餓寇的掠奪與侵襲。古代四時之祭的特點是以四季的時令佳品向祖
> 靈獻祭，為人子孫的義務與責任。〔註155〕

至於「士民每冬中輒一月寒食〔註156〕」即是對死者表敬意，將一種帶有神秘色彩的古老習俗，賦予了嶄新又崇高的人文意義，使古代文化對天之某種宗教性信仰，融合到人生命的深層。龐樸〈寒食考〉：

> 淹沒在禁火與改火這兩大神聖行動之間的「寒食」一事，因其天然
> 具有含辛茹苦的、易於同所追思者作精神溝通的屬性，而名聲大噪
> 起來，成為這一套儀俗的代表。〔註157〕

當星宿信仰的禁火、改火、出火等既往的意義皆慢慢消失，便以更具有代表性意義的介之推傳說，添加能寄託自己哀思之情節，使得寒食的紀念價值得以流傳。儘管張勃針對禁火，改火政策有如下之說：

> 改火的目的是為了去茲毒、壽民、救時疾。以此找出寒食與改火的
> 並無源流關係：先秦文獻未見寒食習俗……改火的內容「鑽燧改火」
> 不含有禁止用火之意，目的是為了去茲毒、壽民、救時疾，而寒食

〔註154〕見於龐樸：〈寒食考〉，《民俗研究》1990 年第 4 期，頁 36。
〔註155〕見於蕭放：〈十月一　送寒衣　寒衣節俗文化分析〉，《歷史月刊》2000 年 11
　　　　月，頁 121～125。
〔註156〕《後漢書》卷第九一〈左周黃列傳〉。見於（東漢）范曄撰，（三國梁）劉昭
　　　　注志，（唐）李賢注，（清）陸費逵總勘：《後漢書》，收入《中華書局據武英
　　　　殿本校刊：四部備要（史部）》，頁 7～8。
〔註157〕見於龐樸：〈寒食考〉，《民俗研究》1990 年第 4 期，頁 36。

習俗是「不火食」即禁止用火，目的是避免神靈怪罪與懲罰。〔註158〕可見張氏不認為禁火改火政策，與寒食習俗吃冷食的風氣有極大相關。他將改火視為是禁火精神的轉化，目的是為了去毒、壽民、救時疾，似乎並無禁火的必要性，而將改火與寒食清楚劃分。然而李宗侗的《中國古代社會史》將古代希臘、羅馬的祀火風俗，與我國的改火及寒食相聯繫：

> 希臘羅馬每家所祀的火，每年須止熄一次，重燃新火，……即我國
> 古代所謂「改火」。……因為改火，新火不與舊者相見，所以中間須
> 停若干時候……這停火的時間與改火的時間……「寒食」的起因。
> 〔註159〕

以希臘羅馬的祀火制度推想我國古代的改火，理應相仿。或許剛開始時的改火並未全面禁火，然而經過改火儀式的內涵不斷演變，致使祭拜天地的禳解儀式變為一項隆重的禮節。為慎重起見，便陸續發展出一套繁複的程序，甚而在民間形成迷信，且成為一套生活禁忌。對於舊火將致災的恐懼，遂認為新舊火之間必須有所間隔。倘若此段空隙時間一拉長，便形成用火的空窗期，故而必須預留冷食以作不時之需，遂因而形成寒食習俗。龐樸在〈寒食考〉說「從中春禁火到季春改火，為時一個月。這無火的一個月中，勢必靠冷食為生，是為寒食。〔註160〕」，在新舊火交替的時間落差中，「舊火既滅、新火未生之際，人們無法舉火，自不得不寒食〔註161〕」，人們會先做好冷食，以備不時之需，即所謂寒食。

夏廣興在〈中國古代的改火之俗〉以為寒食的真正意義，應為延續上古對火的崇敬。由於火象徵再生精神，改火之後再啟用新火，即是新生〔註162〕。唐代李涪《刊誤》卷「火」條云：

> 《論語》曰：「鑽燧改火。」春榆夏棗秋柞冬槐，則是四時皆改其火。
> 自秦漢以降，漸降簡易，唯以春是一歲之首，止一鑽燧。而適當改
> 火之時，是為寒食節之後。既曰就新，即去其舊。〔註163〕

〔註158〕見於張勃：〈寒食節起源新論〉，《西北民族研究》2004年第3期，頁147。

〔註159〕見於李宗侗：《中國古代社會史》，頁165～166。

〔註160〕見於龐樸：〈寒食考〉，《民俗研究》1990年第4期，頁35。

〔註161〕見於汪寧生：《古俗新研》，頁183。

〔註162〕見於夏廣興：〈中國古代的改火之俗〉，《上海消防》1994年第1期，頁25。

〔註163〕見於（清）永瑢、紀昀等纂修：《景印文淵閣四庫全書》（第一四二冊）（經部一三六禮類），（臺北：商務印書館，1986年3月），卷二，頁764～765。

秦漢以後改火儀式逐漸簡化，唐宋時固定只在暮春舉行，將改火儀式所迎來的新火，視為寒食節之標誌。總而論之，寒食是上古對大自然神靈崇敬的呈現。尤其因為「大火星」為農事的信號，所以將其視為生命之神。舉行盛大隆重的「出火」與「內火」的祭祀活動，其背後深層涵義就是祈福，故當大火星漸漸退去——農事地位時，寒食便成為迎接生命之神的祭儀轉型。楊琳在《中國傳統節日文化》中，提到法國學者 J‧J‧de Groot（1854～1921）對寒食節的說法，以為寒食節是為了慶祝太陽在春季的新生，使人走向溫暖。

又說英國弗雷澤（James Frazer1854～1941）以為點燃新火是為了燒毀各種有害因素，淨化人和動植物，使生長順利，繁殖旺盛。歐洲的篝火節除了定期舉行外，遇到農荒或受瘟疫時，會不定期地舉行篝火儀式。人們認為淨火是有效的治療方法，為了淨火，必須滅熄一切燈火，連一點火星也不能留。淨火點燃，用淨火點起篝火，人們取回正燃的火炭點燃家裡的火，再將淨火的灰也撒在田裡，可以保護莊稼不受蟲害。點燃的篝火是透過一種巫術，以保證人和牲畜、五穀、和果實都能得到充足的陽光。〔註164〕接著引用法國克勞德‧列維——斯特勞斯（Claude Levi-Strauss）在《神話科學導論》〈從蜂蜜到灰燼〉提到中國的寒食節與歐洲中古復活節的比較，同樣具有熄滅舊火與重燃新火的意味，象徵食物匱乏的結束與豐盛的來臨，認為不同時空產生相同儀式習俗，體現了人類思維深處具有相同結構模式〔註165〕。

第三節　寒食儀式與介之推神話聯結

從前一節探討可知，寒食是上古出火儀式的演化，乃為農耕文化所舉辦盛大隆重的「出火」與「內火」祈福祭祀活動。當大火星漸漸退去農事地位時，寒食便成為迎接生命之神的祭儀轉型。寒食，由上古為星宿祭祀出火儀式必然的演化過程，發展為農耕求雨的祭典，進而附會至介之推傳說。當寒食的起因逐漸被遺忘，民間僅徒留其外在形式，因此為支撐此空疏的儀式，實有必要注入新的動力，故而在具有介之推信仰的太原郡一帶，便將此兩事相結合〔註166〕。龐樸亦有此論點：

〔註164〕見於〔英〕弗雷澤（J.G.Frazer）撰，汪培基譯：《金枝：巫術與宗教之研究》，頁 915～931。
〔註165〕見於楊琳：《中國傳統節日文化》，頁 186。
〔註166〕見於常建華：《歲時節日裏的中國》，頁 109。

火曆被陰陽曆代替之後，禁火、寒食、改火作為禮儀，漸漸失去意
義；而作為習俗，當然還會延續一段時間。這時，人們拿與火有關
的介之推故事填充，使古俗重新具有一種與時代精神相合的人文新
意，為文化演化的典型。〔註167〕

此即古俗與民間故事結合的新人文精神。儀式如何成為民俗？《荀子》即提
到：

聖人明知之，士君子之安行之，官人以為守，百姓以成俗。其在君
子，以為人道也，其在百姓，以為鬼事也。〔註168〕

儀式對知識份子而言，可以知道是人之道而安心實行；然而對老百姓而言，
則要以崇拜鬼神的方法，使之形成習俗。像寒食這樣的儀式，藉著熄火、冷
食、再生火來象徵季節的交替，實是一種非常抽象的儀式，對於一般百姓而
言，恐無法了解其意義，然而又要使其儀式能切實執行，就必須要用一種他
們可以懂得的說法來作為支持。寒食的儀式不易以崇拜鬼神的方法來支持使
之成俗，但最少要以崇德報功的辦法來作為說辭，這是附會介之推傳說的外
在意義。在若干地方性的傳說中，鬼神奉祀的形式似已出現雛形，例如在并
州「神靈不樂舉火」的風俗，以及依《荊楚歲時記》注云「犯之則雨雹傷田
〔註169〕」之說皆是。〔註170〕李亦園以「神話支持儀式」提出民間所流傳的
寒食儀式，說明該儀式與神話的關聯是經過若干階段的發展而形成。傳說的
出現雖然應屬較晚的事，但是傳說的出現卻可用來支持儀式的執行。寒食儘
管不合人性，各朝朝廷亦百般禁止，為何仍深入人心，代代相傳？原因乃是
對於一般老百姓而言，傳說的支持與肯定具有重要的意義，傳說與儀式內涵
間的關係具有一種必然性。從寒食儀式與介之推傳說的內容上，我們惟一可

〔註167〕見於龐樸：《龐樸學術文化隨筆》，頁251。
〔註168〕《荀子》卷十三〈禮論〉。見於（戰國）荀況撰，（唐）楊倞注，（清）陸費逵
總勘：《荀子》，收入《中華書局據嘉善謝氏本校刊》，（臺北：中華書局，1965
年），頁15。
〔註169〕見於（南朝梁）宗懍撰，（隋）杜公瞻注，（清）陸費逵總勘：《荊楚歲時記》，
收入《中華書局據漢魏叢書本校刊：四部備要（史部）》，頁5，載：「去冬節
一百五日，即有疾風甚雨，謂之寒食」，注云「每歲春暮為不舉火，謂之禁煙，
犯之則雨雹傷田」。
〔註170〕見於李亦園：〈寒食與介之推：一則中國古代神話與儀式的結構學研究〉，收
入苑利主編：《二十世紀中國民俗學經典・社會民俗卷》，（北京：社會科學文
獻出版社，2002年3月），頁181～182。

以找出其連帶關係的是「火」的因素，所以李亦園即以此將介之推傳說作幾組對比〔註171〕，清楚了解介之推傳說與寒食儀式的思維結構相似。以介之推傳說來支持寒食的儀式，對百姓而言，傳說的崇德報功對他們才發生了意義，甚而藉神靈的威嚴或懲罰，才會真正使他們遵守儀式的習俗。〔註172〕

　　寒食不火食之風俗應該早於介之推之事。介之推傳說雖然春秋戰國就已經存在，但直到西漢開始，才以不火食之方式來紀念介之推〔註173〕。由《周禮》分析禁火之制早於介之推的火焚傳說，且在當時的禁火並未伴隨著不火食，焚死的情節出現在寒食習俗之前，可見介之推被焚死之說流傳之時，並未要求為了紀念他而必須全國禁火冷食。把火焚、重新生火之事與寒食連起來，實是較晚的事。兩者為何會合併在一起？今人研究，介之推之事最初見於《左傳‧僖公二十四年》〔註174〕、《呂氏春秋‧介立篇》〔註175〕、《史記‧晉世家》〔註176〕等，皆無焚死之說。談到介之推被焚死的記載，則見於《莊子‧盜跖篇》〔註177〕、《韓詩外傳》〔註178〕、劉向《新序‧節士篇》〔註179〕

〔註171〕李亦園：〈寒食與介之推：一則中國古代神話與儀式的結構學研究〉，頁 182 ～184，說明：依結構分析可發現，介之推傳說有幾組對比的結構成分：首先是「熄火與點火」的對比，傳說中的介之推先被焚火燒死，然後因紀念他而禁火。其次，是「煮熟與生冷」的對比，與「高估的人際關係與低估的人際關係」的對比，此兩者皆以文化與自然作對比。以傳說人物之間的關係來看，介之推割股以啖文公，實是一種超乎常情的行為，故屬於高估的人際關係；而晉文公在復國之後，不但未酬報他，反而將他燒死，這也是一種超乎常情的行為，故屬於低估的人際關係。這一對比的內在意義在於高估的人際關係顯示倫理道德的修養，是文化；而低估的人際關係顯示人的本能，是自然。

〔註172〕李亦園：〈寒食與介之推：一則中國古代神話與儀式的結構學研究〉，頁185。

〔註173〕見於（西漢）桓譚撰，（清）孫馮翼輯注，（清）陸費逵總勘：《桓子新論》，收入《中華書局據問經堂輯本校刊：四部備要（子部）》，（臺北：中華書局，1965 年），頁 16，載：「太原郡民以隆冬不火食五日，雖有疾病，不敢觸犯，為介之推故也。太原咸奉介君之靈，至三月清明斷火寒食」。

〔註174〕《左傳》卷十五〈僖公二十四年〉。見於（春秋）左丘明撰，（西晉）杜預注，（唐）孔穎達疏，（清）阮元校刻：《春秋左傳正義》，收入《十三經注疏附校勘記》，頁 255。

〔註175〕《呂氏春秋》卷十二〈季冬紀‧介立〉。見於（戰國）呂不韋撰，（東漢）高誘注，（清）畢沅校正：《呂氏春秋》，頁 162。

〔註176〕《史記》卷第九〈晉世家〉。見於（西漢）司馬遷，（南朝宋）裴駰集解：《史記》，頁 656。

〔註177〕《莊子》卷第九〈盜跖〉。見於（戰國）莊周撰，（西晉）郭象注，（清）陸費逵總勘：《莊子》，收入《中華書局據明世德本校刊：四部備要（子部）》，頁 21。

等。除《莊子》外，其餘皆漢代的書。將介之推焚骸與寒食相關聯，而記錄
於文獻史料者，較早可見於《後漢書》載太原地區每到介之推死亡月份，整
月都禁火寒食，且以此明確提出寒食禁火源於承襲介之推焚骸之舊俗〔註
180〕。史家將民間的流傳納入歷史中，為當時寒食習俗起因作解釋。由此提到
「禁火寒食」，可判斷寒食節在東漢末年應該已經形成，只是應該只侷限於太
原山西這一帶，尚未大範圍擴散。蔡邕《琴操‧龍蛇歌》最早以焚山禁火形
式之說，總結介之推與晉文公之故事：

> 子綏割其腕股，以啖重耳。重耳復國，舅犯、趙衰俱蒙厚賞，子綏
> 獨無所得。綏甚怨恨，乃作龍蛇之歌以感之。……終不肯出，文公
> 令燔山求之，子綏抱木而燒死，文公哀之流涕，令民五月五日不得
> 舉發火。〔註 181〕

蔡邕撮述割股、龍蛇之歌和燔死等情事，且點明了介之推焚骸與寒食禁火的
連結。自此之後，這種說法在後代廣為流傳，範圍也不再僅侷限於山西太原，
如魏武帝〈明罰令〉：

> 聞太原、上黨、西河、雁門，冬至後一百有五日，皆絕火寒食，云
> 為介之推。〔註 182〕

當寒食活動所涵蓋的區域逐漸擴大後，即開始提出冬至後「百有五日」的說
法。晉代《鄴中記》：「并州之俗，以冬至後百五日有介之推斷火冷食三日。
〔註 183〕」此為真正把介之推的傳說、斷火與冷食三日連在一起，而形成仲
春的寒食節。〔註 184〕

〔註178〕見於（西漢）韓嬰撰：《韓詩外傳》，據《上海涵芬樓借野竹齋沈氏藏明刊本
景印》，（臺北：商務印書館，1979 年），卷七，頁 67。

〔註179〕《新序》卷第七〈節士〉。見於（西漢）劉向：《新序》，（臺北：商務印書館，
1968 年），頁 117～118。

〔註180〕《後漢書》卷九一〈左周黃列傳‧周舉傳〉。見於（東漢）范曄撰，（三國梁）
劉昭注志，（唐）李賢注，（清）陸費逵總勘：《後漢書》（冊三），收入《中華
書局據武英殿本校刊：四部備要（史部）》，頁 7～8。

〔註181〕《琴操》卷下〈龍蛇歌〉。見於（東漢）蔡邕：《琴操》，（上海：商務印書館，
1936 年），頁 16。

〔註182〕《藝文類聚》第四卷〈歲時部中‧寒食〉。見於（唐）歐陽詢等撰：《藝文類
聚》，（臺北：文光出版社，1974 年），頁 62。

〔註183〕見於（東晉）陸翽撰：《鄴中記》，（上海市：上海商務印書館，1937 年），頁
10。

〔註184〕李亦園：〈寒食與介之推：一則中國古代神話與儀式的結構學研究〉，頁 180。

　　最早出現寒食節的地方是太原地區，即今日之山西，因而介之推焚骸傳說便由山西的地方風俗逐漸向外地擴展。據《明罰令》所載，太原一郡的風俗在漢末擴大到上黨郡、西河郡、雁門郡等山西一帶，直到東晉末，即躍出了山西以外。從《明罰令》所載，寒食的時期變成了冬至後一百零五日的二三日之交，相當於二十四節氣的清明，屬於春季。寒食活動從冬季向春季的移動是一大變化，然其確切原因不詳，但已可知其完全脫離參星的信仰。南朝梁時，已能看到寒食在荊楚地區的流行，變成了中國的一般風俗。〔註185〕

　　因為介之推傳說的焚骸、禁火、冷食和寒食活動很相近，故下列採三方面進行說明：首先以「遠古火耕背景的遺留」角度切入，將介之推傳說盛行的山西地區，作環境、民俗、信仰與歷史背景的了解。接著，探討介之推「焚骸」，所具有的農耕豐收與墓祭追思之深意〔註186〕。最後，探討介之推焚骸傳說的歷史塑造的背後意義。

一、遠古火耕背景的遺留

　　發展出介之推焚死傳說的介山，位於山西的東南部，歷史上屬晉之舊地。介山也稱為綿山，是太岳山向北延伸的一條支脈，與同屬太岳山脈的羊頭山相近，此羊頭山自古盛傳炎帝神農氏的傳說〔註187〕。因著傳說的密集性，介山與羊頭山屬同一生活圈，流傳著相似的風俗應該是有可能。炎帝以火提供了原始農耕發展的條件，而介之推火焚傳說也以火完成了他節義之士的形象，故而兩者之間有極大的相似度。

　　關於炎帝的記載多為口耳相傳，雖然並不能有確切的史料可證，但先秦的古籍記載大都是間接取於上古傳說。故光就炎帝的起源地、炎帝與神農之關係、炎帝是神是人是帝還是部落主等，便已眾說紛紜。在此僅針對與介之推相關性較大的山西東南部地區，對有關於炎帝神農之文化作探討。另外，將把歷史與文化意義區分開來，不作歷史真實上的炎帝探討，而是從文化意

〔註185〕見於常建華：《歲時節日裏的中國》，頁110～111。

〔註186〕見於李道和：《歲時民俗與古代小說研究》，頁59。

〔註187〕高婧：〈山西東南部地區炎帝傳說與文化初探〉，（上海師範大學中國古代文學碩士論文，2006年），頁3，載：羊頭山的得名與炎帝崇拜有關，一種說法是炎帝在這裡宰羊祭天，感謝上天保佑女媧補天成功，山頂似羊形狀的石頭，就是當時的羊石化而成；另一種說法為炎帝姓姜，「姜」字是羊頭，炎帝又住在這裡，故名「羊頭山」。

義的角度分析炎帝。以下先以「地理環境的歷史背景」和「地名音轉」兩方向，分析炎帝與介之推有可能的關係。

（一）介之推傳說與炎帝神農傳說圈的發展系統

關於炎帝的起源地，錢穆曾有「姜姓炎帝烈山氏，其傳說故事始於晉〔註188〕」的說法。在《國語》云「昔少典娶于有蟜氏，生黃帝、炎帝。黃帝以姬水成，炎帝以姜水成。成而異德，故黃帝爲姬，炎帝爲姜。〔註189〕」從文中「炎帝以姜水成」，當可推測炎帝起於姜水，故爲姜姓。《說文》釋：「姜，神農尻姜水，因以爲姓。〔註190〕」而姜水位在何方，其說法很多。依《山海經・北山經》記載：

> 北次三經之首，曰太行之山。其首曰歸山，其上有金玉，其下有碧。有獸焉，其狀如麢羊而四角，……又北三百里，曰陸山，多美玉。（姜邑）水出焉，而東流注于河。……凡北次三經之首，自太行之山至于于無逢之山，凡四十六山，萬二千三百五十里。〔註191〕

此「（姜邑）水」即姜水，源於以太行山爲首的群山之中，郭璞注「或作郯水」，這是文獻中最早有明確記載姜水的方位。《山海經・北山經》又以太行山記載：

> 又北二百里，曰發鳩之山，其上多柘木。有鳥焉，……名曰精衛，其鳴自詨。是炎帝之少女名曰女娃，女娃游于東海，溺而不返，故爲精衛，常銜西山之木石，以堙于東海。漳水出焉，東流注于河。
>
> 〔註192〕

此源於「發鳩之山」的漳水，與姜水同屬太行山群。晉地流傳著昔炎帝女兒溺死於東海中，化爲精衛的傳說。郭璞注「今在上黨郡長子縣西」，珂案「長子縣屬今山西省；發鳩山亦名發苞山、鹿谷山、廉山，爲太行山分支。」

〔註188〕錢穆：〈周初地理考・二、姜氏篇（三）〉，《燕京學報》第10期，頁1960。
〔註189〕《國語》卷第十〈晉語四〉。參見（春秋）左丘明撰，（東漢）高誘注：《國語》，頁128。
〔註190〕《說文》十二篇下〈女部〉。見於（東漢）許慎撰，（清）段玉裁注：《圈點段注・說文解字》，頁618。
〔註191〕《山海經》卷第三〈北山經〉。見於（東晉）郭璞撰，（清）畢沅校正：《山海經》，頁37～44。
〔註192〕《山海經》卷第三〈北山經〉。見於（東晉）郭璞撰，（清）畢沅校正：《山海經》，頁41。

綜合上述《山海經》中記載，〈北山經〉這段以太行之山爲首之群山，源於陸山之姜水與源於發鳩之山之漳水的流向完全相同，而姜水又可以叫做郯水。若從郯字从炎而言，似乎郯與炎帝有某種關係。至於發鳩山，則依郭璞所言，當在上黨郡長子縣的西部，即今的山西，爲太行山分支，應是山西晉東南的太行、太岳之間。《左傳》記載：「經二十二年春，王正月，肆大眚。癸丑，葬我小君文姜。〔註193〕」、「傳二十二年春，……若在異國，必姜姓也，姜，大嶽之後也。〔註194〕」，劉毓慶與柳揚解釋此「大嶽」，古亦書「太岳」〔註195〕。故可看出太岳山脈與炎帝的起源有極密切的關係。

侯文宜曾以九十年代山西晉東南高平所發現的「炎帝陵」碑，作了當地的田野調查，發現在當地羊頭山周邊地區遺有大量密集的炎帝古跡之事。羊頭山位於山西晉東南，爲今長治、晉城地區，古爲上黨地區，周邊盛傳著炎帝的傳說，形成所謂以羊頭山爲核心、爲輻射的「炎帝神農傳說圈」的完整系統。〔註196〕由於綿山與羊頭山同屬太岳山脈，而傳出介之推火焚傳說的則是太原郡。在《漢書》記載「太原郡，戶十六萬……上黨郡，戶七萬……」顏師古注「（太原郡）秦置。有鹽官，在晉陽。屬並州。……（上黨郡）秦置，屬並州。〔註197〕」可見，歷史上太原郡與上黨郡同屬並州地區，若兩地同樣深受「炎帝神農傳說圈」系統的影響，流傳著相似的風俗，則是有可能的。

（二）「介」與「烈」之音轉關係

炎帝別號烈山。「烈山」之詞最早可見於《國語》記載：「昔烈山氏之有天下也，其子曰柱，能殖百穀百蔬；夏之興也，周棄繼之，故祀以爲稷。共工氏之伯九有也，其子曰后土，能平九土，故祀以爲社。……稷勤百穀而山死。」韋昭注「烈山氏，炎帝之號也，起於烈山。禮〈祭法〉，以烈山爲厲山

〔註193〕《左傳》卷九〈莊公二十二年〉。見於（春秋）左丘明撰，（西晉）杜預注，（唐）孔穎達疏，（清）阮元校刻：《春秋左傳正義》，收入《十三經注疏附校勘記》，頁162。

〔註194〕《左傳》卷九〈莊公二十二年〉。見於（春秋）左丘明撰，（西晉）杜預注，（唐）孔穎達疏，（清）阮元校刻：《春秋左傳正義》，收入《十三經注疏附校勘記》，頁162～165。

〔註195〕劉毓慶、柳揚：〈晉東南炎帝史迹及其對華夏文明探源的意義〉，《晉陽學刊》2005年第4期，頁21。

〔註196〕侯文宜：〈晉東南一帶炎帝歷史傳說、民俗文化考釋〉，《晉陽學刊》2005年第5期，頁20。

〔註197〕《漢書》卷第二十八〈地理志〉。見於（漢）班固撰，（唐）顏師古注，（清）陸費逵總勘：《前漢書》，收入《四部備要》（經部），頁13～14。

也。……稷，周棄也，勤播百穀，死於黑水之山。〔註198〕」此把烈山氏與炎帝合而爲一。又《左傳》曰：「有烈山氏之子曰柱，爲稷，自夏以上祀之，周棄亦爲稷，自商以來祀之。〔註199〕」杜預注「烈山氏，神農世諸侯。」說明烈山氏之子柱，是夏代之前的農事官。另《禮記》亦記載：「厲山氏之有天下也，其子曰農，能殖百穀。〔註200〕」，鄭玄注「厲山氏，炎帝也。起於厲山，或曰有烈山氏，棄后稷名也。」，孔穎達疏「農謂厲山氏，後世子孫名柱，能殖百穀，故《國語》云神農之。名柱，作農官，因名農是也。……《帝王世紀》云，神農氏本起於烈山，或時稱之神農，即炎帝也。故云厲山氏炎帝也云。」由此可推，炎帝另一稱號爲「烈山氏」，與列山、歷山皆一音之轉。然而，山西介休縣之界山，即歷山、烈山，烈山氏也稱厲山氏，即炎帝。《帝王世紀》云「炎帝神農氏，姜姓也。……長於姜水……以火承木」、「神農氏又曰本起於烈山，或稱烈山氏。……一號魁隗氏」〔註201〕，注曰「炎帝……又曰魁傀氏，又曰連山氏，又曰列山氏。」，至此可將「神農氏、烈山氏、厲山氏、列山氏、炎帝」全連在一起。

「烈、列、厲」三字，上古均爲月部來紐入聲，讀音相同，故可通用。如《楚辭》所說「厲而不爽些〔註202〕」，王逸注「厲，烈也」；《詩經》也說「垂帶而厲〔註203〕」，鄭玄注「厲字，當作裂」，皆是同樣將厲、烈互通。錢穆也提到說：

> 歷之與烈，界之與歷，皆以聲轉相通。《周官·山虞》「物爲之厲」
> 鄭注：「每物有蕃界也」。此以厲、界聲通互訓。然則介休之界山，
> 即厲山、烈山也。……〔註204〕

〔註198〕《國語》卷四〈魯語上〉。見於（春秋）左丘明撰，（東漢）高誘注：《國語》，頁56。

〔註199〕《左傳》卷第五十三〈昭公二十九年〉。見於（春秋）左丘明撰，（西晉）杜預注，（唐）孔穎達疏，（清）阮元校刻：《春秋左傳正義》，收入《十三經注疏附校勘記》，頁925～926。

〔註200〕《禮記》卷四六〈祭法〉。見於（東漢）鄭玄注，（唐）孔穎達疏，（清）阮元校勘：《禮記注疏》，收入《十三經注疏附校勘記》，頁802。

〔註201〕（晉）皇甫謐：《帝王世紀》，（上海：商務印書館，1936年），頁3。

〔註202〕《楚辭》卷九〈招魂〉。見於（西漢）劉向編集，王逸章句：《楚辭》，頁107。

〔註203〕《詩經》卷十五〈小雅·都人士〉。見於（西漢）毛亨傳，（東漢）鄭玄箋，（唐）孔穎達疏，（清）阮元校勘：《毛詩正義》，收入《十三經注疏附校勘記》，（臺北：藝文印書館，1985年），頁512。

〔註204〕錢穆：〈周初地理考·二、姜氏篇（三）〉，《燕京學報》第10期，頁1960。

此以界、厲、烈三字爲聲轉相通，且厲與界聲通可互訓，故介休縣的「界山」亦可稱作「厲山」、「烈山」。綜觀會有這些別號，除了因口耳相傳而有讀音上落差外，其內涵意義多爲相同，皆與遠古原始的刀耕火種農業有關。

（三）介之推「火」焚傳說與炎帝「火」耕原始農業

從古籍中，如《左傳》記載「炎帝氏以火紀，故爲火師而火名。〔註205〕」、「炎帝爲火師，姜姓其後也。〔註206〕」，可見與炎帝有關的資料也多與火有關，而介之推火焚傳說也與火有相同的關聯，故可以由火聯繫彼此的關係談起。從《漢書》所載「炎帝……以火承木，故爲炎帝。教民耕農，故天下號曰神農氏。〔註207〕」總觀，推知炎帝之主要功績是用「火」。從原始農耕文明的起源來看，正是由刀耕火種的發展而來。火的廣泛使用早於其他農耕工具的發明，故而炎帝以火提供農耕發展是必不可少的條件〔註208〕。炎帝是「炎」與「帝」二字的組合。《說文》釋「炎，火光上也。〔註209〕」，因遠古沒有現成的耕地，必須用火焚燒山林，有「焚林而田〔註210〕」之說。《說文》釋「焚，燒田也，從火林。〔註211〕」段玉裁注「焚字從火，燒林意也。」，焚燒山林是刀耕火種的原始農耕必要的過程，可知火與農耕息息相關。故炎帝便逐漸與神農合稱，《世本・帝系》便說「炎帝即神農氏〔註212〕。雖然歷史上對於兩人是否爲同一人眾說紛紜，並無法確實考究，但此並非本文所要探討之目的，

〔註205〕《左傳》卷四十八〈昭公十七年〉。見於（春秋）左丘明撰，（西晉）杜預注，（唐）孔穎達疏，（清）阮元校刻：《春秋左傳正義》，收入《十三經注疏附校勘記》，頁835。

〔註206〕《左傳》卷五十八〈哀公九年〉。見於（春秋）左丘明撰，（西晉）杜預注，（唐）孔穎達疏，（清）阮元校刻：《春秋左傳正義》，收入《十三經注疏附校勘記》，頁1014。

〔註207〕《漢書》卷二十一下〈律歷志〉。見於（後漢）班固撰，（唐）顏師古注，（清）陸費達總勘：《前漢書》（冊三），收入《四部備要》（經部），頁16。

〔註208〕余衛國：〈炎帝神農合稱的文化意蘊——兼論炎帝、神農的時代問題〉，《華夏文化》1994年第3期，頁17～18

〔註209〕《說文》十篇上〈炎部〉。見於（東漢）許慎撰，（清）段玉裁注：《圈點段注・說文解字》，頁491。

〔註210〕《淮南子》第八卷〈本經〉。見於（西漢）劉安撰，（東漢）高誘注：《明刻淮南鴻烈解》，頁305。

〔註211〕《說文》十篇上〈火部〉。見於（東漢）許慎撰，（清）段玉裁注：《圈點段注・說文解字》，頁488。

〔註212〕（漢）宋衷注，（清）孫馮翼集：《世本》，（臺北：新文豐書局，1985年），頁222。

此處僅以農耕文化角度，將炎帝視作神農氏。

刀耕火種的原始農業，必須放火燒山。烈山，即意味著燒山，《孟子》說「烈山澤而焚之〔註213〕」，此烈山即代表原始農耕。《說文》亦釋「烈，火猛也。從火列聲。〔註214〕」，「烈」指火燒的程度，農耕時放火燒林的火勢猛烈，發出炸烈的聲音，就這樣把燒林的烈山，轉化為地方的專有名詞的烈山或厲山。因而錢穆說：

> 竊疑漢魏以來相傳焚山之事，即自古烈山氏之遺說也。古之稼穡，其先在山坡以避水潦，烈草木而火種，曰菑畬。故神農氏又稱烈山氏。後既以烈山為厲山、界山，乃誤及於介之推，因以炎帝之「烈山」誤傳為介推之「焚山」也。〔註215〕

介之推火焚傳說與炎帝、火耕關係極密切，此焚山即有古代火耕的背景。

（四）介之推焚「骸」傳說與火耕的農耕肥料

關於炎帝，《帝王世紀》記載云：「有神龍首感女登於常羊，生炎帝，人身牛首。〔註216〕」由於牛與農耕往往是分不開的，因而此「人身牛首」的形象即標誌著炎帝是農耕的象徵〔註217〕。本段即將從「炎帝神農合稱」是農耕文化的意蘊方向來談。由《周易》記載「包犧氏沒，神農氏作，斲木為耜，揉木為耒。耒耨之利以教天下。〔註218〕」有關神農氏事蹟，已將神農視為原始農耕的文明，發明耒鉬等的農耕工具、始教民播種五穀百蔬等〔註219〕。炎帝與神農皆是農耕起源的象徵，炎帝與神農合二為一，具有深層的農耕文明的文化意蘊。

焚燒原野是原始農耕開始時的必要步驟，不論由地名之諧音，或火燒土

〔註213〕《孟子》卷五下〈滕文公上〉。見於（東漢）趙歧注，（宋）孫奭疏：《孟子注疏》，收入《十三經注疏附校勘記》，（臺北縣：藝文印書館，1985 年），頁 98。

〔註214〕《說文》十篇上〈火部〉。見於（東漢）許慎撰，（清）段玉裁注：《圈點段注·說文解字》，頁 485。

〔註215〕錢穆：〈周初地理考·二、姜氏篇（三）〉，《燕京學報》第 10 期，頁 1960。

〔註216〕（晉）皇甫謐：《帝王世紀》，（上海：商務印書館，1936 年），頁 3。

〔註217〕任俊華：〈魁隗氏、大庭氏、連山氏——炎帝、炎族發源新考〉，《湖北大學學報》哲學社會科學版 2003 年第 4 期，頁 85。

〔註218〕《周易》卷八〈繫辭下〉。見於（三國魏）王弼、韓康伯注，（唐）孔穎達疏，（清）阮元校勘：《周易正義》，收入《十三經注疏附校勘記》，頁 167。

〔註219〕余衛國：〈炎帝神農合稱的文化意蘊——兼論炎帝、神農的時代問題〉，《華夏文化》1994 年第 3 期，頁 17。

之農作來看，都與介之推焚死之傳說有類似之處。此燒山林的「枯木」與介之推遭焚之軀「骸」，皆有可作天然肥料的功用。對於原始農耕而言，以火爲耕作之始乃是必須之步驟，而火燒之物更是天然肥料，能促進收成。將火視爲促進農耕之保護神，由此可見先民基於對農業生產的重視及期盼豐收，進而建立一套禳除災禍的迎神祭祀，使保護農作的社神、稷神也成了人民的精神寄託。至於商代，農耕已經脫離了刀耕火種的原始農業階段，懂得利用牛耕、施肥、澆灌、來提高農作生產力，而逐步向精緻鋤耕農業發展〔註220〕。雖然農神的重要性已開始動搖，火的實用性也隨而下降後，火便僅剩祭祀之儀式。爲支撐儀式的本質，有必要注入新的動力，以觸動人心。介之推恰好可符合此形象，「介」與炎帝之「烈」山氏又只有一音之轉；介之推「焚」骸與「炎」帝都有燒山之意；介之推焚「骸」與燒乾枯草木作堆肥之意象又很近。遂在介山與羊頭山之地緣接近，在相同的生活圈下，自然產生相近的歷史傳說。加上上述幾點介之推與炎帝之間的關係，或許可以這樣推敲，兩人同屬當地互相激盪所產生的英雄傳說。炎帝帶給晉東南地區是農耕神的崇拜，傳出介之推的焚死說法應與古代傳說中農業神話人物有關〔註221〕。

　　依《水經注》記載：「汾水又逕稷山，在水南四十許里，……西去介山十五里，山上有稷祠。〔註222〕」，可知介山的地理位置與稷山距離極爲相近，且介山之上又祀有稷祠，故可推測當時將介山與稷山或許本爲一體。《尚書》載「汝后稷，播時百穀。〔註223〕」孔穎達正義「稷是五穀之長，立官主此稷事。」，此說明稷是穀物，后稷則是農神，稷跟介山地區有密切的關係。裘錫圭以介山地區有汾陰后土祠，又有稷山，皆相傳爲后稷教民稼穡之地，推測介之推跟古代傳說中的農神稷有密切關係〔註224〕。錢穆也曾提及：「稷播穀於此，故其山曰稷。……后稷之於稷山，則猶神農之於介山，舜之於歷山也。〔註225〕」

〔註220〕王惠苑：〈商代的農業經濟與殷商文明〉，（河南：鄭州大學歷史學碩士論文，2005年），頁24。
〔註221〕見於裘錫圭：《古代文史研究新探》，頁547。
〔註222〕《水經注》卷六〈汾水〉。見於（魏）酈道元注：《水經注》，（世界書局，1985年），頁180～202。
〔註223〕《尚書》卷三〈舜典〉。見於（西漢）孔安國傳，（唐）孔穎達疏，（清）阮元校勘：《尚書正義》，收入《十三經注疏附校勘記》，頁44。
〔註224〕見於裘錫圭：《古代文史研究新探》，頁547～548。
〔註225〕錢穆：〈周初地理考・二、姜氏篇（三）〉，《燕京學報》第10期，頁1963～1964。

說明介山與稷山都有同質性，皆爲農耕之發展地，因后稷在此播穀，故而以其名稷爲此山之名。同樣地，介山之名起於神農，錢穆又說：

> 相傳介山爲子推所逃隱，史稱文公環而封之，爲介推田，號其山曰介山。……人以地名……介推之稱由於介山……其先蓋由烈山而耕。由烈山而誤爲歷山，爲厲山，爲介山，其實則一。〔註226〕

由於炎帝與神農皆是農耕起源的象徵，遂將炎帝神農合而爲一。其實神農即炎帝，神農之號爲烈山氏，即基於「烈」、「歷」、「厲」與「介」皆一音之轉，其實都是起源於炎帝。故知「介山」之名起於農耕，後來又恰巧有介之推節義之士出現，如《史記》記載「晉文公賞從之者，未及子推，推遂隱。聞其入綿上山中，於是文公環綿上山中而封之，以爲介推田，號曰介山。〔註227〕」。在「界」山與「介」之推諧音的情況下，於是介之推之傳說便附會於介山之上。令人景仰的介之推與介山當地習俗結合，致使介之推焚死、焚骸之傳說便是在傳說流變下，結合當地崇敬農耕神的信仰而發展。

依照侯文宜的說法，炎帝之傳說已深入當地民間生活中的民俗、祭祀。對生命仰賴本源的神秘信義，以至幻化成一種非宗教性的神的信仰，具有禳災賜福的超然神力，也就作爲一種信仰象徵物世代傳承於其習俗中。由於生態環境不同，不同的信仰淵源根據，所尊之神和習俗方式也隨而不同。從晉地東南部的獨特習俗，證明該地與炎帝農耕文化的親緣性，此當爲歷史與神靈祈拜的群體性的心理需要。中國的神不同於西方的上帝，往往是歷史人物或英雄人物的神性化，最終成爲適應社群需要、滿足現世人生的一種文化。在一代代的傳承中，炎帝被作爲先祖、英雄神聖化的結果，是使人們有一種對先祖神明的心意信仰與精神力量。〔註228〕由於距離上古的時間越久，人們即會遺忘其相關事跡，徒留代代相傳的儀式，儀式若無實質內容加以支撐，則難以維持其古老之信念，故藉由當代爲人們熟知的英雄人物，將其神性化，注入信仰的力量。雖然後來流傳的內容已失去起初的眞實性，但是其相承一脈的文化精神，卻因此灌入人們心中，永不消失。

〔註226〕錢穆：〈周初地理考‧二、姜氏篇（三）〉，《燕京學報》第 10 期，頁 1964。
〔註227〕《史記》卷三九〈晉世家〉。見於（西漢）司馬遷，（南朝宋）裴駰集解：《史記》，頁 656。
〔註228〕侯文宜：〈晉東南一帶炎帝歷史傳說、民俗文化考釋〉，《晉陽學刊》2005 年第 5 期，頁 21～22。

二、「焚骸」深意：農耕豐收與墓祭追思

　　《周禮》記載「中春以木鐸修火禁于國中。軍旅，修火禁。邦若屋誅，則爲明竁焉。〔註229〕」，鄭玄注引鄭司農曰：「屋誅，謂夷三族無親屬收葬者，故爲葬之也。」又曰「明竁，若今揭頭，明書其罪法也。司烜掌明書，則罪人夜葬與？」，皆說明司爟氏的職掌有禁火與葬骸，即火禁的同時要收葬枯骨。此禁火與掘穴埋骨都可能是祈雨儀式之一，李道和以爲此與寒食的相關事象完全相合，儘管沒有冷食之說，但是有可能就是早期的寒食。〔註230〕上古禁火是爲祭祀大火星，代表對農事的重視，祈求能爲來年帶來豐收。而對農事最重要的是雨水，尤其在播種時期的雨水是農獲量的關鍵，更是不能疏忽。祭祀天地以期盼「時雨」，禁火就是祭祀的精神之一，而禁火必然導致寒食，故李道和推測，禁火是以求雨禮俗爲根本的農耕文化，這應該是寒食的源頭〔註231〕。

　　李道和認爲掩埋骸骨是古代的一種求雨之法〔註232〕，舉《管子》「春不收枯骨朽脊，伐枯木而去之，則夏旱至矣。〔註233〕」爲例，說明收骨掩埋與旱而求雨應當有關係。這種習俗也源自周代禮制，在《禮記》說：「孟春之月……乃脩祭典，命祀山林川澤，犧牲毋用牝，禁止伐木。……掩骼埋胔。〔註234〕」和《周禮》所記「凡國之大祭祀，令州里除不蠲，禁刑者任人及凶服者，以及郊野。大師、大賓客亦如之。若有死於道路者，則令埋而置楬焉。〔註235〕」，此所說孟春之月命祀山林川澤，即祈雨之祭。而骨骸和樹木之枯，又可能與介之推的「枯槁」屬於同類事象。在《搜神記》有如此民間傳說：

〔註229〕《周禮》卷三十六〈秋官·司爟〉。見於（東漢）鄭玄注，（唐）賈公彥疏，（清）阮元校勘：《周禮注疏》，收入《十三經注疏附校勘記》，頁550。
〔註230〕見於李道和：《歲時民俗與古代小說研究》，頁77。
〔註231〕見於李道和：《歲時民俗與古代小說研究》，頁59。
〔註232〕見於李道和：《歲時民俗與古代小說研究》，頁59。
〔註233〕《管子》卷十八〈度地〉。見於（春秋）管仲撰，（清）陸費逵總勘：《管子》，收入《中華書局據明吳郡趙氏本校刊：四部備要（子部）》，頁9。
〔註234〕《禮記》卷十四〈月令〉。見於（東漢）鄭玄注，（唐）孔穎達疏，（清）阮元校勘：《禮記注疏》，收入《十三經注疏附校勘記》，（臺北：藝文印書館，1985年），頁289。
〔註235〕《周禮》卷三十六〈秋官·蜡氏〉。見於（東漢）鄭玄注，（唐）賈公彥疏，（清）阮元校勘：《周禮注疏》，收入《十三經注疏附校勘記》，頁548。

元初二年，爲河南尹，時夏大旱，久禱無應。暢收葬洛陽城旁客死
骸骨萬餘，爲立義冢，應時澍雨。〔註 236〕

便是葬骸而時雨降。又如《太平廣記》：

貞元十四年戊寅夏五月旱，……鬼來言謝，曰：「今時旱，不出三日
有雨。公且告長史。」叔牙至明通狀，請祈雨，期三日雨足。〔註 237〕

文中一鬼魂請趙叔牙移葬骸骨，將助祈雨。透露了葬骸與降雨之間的關係，
表明葬骸可以緩解夏旱。《酉陽雜俎》也述：

荊州百姓郝惟諒……寒食日，與其徒遊於郊外，蹴鞠角力，……一
婦人……謂郝曰：「……妾遘疾而歿，別無親戚，爲鄰里殯於此
處，……君或留念幽魂，亦是陰德，使妾遺骸得歸泉壤，精爽有託，
斯願畢矣。」……「某雖爲鬼，不廢女工。自安此，常造雨衣，與
胡氏家傭作，凡數歲矣。」〔註 238〕

此段郝惟亮安葬了張氏亡魂的遺骸，暗示在寒食期間有葬骸求雨的民俗背
景。綜合來看，可視葬骸亦是農耕祭祀儀式之一，是求雨祭典。

楊琳引用日本重澤侍郎〈介之推〉一文，指出祈雨是火禁忌的要素，就
《後漢書》寒食之事中的「龍忌之禁〔註 239〕」，李賢注「龍星木之位也，春見
東方心爲大火，懼火之盛，故爲之禁火」，指出星宿中的東方蒼龍與祈雨的雩
祭關係很深，具有和火不相容的性質。〔註 240〕以《論衡‧祭意》來看：

靈星之祭，祭水旱也，於禮舊名曰雩。雩之禮爲民祈穀雨祈穀實……
龍星二月見，則雩祈穀雨。龍星八月將入，則秋雩祈穀實。〔註 241〕

此處說祭火星就是祭水旱，可知禁火與求雨的關聯，所以周代禁火也當如葬
骸一樣爲求雨所需。〔註 242〕常建華引中村喬說法，將星宿信仰和介之推信

〔註 236〕（晉）干寶：《搜神記》，（上海：商務印書館，1936 年），卷十一，頁 74。

〔註 237〕見於（北宋）李昉：《太平廣記》，（北京：中華書局，2003 年），頁 348。

〔註 238〕《酉陽雜俎》續集卷三〈支諾皋下〉。見於（唐）段成式：《酉陽雜俎》，（臺
北：藝文印書館，1968 年），頁 195～196。

〔註 239〕《後漢書》卷九一〈左周黃列傳‧周舉傳〉。見於（東漢）范曄撰，（三國梁）
劉昭注志，（唐）李賢注，（清）陸費逵總勘：《後漢書》（冊三），收入《中華
書局據武英殿本校刊：四部備要（史部）》，頁 7～8。

〔註 240〕見於楊琳：《中國傳統節日文化》，頁 187。

〔註 241〕《論衡》卷二五〈祭意〉。見於（東漢）王充撰，（明）程榮校：《論衡》，收
入《中華書局據明刻本校刊：四部備要（子部）》，（臺北：中華書局，1965
年），頁 13～14。

〔註 242〕李道和：《歲時民俗與古代小說研究》，頁 80。

仰兩者結合，特從禁火和祈雨兩方面闡述寒食節的起源。因介之推被視爲介山之神，卜辭中山岳是祈雨的對象，因而有介之推的祈雨屬性形成焚死的說法。〔註243〕在《春秋繁露》的求雨法：「取死人骨埋之開山淵、積薪而燔之。〔註244〕」便有燒山求雨之意。再將介之推信仰擴大到其他地域，作爲祈雨對象的屬性即被擴大，如《酉陽雜俎》言太原：「郡東有崖山，天旱，土人常燒此山，以求雨，俗傳崖山神娶河伯之女，故河伯見火，必降雨救之。〔註245〕」及《春秋繁露》載「夏求雨，令縣邑以水日……秋暴巫尪至九日，無舉火事，無煎金器，家人祀門。〔註246〕」同時結合焚巫的習俗傳承，燒山求雨已成民間常見之習俗。若由收骨避旱結合古代上陵墓祭禮儀的逐步生成，在《後漢書》記載東漢曹褒爲河內太守，春夏大旱，後來能「澍雨數降，其秋大熟」，原因在於除了「省吏並職」外，還有多年以來的多種仁德之舉，其中就有葬骸一事：「在射聲，營舍有停棺不葬者百餘所，……悉葬其無主者，設祭以祀之。〔註247〕」，可推知既葬骸之後的墓祭，可能也跟求雨風俗有關。由於求雨關係到農業收成，甚至關乎政治穩定與否的大事，而求雨又與葬骸祭魂有關，於是墓祭也就漸成相關的風俗。

裘錫圭〈寒食與改火〉提出「寒食」含有哀悼之氣氛。在改火中，爲祈求豐收而有獻祭犧牲的現象，或許介之推焚骸傳說起因此而興。如《周書》記載「孟春之月……乃擇元日祈穀於上帝，掩骼薶骴。……則雨水不時，草木蚤枯〔註248〕」此骼爲白骨，埋骴以祈天，避免雨水不降，草木早枯。寒食要禁火，推測可能跟求雨禮俗有關，常建華與李道和都有這樣的說法。常建華將寒食與介之推連上關係，亦認爲是上古時期「乞雨」風俗的流傳，在具有介之推信仰的太原郡一直有燒山祈雨的習俗，介山爲此地的鎮山，便藉由

〔註243〕見於常建華：《歲時節日裏的中國》，頁109。

〔註244〕《春秋繁露》卷十六〈止雨〉。見於（西漢）董仲舒，（清）陸費逵總勘：《春秋繁露》，收入《中華書局據抱經堂本校刊：四部備要（經部）》，（臺北：中華書局，1965年），頁3～4。

〔註245〕《酉陽雜俎》卷一四〈諾皋記上〉。見於（唐）段成式：《酉陽雜俎》，（臺北：藝文印書館，1968年），頁106。

〔註246〕《春秋繁露》卷十六〈止雨〉。見於（西漢）董仲舒，（清）陸費逵總勘：《春秋繁露》，收入《中華書局據抱經堂本校刊：四部備要（經部）》，頁3～5。

〔註247〕《後漢書》卷第六十五〈張曹鄭列傳〉。見於（東漢）范曄撰，（三國梁）劉昭注志，（唐）李賢注，（清）陸費逵總勘：《後漢書》（冊三），收入《中華書局據武英殿本校刊：四部備要（史部）》，頁9。

〔註248〕《周書》附錄〈周書逸文〉。（清）朱右曾校：《逸周書集訓校釋》，頁239。

介之推忠臣形象當作山神崇拜，藉由燒山祭拜山神，達到祈雨、風調雨順豐收年之期許。

　　自殷商就有將巫燒死以請雨的習俗，因而引入「焚死的傳說」。〔註249〕楊琳提到日本守屋美都《寒食考》、中村喬《寒食の起源とその伝播》都視寒食起源跟古代的改火禮俗不可分割，中村喬還將介之推的原型推屬是古代祈雨儀式中被焚的巫覡。這樣的焚巫儀式，西方古俗亦多有所見，目的都與祈求農作豐收有關。遠古歐洲農民有「篝火節」風俗，在一年的某幾天，點起篝火圍著火跳舞，或從火上跳過去。最常見的點燃這種篝火的時候是在春天和夏天，有些地方也在秋末或冬天舉火，尤其是萬聖節前夕、聖誕節那天。法國有些農村認為圍著火跳舞跳得越歡樂，那年的莊稼就越好。〔註250〕復活節前夕，所有天主教國家都有一個風俗，熄滅教堂裏所有的火，然後用火石和鋼，或用火鏡點起新火。用這新火點起復活節的大蠟燭，然後再用這大蠟燭點起教堂裏所有熄滅的火。德國有許多地方也用這種新火在教堂附近的空地點起一堆篝火，這是獻祭過的篝火，人們拿著橡樹等的枝子，在火上燒成炭枝，帶回家中，再將炭枝用新點起的火燒掉，並禱告上帝賜福全家，免受火災、雷電和冰雹。這樣一來，每家都有了「新火」。有些炭枝放在田裏，禱告上帝保護他們，免受霜電蟲害，且作物要長得好些。復活節篝火會至今還是同時在山頂上燃燒著，常叫復活節山，農民相信篝火燒得越大，土地的農產物就會越多。此外，在教堂墓地上燒一個叫做猶大的草人，亦稱為「焚燒復活節人」，村人即將燒過的炭棍埋在田裏，作為養分以防小麥枯萎。〔註251〕火可以帶來豐收，「在五月或仲夏點燃篝火，可以保護田地不受魔法侵害，因而會有好收成。灰也被認為是貴重的避邪物」，人們似乎認為火的能力能夠肥田，並非只是直接促進地裏種子的生長，而是間接能抵制巫術的有害影響。〔註252〕點燃的篝火不是創造性的手段，而是清洗性的手段，它通過燒掉或消除可以導致疾病和死亡，威脅一切生物的物質的或精神的有害

〔註249〕見於常建華：《歲時節日裏的中國》，頁109。

〔註250〕見於〔英〕弗雷澤（J.G.Frazer）撰，汪培基譯：《金枝：巫術與宗教之研究》，頁881～883。

〔註251〕見於〔英〕弗雷澤（J.G.Frazer）撰，汪培基譯：《金枝：巫術與宗教之研究》，頁887～889。

〔註252〕見於〔英〕弗雷澤（J.G.Frazer）撰，汪培基譯：《金枝：巫術與宗教之研究》，頁895。

因素，而淨化人和牲畜，以此等形式的火而獲得繁殖力。〔註253〕

　　介之推焚骸傳說之所以對民間有這樣牢不可破的信念，就是以自然崇拜爲核心的萬物有靈的觀念，作爲一種信仰遺留，重現於神話、史詩和傳說故事中。加上對鬼魂觀念的迷信與對超自然力的崇拜，便出現各種祭祀儀式，形成有固定時間、固定內容的週期性紀念活動，進而演化成各種民間傳統節日，保留著上古迷信、禁忌、巫術觀念及驅邪逐魔、求吉免禍的心理願望。〔註254〕

三、介之推的忠臣形象

　　介之推有功不言祿的忠義和廉潔，確實在民間出現強烈情感共鳴，具有感人的傳承魅力。此應與漢代的社會背景有極大關係，漢武帝接受了董仲舒的建議「罷黜百家，獨尊儒術」，以孔孟爲正宗的儒學深入人們思想有關，儒家有一套道德標準，要求人民遵守節義，因而將介之推塑造成一個具備多重文化性格的英雄人物。由《左傳》「忠臣不言祿」之原型爲核心去加工和流傳，通過想像，加上了割股啖君及抱樹焚死之情節，滿足漢代對忠義之士的尊崇與形象塑造〔註255〕。

（一）傳說故事塑造演變的過程

介之推之事就文獻史料來看，最早記載於《左傳》：

> 晉侯賞從亡者，介之推不言祿，祿亦弗及。推曰：「獻公之子九人，唯君在矣。惠懷無親，外內棄之。天未絕晉，必將有主。主晉祀者，非君而誰？天實置之，而二三子以爲己力，不亦誣乎？竊人之財，猶謂之盜。況貪天之功，以爲己力乎？下義其罪，上賞其奸，上下相蒙，難與處矣。」其母曰：「盍亦求之？以死誰懟？」對曰：「尤而效之，罪又甚焉！且出怨言，不食其食。」其母曰：「亦使知之，若何？」對曰：「言，身之文也。」身將隱，焉用文之？是求顯也。」其母曰：「能如是乎？與女偕隱。」遂隱而死。晉侯求之不獲，以綿

〔註253〕見於〔英〕弗雷澤（J.G.Frazer）撰，汪培基譯：《金枝：巫術與宗教之研究》，頁928～931。

〔註254〕見於李惠芳：《中國民間文學》，（武昌市：武漢大學出版社，1996年6月），頁66。

〔註255〕見於張勃：〈寒食節起源新論〉，《西北民族研究》2004年第3期，頁153～154。

上爲之田。曰：「以志吾過，且旌善人。」〔註256〕

在此可見介之推不求祿、不貪天之功，偕母一起隱逸綿山而死。《左傳》只描寫介之推與母親清廉自持的節操，對於被焚之事並未記載。至戰國時代，屈原在《楚辭》吟：

> 介之忠而立枯兮，文君寤而追求。封介山而爲之禁兮，報大德之優游。思久故之親身兮，因縞素而哭之。〔註257〕

屈原借用介之推故事抒發自己情懷，對此王逸闡釋「介之忠而立枯」曰：

> 昔文公被驪姬之譖，出奔齊楚，介之推從行，道乏糧，割股肉以食文公。文公得國，賞諸從行者，失忘子推，子推遂逃介山隱。文公覺寤，追而求之，子推遂不肯出，文公因燒其山，子推抱樹燒而死，故言立枯也。

對於「立枯」二字，王逸注以爲「子推抱樹燒而死」〔註258〕，開始論及介之推遭火焚之事。王逸雖然並未提及抱樹燒死的原因，但是與《左傳》記載不同的是「綿上之田」，變爲「介山」，且增加了「爲之禁」的說法：「言文公遂以介山之民封子推，使祭祀之，又禁民不得有言燒死，以報其德。」此「禁」除了禁民不得有言燒死外，是否還另有他意，尚不得知〔註259〕。《莊子》也曾記載：「介之推至忠也，自割其股以食文公，文公後背之，子推怒而去，抱木

〔註256〕《左傳》卷十五〈僖公二十四年〉。見於（春秋）左丘明撰，（西晉）杜預注，（唐）孔穎達疏，（清）阮元校刻：《春秋左傳正義》，收入《十三經注疏附校勘記》，頁255。

〔註257〕《楚辭》卷四〈九章・思美人〉。見於（西漢）劉向編集，王逸章句：《楚辭》，頁71。

〔註258〕目前此說法尚有爭議，古書中屢以抱木立枯的鮑焦跟介之推並提。如《莊子》卷第九〈盜跖〉。見於見於（戰國）莊周撰，（西晉）郭象注，（清）陸費逵總勘：《莊子》，收入《中華書局據明世德本校刊：四部備要（子部）》，頁21：「世之所謂賢士，伯夷、叔齊，伯夷、叔齊辭孤竹之君，而餓死於首陽之山，骨肉不葬。鮑焦飾行非世，抱木而死。申徒狄諫而不聽，負石自投於河，爲魚鱉所食。介子推至忠也，自割其股以食文公，文公後背之，子推怒而去，抱木而燔死。」又言：「比干剖心，子胥抉眼，忠之禍也；直躬證父，尾生溺死，信之患也；鮑子立乾，申子不自理，廉之害也」此「立乾」與「立枯」同義。故許維遹在《韓詩外傳集釋》，（中華書局，1980年，頁243～244）懷疑《楚辭・九章・惜往日》「介之忠而立枯」是把鮑焦與介之推二人弄混了。

〔註259〕見於（西漢）劉安撰，（東漢）高誘注：《明刻淮南鴻烈解》，頁145，載高誘注：「介子，介推也。從晉文公重耳出奔翟，遭難絕糧，介之推割肌啗之公子。」此可見王逸和高誘亦持相同看法。

而燔死。〔註260〕」在此對於介之推之事，不僅明確提出燔死之說〔註261〕，更進一步出現割股肉以拯救文公於饑餓邊緣之流傳。由《左傳》的基本史實，外加民間傳說「火焚」與「割股肉」相聯繫，戰國時便已建立日後介之推的形象。至《呂氏春秋·介立篇》對於介之推的記載亦是沿用《左傳》而來：

> 此必介之推也。避舍變服，……夫介之推苟不欲見而欲隱，吾獨焉知之，遂背而行，終身不見。〔註262〕

推崇介之推的獨立特行，不爲名利所羈絆。至西漢《史記》對於介之推記載：

> 文公修政，施惠百姓。賞從亡者及功臣，大者封邑，小者尊爵。……是以賞從亡未至隱者介子推。推亦不言祿，祿亦不及。推曰：「獻公子九人，唯君在矣。……主晉祀者，非君而誰？天實開之，二三子以爲己力，……貪天之功以爲己力乎？下冒其罪，上賞其姦，上下相蒙，難與處矣！」〔註263〕

此段說明晉文公封賞功臣，歸隱的介之推被遺漏卻並不在意，對於攬功之臣很不以爲然，認爲是「竊人之財的盜，貪天之功以爲己力」，不屑與之並處。又說：

> 推曰：「尤而效之，罪有甚焉。且出怨言，不食其祿。」……「言，身之文也；身欲隱，安用文之？文之，是求顯也。」其母曰：「能如此乎？與女偕隱。」至死不復見。……遂求所在，聞其入縣上山中，於是文公環縣上山中而封之，以爲介推田，號曰介山，「以記吾過，且旌善人」。〔註264〕

此段說明介之推歸隱之志堅決，可知《史記》亦以《左傳》記載之史實爲藍本。儘管至《史記》爲止，正式文獻史料上對於介之推割股充飢、抱木燔死與遭火焚之事皆未記載，但是這樣的民間傳說，至西漢後期卻愈來愈流行，

〔註260〕《莊子》卷第九〈盜跖〉。見於（戰國）莊周撰，（西晉）郭象注，（清）陸費逵總勘：《莊子》，收入《中華書局據明世德本校刊：四部備要（子部）》，頁21。

〔註261〕見於龐樸：《龐樸學術文化隨筆》，頁249。

〔註262〕《呂氏春秋》卷十二〈季冬紀·介立〉。見於（戰國）呂不韋撰，（東漢）高誘注，（清）畢沅校正：《呂氏春秋》，頁162。

〔註263〕《史記》卷第九〈晉世家〉。見於（西漢）司馬遷，（南朝宋）裴駰集解：《史記》，頁656。

〔註264〕《史記》卷三九〈晉世家〉。見於（西漢）司馬遷，（南朝宋）裴駰集解：《史記》，頁656。

由西漢《新序》所云：

> 晉文公返國，……推聞君子之道也，謁而得位，道士不居……為人臣而不見察於其君者，則不敢立於其朝。然推亦無索於天下矣。遂去而之介山之上。……文公待之不肯出，求之不能得，以謂焚其山宜出。及焚其山，遂不出而焚死。〔註265〕

直接點出介之推焚死之說，且將焚死情節作描述，將「終隱山林」和「火焚而死」二事，連結在一起，突出了介之推是不為名利、堅持信念的賢士。另《韓詩外傳》亦說：

> 孔子困於陳蔡之間，即三經之席，七日不食，……則伯夷叔齊何為餓於首陽之山；子以忠者為用乎？則鮑叔何為而不用，葉公子高終身不仕，鮑焦抱木而泣，子推登山而燔。〔註266〕

對介之推被焚而死推崇之，視其為賢士。又曰：

> 晉文公重耳亡，過曹，里鳧須從，因盜重耳資而亡，重耳無糧，餒不能行，子推割股肉以食重耳，然後能行。……介子推割股，天下莫不聞，……百姓見之，必知不念舊惡，人自安矣。〔註267〕

介之推割股肉救君主，其忠義精神讓人敬佩。雖說民間傳說不可等同於事實，但是史家對於歷史過於遠久之人物，在無法直接採擷正確史料情況下，為了闡發自己觀點，也只能廣採眾說，引用民間傳說是正常現象。

以上文來看，介之推焚骸的正式文獻，最早記載於《後漢書‧周舉傳》「舊俗以介之推焚骸，有龍忌之禁，至其亡月，咸言神靈不樂舉火〔註268〕」，可見東漢時期，介之推被焚之事已視為史事。由此推演可知，儘管文獻上對於介之推割股火焚之事出現得很晚，但是這樣的民間起源傳說卻甚早，因而塑造人們對其歷史具有根深蒂固的印象。由戰國一直到漢代形成一個大雜燴，逐步奠立介之推的故事演變完整模式。古今之人遂以介之推是一位捨己為君的賢臣，是一位清廉剛正的志士，以不慕官祿、功成隱退的高風亮節而

〔註265〕《新序》卷第七〈節士〉。見於（西漢）劉向：《新序》，頁117～118。

〔註266〕見於（西漢）韓嬰：《韓詩外傳》，據《上海涵芬樓借野竹齋沈氏藏明刊本景印》，卷七，頁88～89。

〔註267〕見於（西漢）韓嬰：《韓詩外傳》，據《上海涵芬樓借野竹齋沈氏藏明刊本景印》，卷十，頁126。

〔註268〕《後漢書》卷第九一〈左周黃列傳〉。見於（東漢）范曄撰，（三國梁）劉昭注志，（唐）李賢注，（清）陸費逵總勘：《後漢書》（冊五），收入《中華書局據武英殿本校刊：四部備要（史部）》，頁7～8。

名垂青史。

（二）強化「清廉謙退」的背後意義

寒食風俗升降浮沉之因，除了政治背景外，一來自東漢末至南北朝，國家戰亂不已，用兵孔亟，自然難以隨任民間有因吃冷食而「歲多死者」的現象存在。二來迨到天下一統，皇帝碰到的頭號難題便是如何安置功臣，介之推讓祿的品格，自然會被想起而懸為風範。可知介之推傳說只是按照歷史傳說發展的規律自然累積、演變的結果〔註 269〕。元人入主以後，禁火之事遂告湮滅，而寒食之名猶存，其祭祖墳等習俗，則與清明儀式不分。追本溯源，禁火之事本與介之推無關，而且介之推也並不一定死於被焚。〔註 270〕人民要表達對介之推精神的紀念，需要將這種情懷落到一個實處，正如為紀念屈原精神而利用了龍舟競渡之古俗一樣，要紀念介之推之精神，便利用了一個與火有關的古俗——禁火。〔註 271〕介之推割股被焚之事，由歷史傳承看來，應該很清楚可視為民間傳言，真實性並不高。為何要將介之推之形象從只是不慕官祿、功成隱退的賢士，附會加入割股與火焚之情節，強化人們對此忠臣的感佩呢？尤其對流傳於戰國時的民間傳說，至西漢後期卻能愈來愈流行，不僅民間採信其說，連史家都漠視《史記》未記載之事實，連帶亦記入史書中，讓人民信以為真，塑造了介之推清廉謙退的道德情操，其原因何在呢？介之推故事或許未必全屬真實，然而民間受此傳說影響極深，人們對於這樣的一位忠臣的下場，都抱持著悲憫哀痛的心情，因此介之推焚骸的說法，深植人心，傳佈深廣。

這樣的歷史傳說演變，其實從中國許多民間人物故事就可以找到這樣的例子。如「孟姜女傳說」，早在二千五百年前，只是杞梁妻拒絕齊侯郊弔的故事雛形，然而陸續又加入善哭、哭倒城牆、哭倒梁山之故事。至於北齊時代，則動用民伕築長城，百姓怨聲載道，於是聯繫秦始皇築長城的歷史事實加以改造，遂發展出孟姜女千里尋夫哭倒長城的故事。這類歷史事實的改造即為民間文學，是集體創作、口頭流傳的，使傳說呈現出一種不斷變化的狀態。每一次傳述都可能是作品再創造的過程，又因流傳地域不同，加上自然環境、季節氣候、風俗習慣各有差異，則會有不同的異文，且在數千年的流傳中，

〔註 269〕見於張勃：〈寒食節起源新論〉，《西北民族研究》2004 年第 3 期，頁 150。
〔註 270〕見於龐樸：《龐樸學術文化隨筆》，頁 249。
〔註 271〕見於龐樸：《龐樸學術文化隨筆》，頁 250。

由內容、情節的逐漸豐富，而導致作品主題的重大變化。這是因為隨著時代的發展，自然地社會背景、民眾的生活際遇、感情願望會有積極意義的變化。〔註272〕由於民間創作是群體意識的歷史累積的過程，既有古代原始信仰的遺留和傳承，也有後世關於倫理關係、人生態度、善惡是非、生死觀念、價值標準等等的歷史認同。此為一種深層的心理因素，民眾的意識具有相對的獨立性和穩定性，不會因為社會的巨變而驟然斷裂。〔註273〕

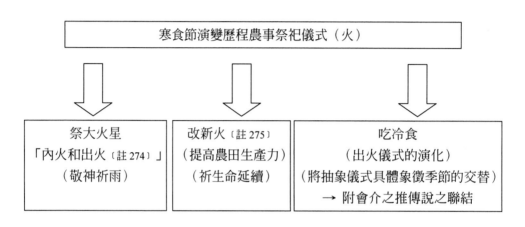

〔註272〕見於李惠芳：《中國民間文學》，頁35～38。
〔註273〕見於李惠芳：《中國民間文學》，頁39。
〔註274〕祭大火星的禁火演化成出火與內（納）火的「寒食節」祈福祭祀→寒食節俗禁火三日之後是出火日，而清明緊接於寒食之後，便選定在清明進行出火儀式活動。
〔註275〕寒食節滅的火與清明日取的火，也被分別賦予了「舊」和「新」的不同價值。舊火是被遺棄，新火是被渴望；取得新火是目的，滅掉舊火是準備。清明日由於是出火，即取得新火，時間上更受人們關注，便有助於清明日的獨立成節。

—116—

第四章　清明節俗的發展

　　上巳、寒食的節俗在遠古時期就已萌芽，當時是建立在原始星宿崇拜和民俗信仰基礎上。對於節俗的信仰，還停留在萬物有靈論的階段，尚缺乏社會信念支持，如歷史、傳說人物等解釋節俗，大多有所禁忌與防範，故與現在定型了的節俗有顯著差別。然而節俗的發展，各有其獨特的發展規律，並非古今如一的。進入殷商之後，原始自發的歲時活動逐漸上升為國家的歲時禮俗，主要是加上時間和政治的安排，一開始還不太具有社會生活的特質，初期它是人們為適應自然季節變化與社會生活節奏，所創制的一種人文時間。[註1] 清明起初是根據上古對時間性質的理解，應該僅有信仰和生產需要的季節性祭祀活動與農事儀式，並未有節俗的內涵。而到了秦漢時期，自然歲時開始向人文節日過渡、轉化，初步形成較強人文特性的歲時節日體系。尤其當社會趨於穩定，在科學文化日漸昌明下，原始宗教信仰的部分漸趨淡化，失去了權威性。在沒有支撐節俗的力量下，必須重新給予詮釋，否則很難存在，於是給了節俗的移易提供了機會與動力。如寒食節俗來看，具體表現在以介之推歷史傳說人物和歲時節令的結合，從而使節日習俗與活動更具真實性，豐富了節俗內容。故整體以漢代的精神文化來看，是有助於對節俗定型，中國人時間生活標誌的歲時節日更確定了它的主幹體系。魏晉南北朝時期，由於政治因素，歲時節令汲取許多南北文化交融的文化，使得歲時節日的區域性漸趨淡化，走向充實、發展與融合。隋唐宋時期，國家強盛、科學技術進步加上經濟發達，歲時節日風俗在形式上仍保留上古的信仰神秘外

〔註1〕　見於蕭放：〈論漢魏時期歲時節日體系的形成〉，收入《輔仁國文學報》第18
　　　　期，（2002年11月），頁95。

殼，但是實際上，內容卻發生質的變化，過渡轉變爲娛樂、禮儀型，成爲名符其實「佳節良辰」，如上巳的祓褉已被踏青娛樂所取代，寒食禁忌則轉變爲盪鞦韆、放風箏、蹴鞠等大量的體育娛樂活動，使得新的歲時節令逐步分化出來，寒食轉化爲清明節演進并合上巳節俗。元代以後，歲時節令文化，在傳承變異之中，不斷完善發展，清明節俗的娛樂文化性特點更爲突出。

第一節　先秦至魏晉：萌芽與成長期

　　清明在二十四節氣中，屬於農曆三月的節氣，清明的得名和最初的功能與農事活動有關。《夏小正》載三月「妾子始蠶，執養宮事〔註2〕」，所謂宮事指的是蠶事，此與《禮記》〈祭義〉載之「古者天子諸侯必有公桑蠶室……以爲黼黻文章〔註3〕」、《呂氏春秋》〈季春紀〉云「是月也，命野虞無伐桑柘。鳴鳩拂其羽，戴任降於桑……無有敢墮〔註4〕」之農事活動是相同的。可知在先秦以前應該就有在清明農事節氣當天，進行準備養蠶的傳統活動。此說的清明節還是一個農事節氣，而不是民俗節日。到近代還有變型的遺存，如宋代《歲時廣記》「兩浙民俗，以養火蠶，故云此日（寒食）禁火〔註5〕」，將三月的初蠶稱爲火蠶，大概因爲農曆二月爲「出火」之月。

　　以《四民月令》所載之「清明節令蠶妾治蠶室〔註6〕」來看，清明節的名稱至今在漢代就已出現，儘管當時內涵意義仍只是農事，尚不具備節日的條件，但是這樣由清明到清明節，在名稱上的小改變，對日後的性質演變有著重大的影響。以清明節爲稱呼，代表著清明的意義開始有所轉變，不再只是單純以農事節氣視之。然而要讓清明更深入人心，則一定要有某種文化內涵支撐，張勃認爲主要是由於改火的觀念〔註7〕。下列便從名稱轉變與內涵影響兩方面，探討清明節的發展狀況：

〔註2〕　見於（西漢）戴德傳，（南宋）傅崧卿注：《夏小正戴氏傳》，頁7。
〔註3〕　見於（東漢）鄭玄注，（唐）孔穎達疏，（清）阮元校勘：《禮記注疏》，收入《十三經注疏附校勘記》，卷四八，頁819。
〔註4〕　見於（戰國）呂不韋撰：《呂氏春秋》，頁99。
〔註5〕　《歲時廣記》卷十五〈寒食·百三日〉。見於（南宋）陳元靚：《歲時廣記》，（上海市：上海商務印書館，1936年），，頁155，載引用《歲時雜記》。
〔註6〕　見於（東漢）崔寔：《四民月令》，收於（清）嚴可均校輯：《全上古三代秦漢三國六朝文·第一冊》，（北京：中華書局出版，1958年12月），頁729。
〔註7〕　見於張勃：〈清明作爲獨立節日在唐代的興起〉，《民俗研究》2007年1月，頁175。

一、從節氣到節日

　　「清明」最初的定義是農事的天候，在《逸周書》記載「春三月，中氣驚蟄春分清明」，而《校釋》云「清明謂物生清淨明潔。」〔註8〕由資料顯示，清明至先秦時，仍只是代表節氣的名稱。如民間農諺「清明穀雨緊相連，浸種春耕莫遲延」、「驚蟄早，穀雨遲，清明春播正適時」等，皆是用來反映氣候變化和指導農耕生產。至漢代，「清明節」已有定稱出現，如崔寔《四民月令》記載：

　　　　清明節令蠶妾治蠶室。塗隙穴，具槌持箔籠。清明節後十日，封生
　　　　薑。至四月立夏後，蠶大食，芽生，可種之。〔註9〕

這所說的清明節，僅是指準備開始養蠶的季節性農業節氣。自「清明節」一詞出現後，歷代的文獻即迭有所見，如《齊民要術》載「三月上旬及清明節〔註10〕」、《玉燭寶典》載「今曆季春清明節〔註11〕」等，皆清楚已見清明節之稱。但是漢魏以前，清明節仍主要是指自然節氣，侷限於與農事活動密切關聯的一般節令，並無任何受重視的慶祝活動或者是特殊的風俗。此時的清明節只是歲時節令，與後代作為節日的清明節完全不同。儘管如此，清明節氣候溫暖，正是春耕播種的大好時機，自古很看重這個節氣。

二、附屬於上巳、寒食節俗活動

　　　源於上古春分祭祀儀式的上巳，主要是祈求農作順利、五穀豐收，其儀式則演變為春季在河邊招魂祓除。這求福分的習俗在漢代十分流行，三月上巳「官民皆絜於東流水上，曰洗濯祓除，去宿垢疢為大絜。〔註12〕」。漢代長

〔註8〕　《逸周書》卷六〈周月〉。見於（清）朱右曾校：《逸周書集訓校釋》，頁86。

〔註9〕　見於（東漢）崔寔：《四民月令》，收於（清）嚴可均校輯：《全上古三代秦漢三國六朝文：第一冊》，（北京：中華書局出版，1958年12月），頁729。

〔註10〕《齊民要術》卷一〈種穀〉。見於（後魏）賈思勰撰，（清）陸費逵總勘：《齊民要術》，收入《中華書局據學津討原本校刊：四部備要（史部）》（臺北：中華書局，1965年），頁7～8，載：「三月上旬及清明節，桃始花，為中時。……凡春種欲深，宜曳重撻……凡種穀，雨後為佳。」

〔註11〕《玉燭寶典》卷三〈三月季春〉。見於（隋）杜臺卿：《玉燭寶典》，（臺北：商務印書館，1939年12月），頁139～140。載：「今曆季春清明節，日在胃一度……陰陽交接之氣著於形色。……冬乃藏，萍始生。」

〔註12〕《後漢書》卷十四〈禮儀志上〉。見於（東漢）范曄撰，（三國梁）劉昭注志，（唐）李賢注，（清）陸費逵總勘：《後漢書》（冊二），收入《中華書局據武英殿本校刊：四部備要（史部）》，頁6～7。

安的灞水、洛陽的洛水都是當時上巳節被除修禊的熱鬧場所。《後漢書》即載有大將軍梁商，在此時「大會賓客，讌于洛水〔註13〕」，同樣在《西京雜記》也有「三月上巳，張樂於流水〔註14〕」的記述。當時的民間對修禊習俗有新的闡釋，因而修禊的巫術意義已逐漸融入較多的出遊娛樂因素。漢代雖然上巳還保持傳統的水邊沐浴祓禊，但是其重心已轉向遊春娛樂。到了晉朝，已經完全脫離原始的巫術範疇，變成了一種純粹抒發情懷的活動。後世曲水流觴的原型，一方面是臨水浮卵的求子巫術，一方面是由求子所派生出游春交友的求偶活動變形〔註15〕，皆帶有清明相關的農事豐收意義。因而上巳、清明逐步滲入融合。

　　另外，寒食節的發展在漢魏之際是流傳於太原上黨諸郡，六朝之後則演變為全國性的節日。從西漢《新論》所記載的「太原郡民以隆冬不火食五日〔註16〕」，可知源於上古的禁火儀式，已由此儀式造成「莫敢煙爨〔註17〕」。至南朝《荊楚歲時記》所說「去冬節一百五日，即有疾風甚雨，謂之寒食，禁火三日，造餳、大麥粥。寒食，挑菜。斗雞、鏤雞子、斗雞子。〔註18〕」可看出南朝時期發生了兩個對後來寒食節的發展具有重要影響的變化。其一，將節期固定在冬至後一百零五日，而非隆冬季節；其二，節俗活動走向多種娛樂性活動發展。依喬繼堂說法，中國的歲時節俗在發展過程中，始終存在變異和整合。魏晉南北朝是整合期，當時受玄學和清談之風影響，寒食

〔註13〕　《後漢書》卷九一〈左周黃列傳・周舉傳〉。見於（東漢）范曄撰，（三國梁）劉昭注志，（唐）李賢注，（清）陸費逵總勘：《後漢書》（冊五），收入《中華書局據武英殿本校刊：四部備要（史部）》，（臺北：中華書局，1965年），頁10。

〔註14〕　見於（西漢）劉歆編，（西晉）葛洪集：《西京雜記》，收入《江安傅氏雙鑑樓藏明刻本》，（上海市：上海商務印書館，1936年），卷三，頁10。

〔註15〕　見於王之涵：〈新葉村三月三節日的文化考察〉，《安徽教育學院學報》第24卷第2期，（2006年3月），頁54。

〔註16〕　《新論》卷十一〈離事〉。見於（西漢）桓譚撰，（清）孫馮翼輯注，（清）陸費逵總勘：《桓子新論》，收入《中華書局據問經堂輯本校刊：四部備要（子部）》，頁16。

〔註17〕　《後漢書》卷第九一〈左周黃列傳〉。見於（東漢）范曄撰，（三國梁）劉昭注志，（唐）李賢注，（清）陸費逵總勘：《後漢書》（冊五），收入《中華書局據武英殿本校刊：四部備要（史部）》，（臺北：中華書局，1965年），頁7～8，載：「寒食，莫敢煙爨。」

〔註18〕　見於（南朝梁）宗懍撰，（隋）杜公瞻注，（清）陸費逵總勘，收入《中華書局據漢魏叢書本校刊：四部備要（史部）》，頁5。

的節俗已與上巳同樣走向宴飲游樂的世俗化。〔註 19〕

　　相應於寒食的節俗活動，歷史傳說併起，如民間流傳的介之推信仰，將禁火之因演變成介之推焚骸。在《後漢書》記載「舊俗以介之推焚骸，有龍忌之禁，至其亡月，咸言神靈不樂舉火〔註 20〕」，《新論》也有「隆冬不火食五日……爲介之推故也。〔註 21〕」之說，皆將寒食禁火附會在祭祀介之推。歲時生活與民間傳說結合，有利於節俗本身的流傳，作爲其符合時代世俗的新解釋，從而增強了在民眾生活中的精神地位。即使魏武帝曾針對寒食多處不合人情，以「老少不堪，歲多死者〔註 22〕」之故而下禁令，但是民間習俗並非能以一紙文書所解決。寒食節俗之傳播漸盛，在形成和傳承過程中影響越來越大。至北魏《齊民要術》，已載「（介之推）忌日爲之斷火，煮醴而食之，名『寒食』，蓋清明前一日是也。中國流行，遂爲常俗。〔註 23〕」，南朝梁《荊楚歲時記》亦記述了荊楚地方寒食「禁火三日〔註 24〕」。在此，李道和認爲與寒食相關的介之推「葬骸求雨」之俗，後來演變爲清明的「掃墓祭奠」，兩者的時間交叉是表層原因，其眞正深層原因在於寒食禁火冷食習俗缺乏廣泛的適應性，故在禁火至出火的相續時間段中，由寒食轉化出或突顯出清明節。〔註 25〕

　　寒食節俗由禁火活動，演化成「出火」與「內（納）火」的祈福祭祀活動，即爲「換新火」的改火儀式，正是清明被重視的起因。改火觀念中，火禁的目的在爲出火作準備。依《荊楚歲時記》所記載，寒食節俗禁火三日之

〔註 19〕見於喬繼堂：《中國歲時禮俗》，（天津人民出版社，1991 年），頁 16。

〔註 20〕《後漢書》卷第九一〈左周黃列傳〉。見於（東漢）范曄撰，（三國梁）劉昭注志，（唐）李賢注，（清）陸費逵總勘：《後漢書》（冊五），收入《中華書局據武英殿本校刊：四部備要（史部）》，頁 7～8。

〔註 21〕《新論》卷十一〈離事〉。見於（西漢）桓譚撰，（清）孫馮翼輯注，（清）陸費逵總勘：《桓子新論》，收入《中華書局據問經堂輯本校刊：四部備要（子部）》，頁 16。

〔註 22〕《後漢書》卷第九一〈左周黃列傳〉。見於（東漢）范曄撰，（三國梁）劉昭注志，（唐）李賢注，（清）陸費逵總勘：《後漢書》（冊五），收入《中華書局據武英殿本校刊：四部備要（史部）》，頁 7～8。

〔註 23〕《齊民要術》卷第九〈醴酪〉。見於（後魏）賈思勰撰，（清）陸費逵總勘：《齊民要術》，收入《中華書局據學津討原本校刊：四部備要（史部）》（臺北：中華書局，1965 年），頁 10～11。

〔註 24〕見於（南朝梁）宗懍撰，（隋）杜公瞻注，（清）陸費逵總勘：《荊楚歲時記》，收入《中華書局據漢魏叢書本校刊：四部備要（史部）》，頁 5。

〔註 25〕見於李道和：《歲時民俗與古代小說研究》，頁 59。

後是出火日，而清明緊接於寒食之後，於是便選定在清明進行出火儀式活動。禁火必然有出火，寒食節來臨時，將正在使用的火熄滅，到清明日再重新鑽火取火。這一滅一取，被重構爲改火活動的組成部分，寒食節滅的火與清明日取的火，也被分別賦予了「舊」和「新」的不同價值。舊火是被遺棄，新火是被渴望；取得新火是目的，滅掉舊火是準備。清明日由於是出火，即取得新火，時間上更受人們關注，便有助於清明日的獨立成節。〔註26〕

第二節　唐代：成熟期

　　雖然初唐時期的清明日，只是作爲寒食節的組成部分，還沒被認爲是一個新節日的標誌性時間。但是清明日與寒食節的緊密關係，所謂「寒食清明日」就是指寒食節期中的清明日，意指清明節這一天是包括在寒食節之內。祭掃的節日還是以寒食爲重心，還未出現清明祭掃的活動，但是由清明與寒食並提，便可以看出社會上已逐漸有了以清明爲節日的意識。到了中唐時期，多有將寒食掃墓混淆爲清明掃墓者，清明始具時令與節日的雙重意義，並且其節俗意義日漸增強，漸有其特定名稱與獨立地位，非但如此，還有將寒食日視爲清明節的一部分的趨勢。〔註27〕

　　唐代的清明之所以特別突出，實來自唐人的社會風氣。第一、改火習俗盛行。不僅是民間以改新火象徵重生，皇帝也分傳新火給寵臣，間接鼓勵改火風氣，而改火習俗點火之日正是清明日。第二、掃墓祭祖開始盛行，甚至皇帝以政令規定寒食節應掃墓。爲配合信仰，掃墓祭祖需要的焚燒紙錢之活動，受改火習俗影響，一併將祭祖掃墓與點新火相結合，且延至清明日。掃墓本來就是寒食重要節俗之一，唐代爲配合燒紙錢，將掃墓時間後延至清明日。第三、重視娛樂風氣。皇帝爲配合掃墓的政令，便有節假日的設置。由於這段時間全國人民不須工作，於是利用掃墓之便，進行娛樂活動，逐步發展成祭祖掃墓和郊遊娛樂爲一體的全民性盛大節日。

　　至於節慶的活動則是一系列的，不但移轉了主要活動，其他細微末節也跟著轉移，可以發現清明日當天，除了掃墓外，還一併將寒食的其他節俗亦

〔註26〕見於張勃：〈清明作爲獨立節日在唐代的興起〉，《民俗研究》2007年1月，頁175。

〔註27〕見於張勃：〈清明作爲獨立節日在唐代的興起〉，《民俗研究》2007年1月，頁170～171。

轉至清明日進行。所以表面是過寒食節日，其實已轉變爲寒食中的清明日才是重頭戲。另外，就娛樂活動而言，當天還有上巳節的活動。上巳在唐代由於時間和寒食接近，而上巳具有與寒食相似的踏青活動內容，朝廷節假日的安排因有重疊，致使上巳、寒食、清明初步呈現融合之勢。唐宋時期的中國歲時節俗的發展，依喬繼堂說法，是歲時節俗和緩平穩的整合期，主要標誌是娛樂成分。唐宋時期共有的特點是文明昌盛、文化發達和都市繁榮，這時歲節就成爲世俗娛樂的最佳依託。

一、改火習俗盛行

　　唐代的寒食節節俗，逐漸有所轉變，內容以改火活動爲主。不近人情的禁火習慣已逐漸消弭，但仍然延續其精神——去舊迎新，保留在清明日當天進行改火活動。唐人在清明日清晨點燃新火〔註 28〕，朝廷上由宮中尚食內園官小兒於宮殿前鑽木取火，先鑽得火的，賜火給絹三匹、金碗一口〔註 29〕，然後再由皇帝以榆柳賜火。能得到皇帝賜火的大臣，往往引以炫耀。如王濯〈清明日賜百僚新火〉詩「御火傳香殿，華光及侍臣。星流中使馬，燭耀九衢人。〔註 30〕」描寫賜火情景，得到皇帝賜新火的達官，將傳火的柳條插於門前。又韓翃〈寒食〉詩「春城無處不飛花，寒食東風御柳斜，日暮漢宮傳蠟燭，輕煙散入五侯家。〔註 31〕」描述宮中傳出的御賜燭火，散入了新封的王侯之家。武元衡曾上書言「中使至，奉宣進止，賜臣新火及春衣等。熒煌自天，纖麗同降。束帶斂袵，盡飾之道已加；捧炬迴光，照臨之榮荐及。……今時惟清明，律中姑洗，當改燧火。〔註 32〕」、「陛下宏上天之私覆，迴白日

〔註 28〕（唐）謝觀〈清明日恩賜百官新火賦〉。見於（清）董誥等編：《全唐文》，卷七五八，頁 3489，載：「國有禁火，應當清明，萬室而寒灰寂滅，三辰而纖靄不生。木鐸罷徇，乃灼燎於榆柳，桐花始發，賜新火於公卿，由是太史奉期司烜不失平明而鑽燧……於時宰執具瞻，高卑畢賜。」提到新火是平明而鑽燧獻入。

〔註 29〕《淵鑑類函》卷十八〈歲時部七・清明二〉。見於（清）張英等奉敕撰：《淵鑑類函》，收入《四部集要》（子部），（臺北：新興書局，1960 年），頁 266，載《輦下歲時記》具體記載鑽火在宮中進行的狀況「長安清明，尚食內園官小兒于殿前鑽火，先得火者進上，賜絹三匹、金碗一口，都人聚門外以觀」，提到清明賜火的儀式。

〔註 30〕見於《全唐詩》，（上海：古籍出版社，1986 年），頁 711。

〔註 31〕（唐）韓翃〈寒食〉。見於《全唐詩》，（上海：古籍出版社，1986 年），頁 620。

〔註 32〕（唐）武元衡〈寒食謝賜新火及春衣表〉。見於（清）董誥等編：《全唐文》，

之餘光。錫貢頒榮，布芳新於令節；鑽燧改火，燭幽昧於蓬門。〔註33〕」，白居易亦有「今日高品官唐國珍就宅宣旨，賜臣新火者。伏以節過藏煙，時當改火，助和氣以發滯，表皇明而燭幽。臣顧以賤微，荷茲榮耀，就賜而照臨第宅，聚觀而光動里閭。降實自天，非因榆柳之燧；仰之如日，空傾葵藿之心。徒奉恩輝，豈勝欣戴。〔註34〕」凡是得到皇帝的特賜火燭，便享有特權，代表受寵。

　　另外因改火活動是滅舊火、升新火，故有除舊迎新的意義，「朝來新火起新煙〔註35〕」即是如此。從張說詩「從來禁火日，會接清明朝。〔註36〕」可知清明標誌著結束與開始，其在寒食節俗中的地位可想而知。又陳潤詩云「江南寒食早……改火待清明〔註37〕」、「寒食花開千樹雪，清明日出萬家煙〔註38〕」，都反映了在寒食期間等待改火日子到來的心情。寒食節來臨時，將正用的火熄滅，到清明日重新鑽火取木。這一滅一取構成了「舊」與「新」的不同價值，舊火是被遺棄的，新火是被渴望的，取新火是目的，滅掉舊火是準備〔註39〕。由詩句「霽日園林好，清明煙火新〔註40〕」、「百花如舊日，萬開出新煙〔註41〕」、「承恩如改火，春去春來歸。〔註42〕」可想，清明日

卷五三一，頁 2386。

〔註33〕　（唐）武元衡〈謝賜新火及新茶表〉。見於（清）董誥等編：《全唐文》，卷五三一，頁 2386。

〔註34〕　（唐）白居易〈謝清明日賜新火狀〉。見於（清）董誥編：《全唐文》，卷六六八，頁 3010。

〔註35〕　（唐）杜甫〈清明二首〉。見於《全唐詩》，（上海：古籍出版社，1986 年），頁 581。

〔註36〕　（唐）張說〈奉和聖製寒食作應制〉。見於《全唐詩》，（臺北：藝文印書館，1960 年），頁 543。

〔註37〕　（唐）陳潤〈東都所居寒食下作〉。見於《全唐詩》，（臺北：藝文印書館，1960 年），頁 543。

〔註38〕　（唐）王表〈清明日登城春望寄大夫使君〉。見於（五代）韋縠撰：《才調集》〈古律雜歌詩〉，收入《四部叢刊景清錢曾述古堂景宋鈔本》，卷九，頁 96。（檢索自「臺灣師範大學中國基本古籍庫系統」）

〔註39〕　見於張勃：〈清明作為獨立節日在唐代的興起〉，《民俗研究》2007 年 1 月，頁 175。

〔註40〕　（唐）祖咏〈清明宴司勳劉郎中別業〉。見於（清）曹寅編：《全唐詩》，卷一三一，收入《清文淵閣四庫全書本》，頁 790。（檢索自「臺灣師範大學中國基本古籍庫系統」）

〔註41〕　（唐）劉長卿〈清明後登城眺望〉。見於《全唐詩》，（上海：古籍出版社，1986 年），頁 342。

由於是取得新火的時間，因而更受關注，漸漸地，寒食與清明的界線混淆不分，且已將改火活動，視爲清明日的節俗，甚至不提寒食節。從王冷然所說「秋貴重陽多貴臘，不如寒食在春前〔註43〕」，可見唐代寒食節的重要程度，而改火活動的盛行，才讓視爲寒食節一部分的清明日藉機突出。張勃以唐代寒食節的盛行，推斷改火習俗是促使清明能在中晚唐發展成爲獨立的節日之因〔註44〕。

二、掃墓祭祖盛行

　　唐代寒食節活動除了禁火外，還加入新的因素：寒食掃墓的固定化。寒食節掃墓之俗的起源，目前並無相關文獻的明確記載，有學者認爲是附會於介之推葬骸傳說，所謂「寒食野祭而焚紙錢〔註45〕」，因而推測上墓應該來自民間的寒食俗轉，漸而推廣祭奠亡魂的習俗。到了唐代，寒食墓祭已蔚然成風，在唐高宗永徽二年，便有有司上書，請高宗依從太宗李世民祭祀高祖李淵的舊制，於清明寒食時「上食如獻陵〔註46〕」。而高宗龍朔二年詔「如聞父母初亡，臨喪嫁娶。積習日久，遂以爲常。亦有送葬之時，共爲歡飲，遞相酬勸，酣醉始歸。或寒食上墓，復爲歡樂，坐對松檟，曾無戚容。既玷風猷，並宜禁斷。〔註47〕」這一詔令之目的，是禁止人們在寒食節上墓時宴飲作樂，從中可以看出唐初寒食上墓已成習俗，且還藉機宴飲娛樂。甚至到了唐玄宗，不僅公開下詔承認士庶「寒食上墓」的合理性，將其編入禮典〔註48〕，皇帝

〔註42〕　（唐）張說〈清明日詔宴寧王山池賦得飛字〉。見於《全唐詩》，（臺北：藝文印書館，1960年），頁526。

〔註43〕　（唐）王冷然〈寒食篇〉。見於《全唐詩》，（臺北：藝文印書館，1960年），頁543。

〔註44〕　見於張勃：〈清明作爲獨立節日在唐代的興起〉，《民俗研究》2007年1月，頁171。

〔註45〕　《新五代史》卷十二〈周本紀・恭帝〉。見於（北宋）歐陽修撰：《新五代史》，收入《中華書局據武英殿本校刊：四部備要（史部）》，（臺北：中華書局，1965年），頁4。

〔註46〕　《新唐書》卷十四〈禮樂志〉。見於（北宋）宋祁：《新唐書》，收入《中華書局據武英殿本校刊：四部備要（史部）》，頁8。

〔註47〕　《唐會要》卷二十三〈寒食拜埽〉。見於（北宋）王溥撰：《唐會要》（上），（臺北：商務印書館，1968年3月），頁439。

〔註48〕　《舊唐書》卷八〈玄宗本紀下〉。見於（後晉）劉昫撰，（清）陸費逵總勘：《舊唐書》，收入《中華書局據武英殿本校刊：四部備要（史部）》，頁17，載：「開

還下詔令京師官員於寒食拜墓。《唐會要》記載曰：

> 開元二十年……寒食上墓，禮經無文，近代相傳，浸以成俗。士庶
> 有不合廟享，何以用展孝思？宜許上墓，用拜埽禮，於塋南門外奠
> 祭撤饌訖，泣辭，食餘于他所，不得作樂，仍編入禮典，永為常式。
>
> 元和三年……朝官寒食拜埽，又要出城，並任假內往來，不須奏聽
> 進止。
>
> 長慶三年……寒食拜埽，著在令文，比來妄有妨阻，朕欲令羣下皆
> 遂私誠，自今以後，文武百官，有墓塋域在城外，并京畿內者，任
> 往拜埽，但假內往來，不限日數。〔註49〕

從此寒食上墓之風盛行，寒食上墓已從民間的隨意性習俗，成了全國統一的
規定。故柳宗元〈寄許京兆孟容書〉文云：

> 近世禮重拜掃，今已闕者四年矣。每遇寒食，則北向長號，以首頓
> 地。想田野道路，士女遍滿，皁隸傭丐，皆得上父母丘墓，馬醫、
> 夏畦之鬼，無不受子孫追養者。〔註50〕

上自天子下至庶民，都隆重祭祖，宗廟和祖墳成為國家故鄉的象徵。寒食上
墓在唐代普遍盛行，即使無法親自上墳祭奠，也要對著故鄉而拜，以表達孝
心與思鄉之情。上文中之「北向長號，以首頓地」和王建詩「遠人無墳水頭
祭，還引婦姑望鄉拜〔註51〕」等，皆透露「死，葬之以禮，祭之以禮〔註52〕」
重人倫的社會風尚。寒食風氣原本就缺乏廣泛的適應性，而此節日能得以存
留，應和後來轉化為掃墓祭奠有極大的關係。

墓祭在初唐已在民間盛行，至中唐有墓祭送紙錢風俗出現，由於寒食禁
火是不能燒紙錢的，因此墓祭掛紙成為一種風俗，如「清明寒食誰家哭。風
吹曠野紙錢飛，古墓纍纍春草綠〔註53〕」、「寒食家家送紙錢，烏鳶作窠銜上

　　　元二十年……五月癸卯，寒食上墓，宜編入五禮，永為恆式。」寒食墓祭在
　　　唐代正式編入「五禮」，可知唐代對於寒食節上墓，十分重視。
〔註49〕見於（北宋）王溥撰：《唐會要》（上），卷二十三，〈寒食拜埽〉，頁439。
〔註50〕《河東先生集》卷三十〈寄許京兆孟容書〉。見於（唐）柳宗元撰，（宋）廖
　　　瑩中輯注：《河東先生集》，（臺北：廣文書局，1968年），頁3～4。
〔註51〕（唐）王建〈寒食行〉。見於《全唐詩》，（上海：古籍出版社，1986年），頁
　　　747。
〔註52〕《論語》卷第二〈為政〉。見於（三國魏）何晏等注，（宋）邢昺疏，（清）阮
　　　元校勘：《論語注疏》，收入《十三經注疏附校勘記》，頁16。
〔註53〕（唐）白居易〈寒食野望吟〉。見於《全唐詩》，（上海：古籍出版社，1986

樹〔註 54〕」這些紙錢都不燒成灰燼，而以拋散、壓於墳頂或掛於某處的方式行之。漸漸地，因爲燒紙錢的習俗形成，而王建〈寒食行〉說「三日無火燒紙錢，紙錢那得到黃泉〔註 55〕」，則寒食與祭祖掃墓焚化紙錢的習俗之間就出現了極大的矛盾。由於寒食禁火，至清明日才能見火，如此一來，爲方便祭祖時焚燒紙錢，掃墓的日子便逐漸選擇在清明。祭祖掃墓成爲寒食節的重大活動後，清明「出火」意義更形重要，寒食與清明之間的節日重心發生了轉變。寒食節與清明兩者原本就是同一個節日的不同內容，在張海英《中國傳統節日與文化》說明：

> 上巳、寒食與清明三個節日因爲時間毗鄰，到了唐代，它們慢慢地合而爲一，寒食變成清明節的一部分。其中清明因是節氣之一，有著氣候、曆法等一套制度作依託，地位相對穩固，尤其是後來掃墓漸漸成爲清明節專有的習俗，而祭祖的情感積澱顯然要比合男女與吃冷食深厚得多，所以清明節逐漸吸納了寒食節的相關習俗。〔註 56〕

寒食節因爲失去掃墓祭奠先人這一重要支撐，遂在節日中的地位日漸衰落，最後由清明取代了許多原屬寒食的節俗。換言之，清明節又可說是寒食節自然發展的結果。清明節能成爲節日，主要是祭祖掃墓時間的移轉，這正是清明節的眞正生命力。

三、節假日的設置

　　唐代因爲重視寒食上墓的活動，更給予節假日的設置，透過全國統一規定的方式，鼓勵全民掃墓祭祖追思。《唐會要》紀錄了皇帝頒定敕令「開元……寒食清明，四日爲假。大歷……寒食通清明休假五日。貞元……寒食清明，宜准元日節，前後各給三日。〔註 57〕」將寒食節訂爲國定假期，由唐代官方起初以寒食結合清明而放假四天，後來則延長至五天、七天來看，不管寒食

〔註 54〕　年），頁 1075。

〔註 54〕　（唐）張籍〈北邙行〉。見於《全唐詩》，（上海：古籍出版社，1986 年），頁949，載：「山頭松柏半無主，地下白骨多於土。寒食家家送紙錢，烏鳶作窠銜上樹。」

〔註 55〕　（唐）王建〈寒食行〉。見於《全唐詩》，（上海：古籍出版社，1986 年），頁747。

〔註 56〕　見於張海英：《中國傳統節日與文化》，（太原：書海出版社，2006 年 6 月），頁 45～46。

〔註 57〕　見於（北宋）王溥撰：《唐會要》（下），卷八十二，〈休假〉，頁 1518。

節的天數多少，表明了官方對寒食清明節的重視和認可。對此，李永匡、王熹認爲中國歷代的統治者將節令風俗納入禮儀文化，是正禮教、導民風的重要手段：

> 由於古代帝王的干預、政治禮儀的介入和作用，致使高層次的節令文化心態，對下層民人參預這一文化活動時的心態有潛在的影響和制約作用，從而具有規範與導向的定勢。〔註58〕

基於歷代帝王和宮廷的節令活動，具有示範性、表率性，故而爲政者以此作爲實現禮儀教化、推進社會生產、治國興邦導民的有效途徑和手段。〔註59〕

由於歲時節令直接關係生產和生活，於是便將重要的節令納入朝廷禮儀教化，規範著上自天子下至人民的各種活動安排。唐代相對安定的政治環境和富足的經濟也滋生出一種普遍的娛樂傾向，使節假日增加了休暇時間，更豐富了閒暇的生活。由此一來，使寒食的意義發生了本質性的變化。雖然原來寒食與清明的假期連在一起，清明是包括在寒食節的整個假期之內的。但是當掃墓已成活動的主角，從而在相續的時段裏，漸由寒食轉化出或凸現出清明的節日來〔註60〕。從唐玄宗開始創置官方節日的做法，表明了「官方對清明日作爲節日的認可」，由唐宋社會政治經濟一系列的變化，也推動而強化了「時人以清明爲節〔註61〕」的意識，節假日的設置與清明節地位的日漸提昇有極密切的相關。

唐宋之前，上巳節和寒食節雖已產生，但是二者是獨立發展，民俗活動也不交融。上巳節主要是在水邊沐浴、進行祓除活動。寒食節主要習俗是禁火冷食。唐代以前，上巳節受到官方支持，唐宋時，上巳節和寒食節的娛樂性增強，活動事項增多。清明節則由節氣變成節日，由於這幾個節日的時間相近，所以這幾個節日經常連在一起進行，節日開始呈現融合趨勢。蘇軾亦說「南海人不作寒食，而以上巳上冢〔註62〕」上巳節進行寒食節民俗活動。《歲時廣記》載「去多至一百三日爲炊食熟，以將禁烟，則飱饗當先具也。

〔註58〕見於李永匡、王熹：《中國節令史》，（臺北：文津出版社，1995年12月），頁48。
〔註59〕見於李永匡、王熹：《中國節令史》，頁49。
〔註60〕見於李道和：《歲時民俗與古小說研究》，頁96。
〔註61〕見於張勃：〈清明作爲獨立節日在唐代的興起〉，《民俗研究》2007年1月，頁179。
〔註62〕見於（南宋）陳元靚：《歲時廣記》，卷十八，〈上巳・上冢墓〉頁207。

而以是日沐浴者，因其炊熟之盛，又從此三日無燀湯之具也。〔註63〕」從寒食節進行禁烟、沐浴，可見寒食節已經將上巳節的沐浴習俗融合進來。唐宋時期，上巳、寒食、清明三個節日已經基本融合一起。上巳節被除活動不再盛行，求子儀式也僅剩遺存。寒食節禁火的習俗則因紀念對象與人們現實生活及思想感情關係甚遠，而有日漸淡漠的現象。清明節從此愈加突顯，許多節俗活動如寒食賜火、清明掃墓、踏青郊遊、放風箏、盪鞦韆、鬥雞、蹴鞠等隨歲月延續交替，在清明節中逐步賦予了新的內容。

第三節　宋代：獨立期

宋代節日的結構特點，大多皆是在唐代節日基礎上的進一步完善。宋代的清明寒食節基本延續了唐代的情況，兩節相連，習俗活動難分彼此。上巳節、寒食節與清明節的活動多有重複，經過長時間的發展演變，上巳、寒食已經消融在清明節之中。宋代可謂正式確立清明節的定型。

一、改火與掃墓移轉至清明日

宋代《文昌雜錄》記載「祠部休假，歲凡七十有六日。元日、寒食、冬至各七日，……清明、上巳……各一日。〔註64〕」寒食節假日有七天，而清明已獨立為節日。而《歲時廣記》說「清明前二日為寒食節，前後各三日，凡假七日。而民間以一百四日始禁火。〔註65〕」宋代寒食禁火為三天，即自冬至後一百零四天至一百零六天。依《宋朝事實類苑》提到清明插柳改火、朝廷賜新火的狀況，「唐時唯清明取榆柳火以賜近臣戚里，本朝因之，唯賜輔臣、戚里、帥臣、節察三司使、知開封府、樞密直學士、中使，皆得厚賜，非常賜例也。〔註66〕」，可見宋代的改火之儀是承襲著唐代，清明賜火不僅是改火的需要，也是皇權的象徵。在歐陽修〈清明賜新火〉「榆火推恩忝侍臣……清香但愛蠟煙新〔註67〕」詩文中即記錄這樣的狀況。又《南部新書》所說「每

〔註63〕見於（南宋）陳元靚：《歲時廣記》，卷十五，〈寒食・百三日〉頁155。

〔註64〕見於（宋）龐元英撰：《文昌雜錄》，（上海：商務印書館，1936年），卷一，頁3～4。

〔註65〕見於（南宋）陳元靚：《歲時廣記》，卷十五，〈百四日〉，頁155。

〔註66〕見於（宋）江少虞撰：《宋朝事實類苑》，卷三二，〈賜新火〉，（臺北：遠流出版社，1982年），頁411。

〔註67〕（北宋）歐陽修撰：《歐陽文忠公集》，收入《四部叢刊景元本》，居士集卷第十

歲寒食……至清明尚食，內園官小兒於殿前鑽火，先得火者進上，賜絹三疋，碗一口。[註68]」，以及《夢粱錄》記載：

> 清明交三月節，前兩日謂之寒食……家家以柳條插于門……寒食
> 第三日即清明節，每歲禁中命小內侍於閣門用榆木鑽火，先進者
> 賜金碗絹三匹。宣賜臣僚巨燭，正所謂『鑽燧改火』者，即此時
> 也。[註69]

宋代清明鑽火之儀清楚地移轉至清明節，清明節已脫離附屬於寒食節期之中。在王禹偁〈清明〉「無花無酒過清明，興味蕭然似野僧。昨日鄰家乞新火，曉窗分與讀書燈。[註70]」詩文，反映了寒食節時期人們必須冷食的不適應，期待清明改火日的到來。由於唐代開始將寒食掃墓固定化，宋代寒食上墓習俗基本亦沿襲唐代，清明日「官員士庶，俱出郊省墳，以盡思時之敬。[註71]」自寒食至清明祭掃墳墓三天，太學放假三天，武學放假一天。清明所謂「鳥啄紙錢飛[註72]」、「南北山頭多墓田，清明祭掃各紛然。紙灰飛作白蝴蝶[註73]」，是承襲唐代上墳燒紙錢的風俗。張耒的「猶知拜掃一百五……日暮肩輿踏風雨……插花飲酒山邊市[註74]」名為一百五日歌，實際寫的就是清明節風俗，寒食和清明明顯合二為一。《東京夢華錄》記載汴京風俗「寒食第三節，即清明日矣。凡新墳皆用此日拜掃，都城人出郊，禁中前半月，發宮人車馬朝陵，宗室南班近親，亦分遣詣諸陵墳享祀……自此三日，皆出城上墳，但一百五日最盛。[註75]」清明掃墓的風俗已逐漸

三，頁80。（檢索自「臺灣師範大學中國基本古籍庫系統」，其查詢的網路位址：http://www.lib.ntnu.edu.tw/database/database.jsp「人文藝術學科電子資料庫」項目）

[註68] 見於（北宋）錢易：《南部新書》，（上海市：上海商務印書館，1936年），卷乙，頁15。

[註69] 見於（南宋）吳自牧撰：《夢粱錄》，卷二〈清明節〉，頁11。

[註70] 見於（明）李蓘編：《宋藝圃集》，收入《清文淵閣四庫全書補配清文津閣四庫全書本》，卷二，頁23。（檢索自「臺灣師範大學中國基本古籍庫系統」）

[註71] 見於（南宋）吳自牧撰：《夢粱錄》，卷二，〈清明節〉，頁11。

[註72] 見於（南宋）范成大撰：《石湖詩集》，收入《四部叢刊景清愛汝堂本》，石湖居士詩集卷一〈寒食郊行書事二首〉，頁5。（檢索自「臺灣師範大學中國基本古籍庫系統」）

[註73] （南宋）高翥〈清明日對酒〉。見於（清）陳訏選：《宋十五家詩選》，收入《清康熙刻本》，《菊磵詩集》，頁450。（檢索自「臺灣師範大學中國基本古籍庫系統」）

[註74] （北宋）張耒〈一百五歌〉。見於（宋）張耒撰：《張右史文集》，收入《四部叢刊景舊鈔本》，頁25。（檢索自「臺灣師範大學中國基本古籍庫系統」）

[註75] 見於（北宋）孟元老，（明）沈士龍、胡震亨同校：《東京孟華錄》，卷七，〈清

超過寒食，促使清明逐步取代了寒食。推至宋代時，清明雖然名稱上仍包含
於寒食節之中〔註76〕，但是清明日活動突顯，尤其清明節掃墓祭祖已經定
型，是宋人民間生活習俗的一個重要核心。

　　清明節主題就是懷念逝去的祖先，掃墓在秦以前就有，但不一定是在清
明之際，清明掃墓則是秦以後的事，到了唐代才開始盛行。先秦雖已有祭墓，
但大多是望墓爲壇而祭，後漸變爲直接祭於墳前。漢魏時已很重視上墳之
禮，但是尚未成爲正式禮制。唐玄宗開元二十年，朝廷頒布敕令，將寒食節
上墓行拜掃之禮編入「五禮」〔註77〕，永爲常式，朝廷以政令的形式將民
間掃墓的風俗固定。因宋代寒食節重要之掃墓習俗轉到清明後，寒食日漸式
微，寒食與清明相接，便將寒食其他娛樂亦轉到清明。莊綽《雞肋編》記載：

> 寒食日上塚，亦不設香火，紙錢挂於塋樹。其去鄉里者，皆登山望
> 祭，裂冥帛於空中，謂之擘錢。而京師四方因緣拜埽，遂設酒饌，
> 攜家春遊。或寒食日陰雨，及有墳墓異地者，必擇良辰相繼而出。
> 以太原本寒食一月，遂爲寒食爲一月節。浙西人家就墳多作庵舍，
> 種種備具，至有簫鼓樂器，亦儲以待用者。〔註78〕

宋代時開始逐漸傳成清明祭祖掃墓，上墳祭掃包括兩項：掛紙與修墓。清明
墓祭一方面感念祖先親人的恩惠，同時以培土、展墓、掛紙的形式顯示後代
興旺。因延續前代的寒食期間禁火，墓祭亦不能火化紙錢，便將紙錢插、掛
在墓地或墓樹上，有的壓在墳頭，儘管禁火習俗已改變，但這樣掛紙的祭祀
方式仍然流傳，已經成爲清明墓祭的特色之一。

二、世俗娛樂轉向

　　在唐宋以後，清明逐漸融合了時間相連的上巳節、寒食節的習俗〔註79〕。

　　　　明節〉，頁 125～126。
〔註76〕見於（南宋）陳元靚：《歲時廣記》，卷十七，〈清明‧序〉，頁 181，載：「清
　　　　明節在寒食第三日，故節物樂事皆爲寒食所包」。
〔註77〕見於（北宋）王溥撰：《唐會要》（上），卷三十七，〈五禮篇目〉，頁 669，載：
　　　　「貞觀初，詔中書令房元齡、秘書監魏徵，禮官學士，備攷舊禮，著吉禮……
　　　　賓禮……軍禮……嘉禮……凶禮……國恤禮」、「蘇氏曰：五禮等威，……永
　　　　徽之初，再修典禮，遂刪去國恤禮」。
〔註78〕（南宋）莊綽撰：《雞肋編》，（上海市：上海商務印書館，1936 年 12 月），卷
　　　　上，頁 19～20。
〔註79〕見於（北宋）宋祁：《新唐書》（冊七），收入《中華書局據武英殿本校刊：四

在節俗內容不斷擴張的同時，節俗的根本性質雖然沒有發生大的改變，但隨著生產力的發展和社會生活的演進，已有由神聖祭祀逐步向世俗娛樂轉化的趨向。這種趨向在都市表現得尤其明顯，清明祭墓成爲踏青春遊的假日活動主要內容，墓前分享祭品的習俗變成了郊遊的野餐。「三月三日天氣新，長安水邊多麗人〔註80〕」、「今年寒食好風流，此日一家同出游〔註81〕」便描述了闔家攜帶酒食、到郊外園地親近自然的景象。

唐代上巳的活動達到極盛，雖然仍保存著舊俗「祓禊向中流〔註82〕」的意義，但是基本上已演變爲官民曲江郊遊、皇帝賜宴的歡樂佳節。如王維所說「萬乘親齋祭，千官喜豫遊。奉迎從上苑，祓禊向中流。〔註83〕」的曲江宴會寫照，即強化出娛樂傾向。至於與上巳同時的寒食節，則在清明日除了掃墓外，亦往往結合踏青、娛樂活動，如杜甫詩「虛霑焦舉爲寒食。……。十年蹴踘將雛遠，萬里鞦韆習俗同，旅雁上雲歸紫塞，家人鑽火用青楓。〔註84〕」描寫清明日的娛樂活動以及風俗習尚。

入宋之後，清明不僅將寒食節中的祭祀習俗收歸名下，同時上巳節的春嬉節俗也被合併到了清明節。清明掃墓結合了踏青、放風箏、盪鞦韆等多種娛樂活動，成爲綜合性民俗節日。由周密《武林舊事》記載「朝廷遣臺臣中使宮人車馬朝饗諸陵原廟」、「人家上塚者多用棗（食固）薑豉，南北兩山之間，車馬紛然，而野祭者尤多」、「婦人淚妝素衣，提攜兒女酒壺肴……尋芳討勝，極意縱遊」〔註85〕，宋代時清明節上墳活動變成踏青遊玩活動的一部分。

部備要（史部）》，卷一百三十九，〈李泌列傳〉，頁8，載唐德宗以「寒食多與上巳同時，欲以三月名節。」

〔註80〕　（唐）杜甫〈麗人行〉。見於《全唐詩》，（上海：古籍出版社，1986年），頁511。

〔註81〕　（唐）元稹〈寒食日〉。見於《全唐詩》，（上海：古籍出版社，1986年），頁1018。

〔註82〕　（唐）王維〈三月三日曲江侍宴應制詩〉。見於《全唐詩》，（臺北：藝文印書館，1960年），頁705。

〔註83〕　（唐）王維〈三月三日曲江侍宴應制詩〉。見於《全唐詩》，（臺北：藝文印書館，1960年），頁705。

〔註84〕　（唐）杜甫〈清明二首〉。見於《全唐詩》，（上海：古籍出版社，1986年），頁581。

〔註85〕　見於（宋）周密撰：《武林舊事》〈祭掃〉，（揚州市：廣陵書社，2003年4月），卷三，頁5。

　　尤其宋代隨著節日的娛樂活動增多，清明節的地位逐漸上升，寒食節地位下降，清明已從寒食中分列出來而成為單獨的節日了。宋代清明節踏青之俗遠比唐代要興盛。在宋代，清明節可以說是民間娛樂最集中的日子，這一天，出去遊玩的人眾多。據《夢粱錄》〈清明節〉論南宋杭州風俗說這一天「車馬往來繁盛，填塞都門。宴于郊者，則就名園芳圃，奇花異木之處；宴于湖者，則綵舟畫舫，款欸欸撐駕，隨處行樂。此日又有龍舟可觀，都人不論貧富，傾城而出，笙歌鼎沸，鼓吹喧天。〔註86〕」對於當時的清明娛樂活動，北宋畫家張擇瑞《清明上河圖》以細膩傳神之筆，生動地再現了當時清明節時開封民間遊娛的盛況。吳惟信〈蘇堤清明即事〉「梨花風起正清明，遊子尋春半出城。日暮笙歌收拾去，萬株楊柳屬流鶯。〔註87〕」盡是踏青人傾城而出、尋芳覓盛的熱鬧情景。

　　綜合而論，唐代以前似乎不獨立存在清明節，清明節的地位和價值還不是很高。即使到唐代，由杜牧〈清明〉詩「清明時節雨紛紛，路上行人欲斷魂。〔註88〕」之描述，可知清明時節春雨連綿、寒風料峭之天候，頗有讓人難以消受之感，此清明基本是視為一種節氣而存在。但因清明日涵蓋在寒食節之中，而寒食節的部分節俗活動移至清明日，使清明日的民俗活動，在節慶中佔有一席之地。漸漸地，出現「虛沾焦舉為寒食」、「萬里秋千習俗同」〔註89〕，清明與寒食不分、互相交雜糾葛之現象，元稹「常年寒食好風輕，觸處相隨取次行，今日清明漢江上〔註90〕」，更可見寒食與清明之分別已漸消弭。故唐代之後，可清楚看出清明為節的意識逐漸形成，清明節俗的內容越來越明顯，雖尚無獨立的清明節，但是地位越來越被重視。宋代時，雖然寒食節未全然消亡〔註91〕，但是清明日活動愈加凸顯。《東京夢華錄》載宋

〔註86〕見於（南宋）吳自牧撰：《夢粱錄》，卷二，頁11。
〔註87〕見於（清）厲鶚撰：《宋詩紀事》，據《清文淵閣四庫全書本》，卷七二，頁1134，（檢索自「臺灣師範大學中國基本古籍庫系統」，其查詢的網路位址：http://www.lib.ntnu.edu.tw/database/database.jsp「人文藝術學科電子資料庫」項目）
〔註88〕見於（南宋）劉克莊輯：《千家詩選》，據《清嘉慶宛委別藏本》，卷三，〈節候門〉，頁19，（檢索自「臺灣師範大學中國基本古籍庫系統」，其查詢的網路位址：http://www.lib.ntnu.edu.tw/database/database.jsp「人文藝術學科電子資料庫」項目）
〔註89〕杜甫〈清明二首〉。見於《全唐詩》，（上海：古籍出版社，1986年），頁581。
〔註90〕元稹〈清明日〉。見於《全唐詩》，（上海：古籍出版社，1986年），頁1013。
〔註91〕見於（南宋）陳元靚：《歲時廣記》，卷十七，〈清明‧序〉頁181，載：「清明節在寒食第三日，故節物樂事皆為寒食所包」

代風俗「清明日……都城人出郊……四野如市，往往就芳樹之下或園囿之間，羅列盃盤，互相勸酬……抵暮而歸〔註92〕」，明顯表現出變祭祀爲娛遊，將節日性質異化，清明節的踏青遊玩活動廣泛流行。另外，隨著清明節日地位的逐漸上升，在類書中也取得了獨立的地位：在唐代，清明多依附於寒食而見錄，如白居易《白孔六帖》第七門〈節日〉錄有〈寒食〉和〈三月三〉，清明則附於寒食之下〔註93〕。但是在宋代的《歲時廣記》中，清明就被列爲一個單獨的類目〔註94〕。清代毛奇齡在《辨定祭禮通俗譜》之〈祭之時‧清明日霜降日行墓祭禮〉云：

> （漢武帝）太初以前清明未顯，爲得有清明上墓之事？惟寒食上墓則六朝、初唐早有之，如李山甫、沈佺期寒食詩皆有九原、報親諸語，全不始開元二十年之敕。蓋寒食上墓前此所有，而開元則始著爲令耳。若清明則自六朝以迄唐末，凡詩文所見並不及上墓一語。沿及五代，吳越王時羅隱有〈清明日曲江懷友詩〉，始有「二年隔絕黃泉下」句；至宋詩則直曰「清明祭掃各紛然」，竟改寒食爲清明矣。按……二節本相連，而歷家祇取清明諸節編入歷中，至寒食、上巳諸節皆不之及。因之，世但知清明而不知寒食，遂漸漸以寒食上墓事歸之清明，理固然也。〔註95〕

此段主要是就掃墓風俗而言，由於禁火寒食的紀念意義漸淡，致使寒食節價值地位式微，以致許多活動與風俗便轉移到清明節。清明節本爲農事春分節氣，因爲從寒食節中分化出來，後世日漸增強其節俗意義，又融入了寒食與上巳的習俗，致使清明便以兼具時令與節日的雙重意義，而成爲重要民俗節日。

除了因著中國人淳樸性格和感恩的心理深層結構，使祭祖掃墓習俗成爲清明節的重大活動外，節日內容由祭祀轉向娛樂，更有助於強化清明節的特色。尤其借寒食祭掃之名行娛樂之實，從唐代節慶開始走向娛樂世俗化，幾乎是逢節必遊。由於上巳、寒食、清明三個節日的日期相近，甚至重合，所

〔註92〕見於（北宋）孟元老撰，（明）沈士龍、胡震亨同校：《東京孟華錄》，卷七，〈清明節〉，頁125～126。

〔註93〕見於（唐）白居易撰，（宋）孔傳續撰：《白孔六帖》，收入《明‧嘉靖年間覆宋刻本》，（臺北：新興書局，1971年），第四卷，頁78～80。

〔註94〕見於（南宋）陳元靚編：《歲時廣記》，卷第十七，〈清明〉，頁181～193。

〔註95〕見於（清）永瑢、紀昀等纂修：《景印文淵閣四庫全書》（第一四二冊）（經部一三六禮類），卷二，頁764～765。

以由其所匯集而成的出遊，實為唐代春遊的一大亮點。分析唐代寒食清明的詩句，有關踏青遊玩和宴遊文會的，遠勝於禁火、賜火和上墳掃墓。對此，夏繼軍說「主旨為祭掃改火的寒食清明，其節日的主要氣氛卻是出遊和玩樂〔註96〕」。在唐代的寒食清明，流行著放風箏、盪鞦韆、蹴鞠、打球、鬥雞、拔河、觀景、野餐、宴飲等充滿娛樂色彩的習俗活動，無不顯示著唐代的及時行樂、充分歡娛的心態。夏繼軍認為唐代節日出遊，使唐代人有機會暫時脫離現實生活的環境，社會壓力得到了短暫解脫；又出遊狂歡中實現了心理上的滿足；更是形成相對的樂觀社會心理〔註97〕。由於中國古代農耕社會結構的影響，形成了日出而作，日落而息的勞作習慣，因而使人們的遊玩娛樂的時間主要體現在節慶活動期間。在傳統節日裏，古代中國人有著極為豐富的娛樂活動形式，幾乎每一個傳統節日「上元酌燈，端午酌彩絲，七夕酌雙星，中秋酌月，重九酌菊」都有特定的娛樂活動。從源頭來看，在祭祀時的舞蹈、歌唱祭詞本身就具有很強的娛樂性，傳統節慶發展到今天，娛樂功能也成為傳統節日最為突出的功能之一。隨著人們觀念的變化與昇華，農事性節日的禮儀、習俗和節慶方式逐漸融會了多重的社會意識與目的，其內容與習俗也趨於豐富、繁雜，變得極具娛樂性與趣味性。

第四節　元代至今

作為上巳節、寒食節與清明節「三節合一」的現代清明節，重新挖掘三個節日形成的文化內涵，對現代清明節的節俗活動是具有現代意義的。清明節雖然晚出，但是它有著久遠的歷史源頭，是傳統春季節俗的綜合與昇華。傳統的農耕文明決定了中國人安土重遷、嚮往祥和圓滿的民族文化，這種「每逢佳節倍思親」的心理充分體現在清明歲時節俗文化裏。

清明節由宋代正式確立地位，祭祖掃墓習俗成為清明節的重大活動，分析清明祭祖掃墓之俗的深層結構，則是來自於寒食節和上巳節中的紀念和祭祀〔註98〕。當農事祭祀的實質意義日漸式微，節日文化開始以「感念大地生育之恩」的形式精神意義方向發展，尤其「對祭祀祖先和敬老尊長的側重」，

〔註96〕見於夏繼軍：〈祭拜・教化・娛樂——唐代節日社會功能〉，頁27。
〔註97〕見於夏繼軍：〈祭拜・教化・娛樂——唐代節日社會功能〉，頁29。
〔註98〕見於張君：《神秘的節俗——傳統節日禮俗、禁忌研究》，頁105。

使得倫理化和世俗化的氣氛漸濃。〔註99〕清明節屬於鬼節，而通常不冠以鬼節之名，就在於它強調所祭祀的對象主要是親人，活動之目的主要在於表達孝思親情，重在人倫活動。清明祭祀以墓祭最普遍，祭祀者與往生的親人最接近，容易引起感念之恩。漢代隨著儒家學說的流行，宗族生活的擴大，人們因現實社會生活的需要，返本追宗觀念日益增長，對於祖先所寄託的墳墓愈加重視，因而上墓祭掃之風也轉而大盛。尤其到了唐代已成風氣，唐玄宗又鑒於士庶之家無不寒食上墓祭掃，於是以政令形式將民間掃墓風俗固定。更因寒食禁火，而清明改火取火，連帶使掃墓亦由寒食延展到清明。唐詩中所以少見對清明掃墓的記述，原因在於節日的傳統名稱是寒食而非清明，寒食掃墓包括了清明掃墓，只是不以清明為題罷了。宋代有大量清明掃墓的記載。寒食掃墓並不限於寒食節的第一天，數日之內都是可以的。唐代熊孺登〈寒食野望〉詩：「拜掃無過骨肉親，一年唯此兩三辰〔註100〕」，此兩三辰即兩三天，自然包括清明。至於後世清明掃墓，則於清明節前後十日之內掃墓皆可。而《古今圖書集成》〈興化縣志〉載「清明佩柳祀先，先後十日掃墓灑麥飯掛紙錢〔註101〕」，〈宛平縣〉載「清明日男女簪柳出掃墓，擔樽榼掛紙錢〔註102〕」，〈新田縣〉載「清明日男女折柳插頭上，各家備酒餚祖塋祭掃，謂之掛青〔註103〕」，祭祀活動是使平常日躍升為節日的主要標誌，圍繞著祭祀活動，使特定的時間點成為特別的「節日」。

　　元代以後寒食風俗漸趨消亡，寒食節便成了以清明日為中心的節日，於是多將該節日稱為清明節。清明節是由寒食節自然發展的結果，它們原本就歸屬同一個節日，清明節在發展過程中又融匯上巳節的內容，明代以後成了一個以上墓祭祖及踏青遊樂為特色的民間節日。藉著祖先神的祭祀彰顯尊祖敬祖、慎終追遠的文化內涵，而孝道的提倡，也經常要靠祭祀祖先、以禮葬親的活動來進行。在祭祖中，子孫懂得了敬祖尊宗、孝順父母的道理，逐步明確自己承上啓下的家族責任，藉此達到穩定家族、國家的秩序。

〔註99〕見於鞏寶平：〈漢代節日發展的歷史走向〉，《南都學壇人文社會科學學報》2009年1月，頁19。
〔註100〕見於《全唐詩》，（臺北：藝文印書館，1960年），頁389。
〔註101〕見於（清）陳夢雷撰：《古今圖書集成》〈曆象彙編・歲功典〉，（臺北：鼎文書局，1976年2月），卷三九，頁411。
〔註102〕見於（清）陳夢雷撰：《古今圖書集成》〈曆象彙編・歲功典〉，卷三九，頁409。
〔註103〕見於（清）陳夢雷撰：《古今圖書集成》〈曆象彙編・歲功典〉，卷三九，頁412。

一、愼終追遠

（一）敬神祭祖衍伸孝的觀念

上巳節原始「祭高禖」活動，關注於子嗣的延續，希望血緣種族能永遠相承的意義。古漢語「禖、姒」音同，高禖即高姒，即對於大地之母帶著崇敬心，進而感念祖先生育之恩。又寒食節起自於農耕需要，故在農事經濟與血緣宗法緊密結合、互動發展的過程，滲透著祖先崇拜的宗教演變。祖先崇拜起源自上古的生殖崇拜和圖騰崇拜，最早的祖先崇拜是崇拜氏族的共同祖先，後來則演變爲家庭、家族的祖先崇拜。將生殖崇拜結合對祖先靈魂的迷信觀念，以人的生命是祖先所賦予，人的命運也將由祖先所定，拜祭祖先可以保佑族人，因而產生祭祖、孝祖的觀念，可知孝的原義具有宗教性質。孝道孕育於祖先崇拜，強烈的尊祖祭祖的心理，抒發了緬懷先人的心境，又有祈求祖先佑護賜福的意味〔註104〕。這樣的祖宗崇拜後來衍伸出祭墓風俗、宗廟祭祀，到了春秋戰國時代，由於儒家提倡孝道，又演變成「事死如生」的重倫理文化精神。《說文》載「祭，祭祀也。從示，以手持肉〔註105〕」此「祭」字正像手持肉，即爲殺犧牲以獻血肉。《說文》載「祀，祭無已也〔註106〕」即祭祀不間斷，循環往復之義，寄寓虔誠祭拜而使子孫綿延不絕之心意。

孝的觀念產生，植根於氏族血緣關係基礎的「親親」之情，即以部族血緣維繫其內部團結，發自內心的自然親情。中國重孝的觀念，早至《詩經》即可見，統列《詩經》中曾出現過「孝」字：

> 吉蠲爲饎，是用孝享。禴祠烝嘗，于公先王。
>
> 飲禦諸友，炰鼈膾鯉。侯誰在矣？張仲孝友。
>
> 孝孫有慶，報以介福，萬壽無疆！
>
> 成王之孚，下土之式。永言孝思，孝思維則。
>
> 媚茲一人，應侯順德。永言孝思，昭哉嗣服。
>
> 威儀孔時，君子有孝子。孝子不匱，永錫爾類。
>
> 於薦廣牡，相予肆祀。假哉皇考！綏予孝子。

〔註104〕見於呂大吉、牟鍾鑑：《中國宗教與中國文化（卷一）概說中國宗教與傳統文化》，（北京：中國社會科學出版社，2005 年 3 月），頁 121。

〔註105〕《說文》第一篇上〈示部〉。見於（東漢）許慎撰，（清）段玉裁注：《圈點段注·說文解字》，頁 3。

〔註106〕《說文》第一篇上〈示部〉。見於（東漢）許慎撰，（清）段玉裁注：《圈點段注·說文解字》，頁 3。

於乎皇考，永世克孝。念茲皇祖，陟降庭止。

允文允武，昭格烈祖。靡有不孝，自求伊祜。〔註107〕

從這些詩句中，我們可以歸納出「孝」出現的詩篇，幾乎都是與祭祖活動相關的，如〈天保〉、〈楚茨〉、〈雝〉、〈閔予小子〉等；或者與祭祖活動相關的宴飲詩，如〈六月〉。強調對祖先的敬意，孝就是法則先祖之意。將虔誠隆重祭祀祖先神明表述爲孝，可說孝的初始意義乃是「敬神祭祖」。如《周易》說「王假有廟，致孝享也〔註108〕」，孔穎達正義「享，獻也。」、「設祭祀而致孝享」，已明確地將「孝享」解釋爲「祭祀」，祭祀時恭敬行禮就是孝，奉獻供品就是享。周代的祭祀加強了先祖的地位，從殷商祭天，重在祈禱，轉向側重報答祖先之辛勞。祭天與祭祖都是爲了報本返始，但是由祭天向祭祖的轉變，則是一種向人文道德精神的邁進。〔註109〕《國語·楚語》記載觀射父論祀之道：

> 祀所以昭孝息民，撫國家，定百姓也，不可以已。夫民氣縱則底，底則滯，滯久而不振，生乃不殖。其用不從，其生不殖，不可以封。……上所以教民虔也，下所以昭事上也。……天子親春禘郊之盛，王后親繰其服，自公以下至于庶人，其誰敢不齊肅恭敬，致力於神民，所以攝固者也，若之何其舍之也。〔註110〕

這段話詳細的敘述了「祀」的功能，指出了祭祀先王與「昭孝」之間的內在聯繫。祭祀具有昭孝息民、撫國家、定百姓的功能，藉著祭祀先祖的儀式維持氏族團體內部的和諧。《禮記》說「修宗廟，敬祀事，教民追孝也。〔註111〕」

〔註107〕見於（西漢）毛亨傳，（東漢）鄭玄箋，（唐）孔穎達疏，（清）阮元校勘：《毛詩正義》，收入《十三經注疏附校勘記》，卷第九〈小雅·天保〉，頁330。卷第十〈小雅·六月〉，頁360。卷第十三〈小雅·楚茨〉，頁458。卷第十六〈大雅·下武〉，頁581。卷第十七〈大雅·既醉〉，頁606。卷第十九〈周頌·雝〉，頁734。卷第十九〈周頌·閔予小子〉，頁739。卷第二十〈魯頌·泮水〉，頁768。

〔註108〕《周易》卷第五〈萃〉。見於（三國魏）王弼、韓康伯注，（唐）孔穎達疏，（清）阮元校勘：《周易正義》，收入《十三經注疏附校勘記》，頁106。

〔註109〕見於劉海艷：〈中國古代孝教育研究〉，（吉林省長春市：東北師範大學教育史碩士論文，2007年5月），頁4。

〔註110〕《國語》卷十八〈楚語下〉。見於（春秋）左丘明撰，（東漢）高誘注：《國語》高誘注：《國語》，頁205～206。

〔註111〕《禮記》卷五一〈坊記〉。見於（東漢）鄭玄注，（唐）孔穎達疏，（清）阮元校勘：《禮記注疏》，收入《十三經注疏附校勘記》，頁868。

將對祖先之尊敬，藉宗廟祭祀表現，與提倡孝道聯繫在一起。孝道成爲中國宗法等級社會最核心的道德規範，祖先祭祀成爲維持血親關係的重要機制。曾子所說的「愼終追遠，民德歸厚矣〔註 112〕」，「愼終」是按照一定禮儀辦理喪葬，「追遠」是按照祭祀和悼念遠代先祖，皆以示不忘根本，是概括了祖先崇拜的意義。尤其《禮記》云「萬物本乎天，人本乎祖〔註 113〕」，更呈現中國人對生命本源的基本看法，可知孝的重要內涵就是祭祖。孝道的實踐是涵蓋生前與死後，將孝道看成一個合生養、死葬和追祭爲一體的全部過程，不僅在生前要奉養，備辦喪禮要盡心盡力，更要求身後的供養，使感念親祖的意念能深入人心，代代相傳。

（二）凝聚家族精神穩定社會

　　將人們的思親哀親之情寄託於宗廟祭祀，強化了生者與死者之間的親情，這樣的儀式有助於凝聚家族內部的團結〔註 114〕。由於祖先崇拜帶有尋根意識，同時葬俗的規範化又有利於加強氏族制度和維持倫理正常的社會秩序，故從《尚書・堯典》就有大堯「克明俊德，以親九族。九族既睦，平章百姓。百姓昭明，協和萬邦〔註 115〕」強調以身作則相當重要的例子。他爲了樹立親睦九族的榜樣，以便團結百姓，所使用的辦法便是敬神尊祖。故《尚書大傳》說堯考察諸侯行爲，注重「山川神祇有不舉者爲不敬，不敬者削以地。宗廟有不順者爲不孝，不孝者黜以爵〔註 116〕」之作法，可見宗廟之事是爲了維護孝道。繼而《禮記》又說「有虞氏……禘黃帝而郊鯀，祖顓頊而宗禹。殷人禘嚳而郊冥，祖契而宗湯。殷人禘嚳而郊稷，祖文王而宗武王。〔註 117〕」，此「禘」、「郊」是君王祭遠祖的典禮，「祖」、「宗」則是祭近祖

〔註 112〕《論語》卷第一〈學而〉。見於（三國魏）何晏等注，（宋）邢昺疏，（清）阮元校勘：《論語注疏》，收入《十三經注疏附校勘記》，頁 7。

〔註 113〕《禮記》卷二六〈郊特牲〉。見於（東漢）鄭玄注，（唐）孔穎達疏，（清）阮元校勘：《禮記注疏》，收入《十三經注疏附校勘記》，頁 500。

〔註 114〕見於呂大吉、牟鍾鑑：《中國宗教與中國文化（卷一）概說中國宗教與傳統文化》，頁 117。

〔註 115〕《尚書》卷第二〈堯典〉。見於（西漢）孔安國傳，（唐）孔穎達疏，（清）阮元校勘：《尚書正義》，收入《十三經注疏附校勘記》，頁 20。

〔註 116〕見於（西漢）伏勝撰，（東漢）鄭玄注，（清）陳壽祺輯校：《尚書大傳》，收入《四部叢刊景清刻左海文集本》，卷一下，〈唐傳〉，頁 16。（檢索自「臺灣師範大學中國基本古籍庫系統」，其查詢的網路位址：http://www.lib.ntnu.edu.tw/database/database.jsp「人文藝術學科電子資料庫」項目）

〔註 117〕《禮記》卷四六〈祭法〉。見於（東漢）鄭玄注，（唐）孔穎達疏，（清）阮元

的典禮。虞舜治國亦以尊祖敬宗，使親族內部團結。祭天之禮中，又以郊祭為最重要。郊祭的意義在於報本返始，不忘其初，始終保持著對生命本源的敬意，這就為政治文化和倫理文化奠定了價值的基礎。祭祀對孝有著重要的維繫作用，所謂「祭宗廟所以禘祫何？尊人君，貴功德，廣孝道〔註118〕」可知推行孝道是祭祀的目的之一。用於祭祀祖先，團結族人的孝觀念，也漸漸轉入家庭，致使在原來敬祖的基礎上，又增加了對父母的敬愛奉養的內涵。孝的內涵即從宗教祭祖的形式，開始轉向人事社會的事親養老。《論語》說「今之孝者，是謂能養。……不敬何以別乎？〔註119〕」孝敬父母除負奉養之責，還要尊敬。把孝與禮聯繫起來，「敬」是孝的精神實質，而「禮」則是表現「敬」的有效形式。《孟子》說「孝子之至，莫大乎尊於親。〔註120〕」提出孝養時要敬的思想。《中庸》說「敬其所尊，愛其所親，事死如生，事亡如存，孝之至也〔註121〕」，孟子、荀子都極力主張孝道，尤其是荀子在〈禮論〉說「禮者，謹於治生死者也。生，人之始也；死，人之終也。終始俱善，人道畢矣，故君子敬始而慎終。終始如一，是君子之道，禮義之文也〔註122〕」，將養生送死之道提高到「禮」制的高度。

祭祀祖先的孝之作用，是加強氏族的團結和聯繫，當祭祀的作用漸漸發生變化，由維繫宗族轉變為教民行孝，成為教化百姓的一種手段。孝的教化受到重視，從《周禮》即已明顯可見，如「族師，各掌其族之戒令政事，月吉，則屬民而讀邦灋，書其孝弟睦婣〔註123〕」說明上位者提倡和推行孝道。

校勘：《禮記注疏》，收入《十三經注疏附校勘記》，頁 796。

〔註118〕見於（清）陳立撰：《白虎通疏證》，收入《清光緒元年淮南書局刻本》，卷十二，〈宗廟〉，頁 407。（檢索自「臺灣師範大學中國基本古籍庫系統」，其查詢的網路位址：http://www.lib.ntnu.edu.tw/database/database.jsp「人文藝術學科電子資料庫」項目）

〔註119〕《論語》卷第二〈為政〉。見於（三國魏）何晏等注，（宋）邢昺疏，（清）阮元校勘：《論語注疏》，收入《十三經注疏附校勘記》，（臺北縣：藝文印書館，1985 年），頁 17。

〔註120〕見於（東漢）趙歧注，（宋）孫奭疏：《孟子注疏》，收入《十三經注疏附校勘記》，卷九，〈萬章上〉，頁 164。

〔註121〕見於《中庸章句》，收入楊家駱主編《小學集解四書集注》，（臺北：世界書局，1989 年 10 月），第十八章，頁 8。

〔註122〕見於（戰國）荀況撰，（唐）楊倞注，（清）陸費逵總勘：《荀子》，收入《中華書局據嘉善謝氏本校刊》，卷第十三，頁 7。

〔註123〕《周禮》卷十二〈地官·族師〉。見於（東漢）鄭玄注，（唐）賈公彥疏，（清）阮元校勘：《周禮注疏》，收入《十三經注疏附校勘記》，頁 185。

由「孝乎惟孝，友于兄弟，施於有政，是亦爲政〔註124〕」來看，先秦儒家孝
道倫理思想，更將家庭倫理提升爲政治倫理，孟子也說「天下之本在國，國
之本在家，家之本在身〔註125〕」，父子的感情被移植到君臣之間，視孝具有治
天下的政治作用。至漢代，受「天人感應」說影響，以「三綱五常」爲核心，
《春秋繁露》載「君臣父子夫婦之義，皆取諸陰陽之道。君爲陽，臣爲陰；
父爲陽，子爲陰；夫爲陽，妻爲陰。〔註126〕」，以君臣、父子、夫妻爲中心所
發展出的人倫關係，又說「天道之三綱，可求於天〔註127〕」，說明自然與人倫
的秩序，都應回歸於天。從自然陰陽倫理引出人世倫理，上位者不但提倡孝
道，而且以孝育人取士，甚至納入法律。漢文帝「置三老，孝弟，力田常員」
多次對孝悌力田者，予以物資獎勵。漢武帝不僅設立「孝廉」，並使其併入士
民入仕的重要途徑之一〔註128〕，採用鄉舉里選方式延攬「賢良、方正、直言
之士」。在社會基層，則以孝道倫理、重建鄉里爲宗族秩序，以父老教化子弟，
以宗族凝聚鄉黨，樹立禮教榜樣，將鄉里宗族生活與國家政治生活連結起來。
更下詔「今詔書昭先帝經緒，令二千石舉孝廉，所以化元元，移風易俗也。
不舉孝，不奉詔，當以不敬論〔註129〕」，明確要求各地官員全力實施舉孝，是
爲了勸化百姓。除此之外，漢代還將孝作爲漢代教育的重要內容，依賴教育
手段，使孝的觀念滲入人們的精神生活中。漢平帝即以《孝經》作爲基層學
校的主要教學內容，設立官學「鄉曰序，聚曰庠，序、庠置《孝經》師一人」
即可知。東漢時，進一步提高《孝經》地位，視其爲治國安民的法典。《孝經》
將孝與社會政治緊密聯繫起來，使其成爲一種具有社會功能的作用，達到維

〔註124〕《論語》卷第二〈爲政〉。見於（魏）何晏等注，（宋）邢昺疏，（清）阮元校
　　　　勘：《論語注疏》，收入《十三經注疏附校勘記》，（臺北縣：藝文印書館，1985
　　　　年），頁 19。
〔註125〕見於（東漢）趙歧注，（宋）孫奭疏：《孟子注疏》，收入《十三經注疏附校勘
　　　　記》，卷第七，〈離婁上〉，頁 127。
〔註126〕《春秋繁露》卷十二〈基義〉。見於（西漢）董仲舒，（清）陸費逵總勘：《春
　　　　秋繁露》，收入《中華書局據抱經堂本校刊：四部備要（經部）》，頁 6。
〔註127〕《春秋繁露》卷十二〈基義〉。見於（西漢）董仲舒，（清）陸費逵總勘：《春
　　　　秋繁露》，收入《中華書局據抱經堂本校刊：四部備要（經部）》，頁 6～7。
〔註128〕《漢書》卷六〈武帝紀〉。見於（後漢）班固撰，（唐）顏師古注，（清）陸費
　　　　逵總勘：《前漢書》，收入《四部備要》（經部），頁 3，載：漢武帝下詔令各
　　　　郡國「初令郡國舉孝廉各一人」。
〔註129〕《漢書》卷六〈武帝紀〉。見於（後漢）班固撰，（唐）顏師古注，（清）陸費
　　　　逵總勘：《前漢書》，收入《四部備要》（經部），頁 7。

護社會政治秩序的目的。漢代將孝道倫理逐步法律化，孝道得以蔚然成風。所謂「親親故尊祖，尊祖故敬宗，敬宗故收族〔註130〕」，無論是親親、尊祖、還是敬宗，都是爲了達到「收族」的社會之功能。祭祖活動事實上還兼有清楚釐定宗族中各人的社會地位及其相互間的社會關係之作用。比如喪葬禮中喪服的等級，就因親疏遠近的不同，而分爲嚴格的等級，這都是祭祖禮鞏固和確立宗族關係作用的體現。對於親屬間的情感維繫的重要性隨著親緣關係的日漸疏遠，其尊尊的重要性反而愈發突出。〔註131〕亦即由鄉里宗族方式，將社會組織由下層血緣推至上層的宗族國家，歲時節日文化也因此出現了上下層共用的社會生活的時間模式。以歲時節日溝通宗族成員情感，穩定家族秩序，也以此劃分成員的生活節奏〔註132〕。

西漢特別重視道德倫理化，人們格外注重家庭家族之間的血緣關係，具有濃烈的「孝親」情感。不僅是祭祀先祖以盡孝道，且通過節日的親族朋友聚會，融洽家族家庭內外的人際關係，藉此以倫理化精神凝聚家族力量。尤其受《孝經》「夫孝，始於事親，中於事君，終於立身」觀念的影響，從理論上把孝從家庭道德觀念向社會道德觀念推進，用孝的內容解釋忠的意義，使忠孝合一。這就爲漢代統治階級以「孝」治天下找到了理論基礎，於是出現寒食節將賢能、忠義和隱逸等倫理道德因素集中於——介之推身上，對歷史人物的形象美化，且將節日倫理化，〔註133〕而更能深化成民族意識。漢代推崇孝道，遵從「以孝治天下」。在葬儀「視死如生」、儒家孝道觀念濃厚的漢代，相信人靈魂不滅，重視以厚葬父母的喪禮來表達孝思，所以「事死如事生」的概念便由此開始。

二、感恩、不忘本的墓祭

原始社會初期，人們並不掩埋同類的屍體，而是棄之於原野山谷，但是

〔註130〕《禮記》卷三四〈大傳〉。見於（東漢）鄭玄注，（唐）孔穎達疏，（清）阮元校勘：《禮記注疏》，收入《十三經注疏附校勘記》，頁622。

〔註131〕見於胡正訪：〈「詩經」祭祖詩研究〉，（北京市：首都師範大學中國古代文學碩士論文，2009年8月），頁31～32。

〔註132〕見於蕭放：〈論漢魏時期歲時節日體系的形成〉，收入《輔仁國文學報》第18期，（2002年11月），頁96～99。

〔註133〕見於鞏寶平：〈漢代節日發展的歷史走向〉，《南都學壇》人文社會科學學報，（2009年1月），頁19。

不忍心親人的屍體遭受野獸昆蟲的囓食，而發展出墓葬，從《孟子》中的一段敘述，可略見梗概：

> 蓋上世嘗有不葬其親者。其親死，則舉而委之於壑。他日過之，狐狸食之，蠅蚋姑嘬之。其顙有泚，睨而不視。夫泚也，非爲人泚，中心達於面目。蓋歸反虆梩而掩之。掩之誠是也，則孝子仁人之掩其親，亦必有道矣。〔註134〕

故上古由不葬而荒置野外到實行埋葬，固然是出於對自己氏族成員的關懷眷戀，更重要的是與起源於靈魂不滅的觀念，和原始宗教的產生有關。如《禮記》云「夏道尊命，事鬼敬神而遠之」、「殷人尊神，率民以事神，先鬼而後禮，先罰而後賞，尊而不親。」〔註135〕可見祖先崇拜的盛行，祖先靈魂將影響後代子孫，因此強調對逝者的尊重和情感。同樣孔子在《論語》〈堯曰〉提到「民、食、喪、祭〔註136〕」生活的四個方面，除了吃飯生存以外，重視的就是喪葬和祭祀。故喪葬禮俗在社會發展中日益扮演著重要的角色，它強化了人們之間的宗族秩序、倫理秩序、統治秩序〔註137〕。祖先祭祀的方式乃以宗廟之祭和墓祭爲主，而寒食清明掃墓主要是墓祭，在此便以墓祭文化爲探討內容。古籍中有關墓祭的記載並不明確，即使《周禮》曾載「大喪，既有日，請度甫竁，遂爲之尸……凡祭墓，爲尸。〔註138〕」、「王崩……成葬而祭墓，爲位。〔註139〕」，說的是訂定下葬日後度量剛掘好的墓穴，並由家人擔任「尸」接受獻祭。安葬後，還要第二次爲「尸」獻祭，由小宗伯安排壇位，皆非指專門的墓祭活動。

　　春秋以前的墓、墳和冢是不同的，凡「葬而無墳謂之『墓』〔註140〕」，

〔註134〕見於（東漢）趙岐注，（宋）孫奭疏：《孟子注疏》，收入《十三經注疏附校勘記》，卷五，〈滕文公上〉，頁102。

〔註135〕《禮記》卷五四〈表記〉。見於（東漢）鄭玄注，（唐）孔穎達疏，（清）阮元校勘：《禮記注疏》，收入《十三經注疏附校勘記》，頁915。

〔註136〕《論語》卷第二十〈堯曰〉。見於（魏）何晏等注，（宋）邢昺疏，（清）阮元校勘：《論語注疏》，收入《十三經注疏附校勘記》，（臺北縣：藝文印書館，1985年），頁178。

〔註137〕張焰紅：〈漢代喪葬禮俗探析〉，（青海師範大學歷史學碩士論文，2009年6月），頁23。

〔註138〕《周禮》卷二二〈春官・冢人〉。見於（東漢）鄭玄注，（唐）賈公彥疏，（清）阮元校勘：《周禮注疏》，收入《十三經注疏附校勘記》，頁335。

〔註139〕《周禮》卷十九〈春官・小宗伯〉。見於（東漢）鄭玄注，（唐）賈公彥疏，（清）阮元校勘：《周禮注疏》，收入《十三經注疏附校勘記》，頁293～295。

〔註140〕見於（西漢）揚雄撰，（東晉）郭璞注：《方言》，據《江安傅氏雙鑑樓藏宋刊

墓是沒有土堆的葬所，即《禮記》所載「古也墓而不墳〔註141〕」。「墳」字，《說文》釋爲「墓也〔註142〕」，段玉裁注「墓爲平處，墳爲高處」。墓上建有封土的高墳爲大冢，埋葬的都是當時的貴族。由《呂氏春秋·安死》言「宋未亡而東冢抇，齊未亡而莊公冢抇〔註143〕」，墓、冢的區別主要在於：墓上無封土堆，而冢上有封土堆；墓葬庶人與下層貴族，而冢葬王及上層貴族。但是隨著封建制度興起，原有貴族墓葬遭破壞，《禮記·禮器》載「棺椁之厚，丘封之大，此以大爲貴也〔註144〕」，多數諸侯的墓地均建有高大封土堆，甚至庶民亦私自在墓上建封土。至秦漢時代，冢、墓、墳、丘成爲各種埋葬場所的通稱，它們之間的區別逐漸消失。春秋以前，庶民的墓祭僅僅作爲葬禮的過程的一個環節，在《禮記》載「孔子少孤，不知其墓〔註145〕」孔子年少父死，不知父葬之所在，可推測當時尚無經常舉行墓祭之禮。春秋戰國之際，出現了庶人在葬禮外的其他時間進行墓祭的行爲，據《史記》記載，孔子死後「魯世世相傳，以歲時奉祠孔子冢〔註146〕」，墓祭孔子年年都舉行。又《孟子》中有一則寓言「卒之東郭墦間之祭者，乞其餘〔註147〕」，也證明了庶民墓祭的普遍性，閻若璩在《四書釋地》「間之祭」中云「余每讀東郭間之祭者，以爲此古墓祭之切證」。〔註148〕在《後漢書》載「永平元年春正月，帝率公卿已下朝於原陵〔註149〕」，李賢注引應劭《漢官儀》提到「古不

〔註141〕 《禮記》卷第六〈檀弓上〉。見於（東漢）鄭玄注，（唐）孔穎達疏，（清）阮元校勘：《禮記注疏》，收入《十三經注疏附校勘記》，頁112。

〔註142〕 《說文》第十三篇下〈土部〉。見於（東漢）許慎撰，（清）段玉裁注：《圈點段注·說文解字》，頁699。

〔註143〕 《呂氏春秋》卷十〈孟冬紀·安死〉。見於（戰國）呂不韋：《呂氏春秋》，頁137。

〔註144〕 《禮記》卷二三〈禮器〉。見於（東漢）鄭玄注，（唐）孔穎達疏，（清）阮元校勘：《禮記注疏》，收入《十三經注疏附校勘記》，頁454。

〔註145〕 《禮記》卷第六〈檀弓上〉。見於（東漢）鄭玄注，（唐）孔穎達疏，（清）阮元校勘：《禮記注疏》，收入《十三經注疏附校勘記》，頁112。

〔註146〕 《史記》卷四七〈孔子世家〉。見於（西漢）司馬遷，（南朝宋）裴駰集解：《史記》，頁773。

〔註147〕 見於（東漢）趙歧注，（宋）孫奭疏：《孟子注疏》，收入《十三經注疏附校勘記》，卷八，〈離婁下〉，頁156。

〔註148〕 見於董坤玉：〈先秦墓祭制度再研究〉，《考古》2010年第7期，頁57～62。

〔註149〕 《後漢書》卷第二〈明帝紀〉。見於（東漢）范曄撰，（三國梁）劉昭注志，（唐）李賢注，（清）陸費逵總勘：《後漢書》（冊一），收入《中華書局據武英殿本校刊：四部備要（史部）》，頁3。

墓祭，秦始皇起寢于墓祭，漢因而不改」的觀點，東漢的蔡邕和唐代的杜佑
等人也有相同論點〔註150〕。對此，董坤玉認爲漢人所言「古不墓祭」，對於
「古」並未限定具體年代，事實證明夏商西周三代是存在墓（冢）祭的，漢
人所謂的「古」應是指三代以前〔註151〕。《史記》曾載周武王即位，「上祭
于畢〔註152〕」，馬融曰「畢，文王墓地名也」，由此可知，西周有冢祭行爲。

　　秦漢時期，承接上古宗教觀念流行守冢和墓祭，前所提《後漢書‧明帝
紀》所載「帝率公卿已下朝於原陵」，李賢注引應劭《漢官儀》之記載漢武
帝的茂陵就有五千人爲其守陵、掃除，並「以晦、望、二十四氣、三伏、社、
臘及四時上飯〔註153〕」，可見有繁雜的祭墓之禮。漢代孝道觀念深入民心，
祭祖之風盛行，上自天子，下至臣民，都要上冢祭祀先人。西漢中晚期，墓
祭之風在民間已有擡頭。成舒宇認爲與「緣生以事死，敬亡若事存」的思
想觀念有很大相關，兩漢時期家族觀念深化，隨著墓地私有的出現，便以
家族爲單位逐漸形成了聚族而葬的習俗。處在農耕社會之下，家族地域性
隨著家族墓地的規模日益擴大，墓祭活動日漸成爲重要的習俗。至東漢漢
明帝藉由法統和宗統的對立，將墓祭正式提升爲皇家承認的主要的祭祖形
式，因而提高墓祭的地位。漢明帝追悼光武皇帝，爲了表示親孝，親率公卿
百官把「元會儀〔註154〕」搬到原陵舉行。這一活動一直保留了下來，形成
了上陵祭〔註155〕這一祭典，並採用最高規格的禮典進行祭祀。朝廷對墓祭

〔註150〕《全後漢文》卷七四〈車駕上原陵記〉。見於嚴可均輯：《全後漢文》，（臺
　　　　北：商務印書館，1999年），頁752，漢靈帝建寧五年，蔡邕從車駕上陵，
　　　　謂同坐者曰「聞古不墓祭」。又《通典》卷五二〈上陵〉，見於（唐）杜佑：
　　　　《通典》，（臺北：商務印書館，1935年），頁299，唐代杜佑也認爲「三代
　　　　以前無墓祭」。
〔註151〕見於董坤玉：〈先秦墓祭制度再研究〉，《考古》2010年第7期，頁57～62。
〔註152〕《史記》卷第四〈周本紀〉。見於（西漢）司馬遷，（南朝宋）裴駰集解：《史
　　　　記》，頁72。
〔註153〕《後漢書》卷第二〈明帝紀〉。見於（東漢）范曄撰，（三國梁）劉昭注志，（唐）
　　　　李賢注，（清）陸費逵總勘：《後漢書》（冊一），收入《中華書局據武英殿本
　　　　校刊：四部備要（史部）》，頁3。
〔註154〕東漢時期，每年元旦，公卿百官、皇親國戚、四方來朝者、各郡國計吏彙集
　　　　到京師洛陽，朝賀皇帝，這種朝賀儀式叫「元會儀」。
〔註155〕《後漢書》卷十四〈禮儀志〉。見於（東漢）范曄撰，（三國梁）劉昭注志，（唐）
　　　　李賢注，（清）陸費逵總勘：《後漢書》（冊一），收入《中華書局據武英殿本
　　　　校刊：四部備要（史部）》，頁2～3。關於東漢上陵祭，有如下記載：「西都
　　　　舊有上陵。東都之儀，百官、四姓親家婦女、公主、諸王大夫、外國朝者侍

祖先地位的肯定，對上陵祭祖的推崇，無疑對東漢墓祭的風行有著極為重要
的推動和影響〔註156〕。呈現出中國歷史文化的特性，血親觀念與尊親意識
濃厚。東漢順應社會的變化，提高陵寢祭祖的地位，更好地發揮了祭祖對孝
的教化功能。宗廟、陵寢的設置和祭祖主要場所的轉移，都體現了務實的態
度，儒家思想意識在兩漢社會生活領域逐漸佔據主導地位，對兩漢祭祖制度
產生了深遠的影響。主要是使孝觀念更加深入人心，儒家推崇的「三年喪」
的喪制在東漢逐漸興盛，孝觀念隨之深入影響人們社會生活的方方面面，成
為朝廷政治統治的有力工具。兩漢以後，儒家思想更直接的反應，就是孔子
地位的擢升和對孔子的祭祀規模日益擴大，祭祀規格日漸詳細和繁複。漢代
風俗以為「古禮廟祭，今俗墓祀」、「墓者，鬼神所在，祭祀之處」〔註157〕、
「漢人以宗廟之禮移於陵墓〔註158〕」。為了便於墓祭，於是開始在墓前建立
祠堂，用來祭祀死者。祠堂內設有祭臺，上置神座，但是只在特定的祭祀之
日，用馨香降神之法招致死者的靈魂享用。西漢末期開始為陵墓樹立墓碑，
刻下墓主姓名，東漢更是蔚然成風，為後世民間建墓立碑風俗濫觴。東漢時
墓祭習俗已形成，宗族更是將墓祭當作團結族人的手段，十分重視墓地的建
築。〔註159〕兩漢之後，各個朝代的喪葬禮俗都是在前代的基礎上有所發展，
並最終形成了一套完善的喪葬制度系統。魏晉南北朝時，喪葬禮俗承襲了兩
漢的制度，並有一定的發展。此時的喪葬有一大特點，就是實行薄葬，這也
許是因為社會動蕩、戰亂頻繁、經濟凋敝等因素造成的。也正是因為這種不
穩定的時局，這一時期，人們除了在地上樹立墓碑之外，還在墓中放置了墓

子、郡國計吏會陵。畫漏上水，大鴻臚設九賓，隨立寢殿前，鍾鳴，謁者治
禮引客，群臣就位如儀。乘輿自東廂下，太常導出，西向拜，止旋升阼階，
拜神坐。退坐東廂，西向。侍中、尚書、陛者皆神坐後。公卿群臣謁神坐，
太官上食，太常樂奏食舉，舞〈文始〉、〈五行〉之舞。禮樂闋，群臣受賜食
畢，郡國上計吏以次前，當神軒占其郡國穀價，民所疾苦，欲神知其動靜。
孝子事親盡禮，敬愛之心也。周徧如禮。最後親陵，遣計吏，賜之帶佩。八
月飲酎，上陵，禮亦如之。」

〔註156〕 見於成舒宇：〈兩漢皇家祭祖考述〉，（西安市：西北大學歷史文獻學碩士論文，
2010 年 7 月），頁 28。

〔註157〕 《論衡》卷第二三〈四諱〉。見於（東漢）王充撰，（明）程榮校：《論衡》，
收入《中華書局據明刻本校刊：四部備要（子部）》，頁 9～10。

〔註158〕 見於（清）顧炎武撰，黃汝成集釋：《日知錄集釋》，頁 28～29。

〔註159〕 見於朱麗娟：〈論秦漢時期漢族喪葬風俗的特點〉，《廣西右江民族師專學報》
第 17 卷第 4 期，（2004 年 8 月），29 頁。

誌，作爲更永久的標誌。

隋唐時期，社會相對安定，經濟相對繁榮，喪葬禮俗的程式並沒有多大的變化，顯著的特點就是繼魏晉南北朝提倡薄葬之後，隋唐又興起了兩漢時的厚葬。《貞觀政要·儉約》載「勳戚之家多流通於習俗，閭閻之內或侈靡而傷風，以厚葬爲奉終，以高墳爲行孝，遂使衣衾棺槨，極雕刻之華，靈輀冥器，窮金玉之飾。富者越法度以相尚，貧者破資產而不逮。〔註160〕」唐代時，亦秉持著敬宗祭祖的活動可以培養人們的家庭觀念、宗族觀念、鄉土觀念，由近祖而祭遠祖，故唐玄宗正式將墓祭編入禮式，以示孝思，自此清明節舉行墓祭習俗流傳至今。

宋元時期，同樣是既有繼承、發展。兩宋時，喪禮基本沒有變化，葬俗除了遵循古制，實行土葬外，還流行火葬。主要是宋代更承繼唐代精神，清明時節「俱出郊省墳〔註161〕」，把掃墓祭祖定型成民間重要生活習俗。家族墓祭不僅是團結家族的精神紐帶，通過喪葬與祭祀禮儀還可確立對地方基層社會的控制。〔註162〕此外，更能凝聚人民對朝廷的認同，在宗族社會內部，維繫血緣家族的團結和諧就成了維持國家穩定。

總之，漢代喪葬禮俗可以說具有承前啓後的作用。繼漢之後，整個封建朝代的喪葬禮俗不斷的傳承、變化和發展，最終形成了一套更完善、更系統、更具體的喪葬制度。〔註163〕對父母祖先的祭祀並不隨著埋葬和守制的完成而結束，掃墓便是喪葬禮儀活動的延續。清明時節祭祖掃墓主要是爲了追念祖先以盡歲時之敬，隨著冰消雪化、春暖花開，有必要探視祖先墳墓，表示感念祖先親人恩惠。中國人以孝道爲中心的血親觀念，以掃墓活動深深地內化爲一代代中國人的生命之根，這也正是清明節何以能一代一代傳承下來的主因所在。

由此知道清明節俗掃墓祭祖的活動，體現了中國人感恩、不忘本的道德

〔註160〕（唐）吳兢撰，（元）戈直集論：《貞觀政要》卷之六〈儉約〉，收入《四部叢刊編景明成化刻本》，（檢索自「臺灣師範大學中國基本古籍庫系統」，其查詢的網路位址：http://www.lib.ntnu.edu.tw/database/database.jsp「人文藝術學科電子資料庫」項目），頁149。

〔註161〕見於（南宋）吳自牧撰：《夢粱錄》，卷二，〈清明節〉，頁11。

〔註162〕見於楊建宏：〈論宋代民間喪葬、祭祀禮儀與基層社會控制〉，《長沙大學學報》2006年7月，頁57。

〔註163〕見於張焰紅：〈漢代喪葬禮俗探析〉，（青海省：青海師範大學歷史學碩士論文，2009年6月），頁28～29。

意識，是奠定今日清明節重要地位的主因。清明節祭祖掃墓、追念先人功德的活動，與中國文化深層的祖先崇拜、孝道文化之間有著深刻的關係，而這種文化正是中國社會幾千年來得以和諧穩定發展的一大文化支柱，有助於在古人與今人、前人與後人之間建立和諧的代際關係，進而促進人與人、人與自然之間的和諧關係，這也是清明節具有強大生命力的民間根基。

第五章　結　論

第一節　本論文的價值

　　清明節流傳至今，其節俗儘管有特殊意義，但是原始義涵已逐漸爲人淡忘，後世普遍認爲清明節是爲了紀念介之推而產生的節日，而忽略清明節其實包含了先民爲因應時序，而在實質生活上對自然變化產生相應的規律。涵蓋著四時循環往復的陰消陽長過程，清明和農耕生產活動密不可分的，後來逐漸加入的豐富宗教與人文內涵，則是用來調整人與自然、社會的關係。因此，本文主要在探究清明的由來與名稱，並進一步考述清明節俗的綜合性功能，期許回歸清明節的原始節日意義，而非目前普遍所認定起源於紀念介之推的說法。本文寫作之價值有以下諸點：

一、考述清明的由來及其名稱之深層義涵

　　清明節氣和天候緊密結合，跟上古觀象授時有深刻的歷史淵源。在「山中無曆日，寒暑不知年」的上古時代，只能依靠對天象、物候和氣象的觀察來決定農時、指導生活。從殷墟甲骨文及諸多先秦典籍中，就可以看到上古對日月星辰和二十八星宿頻繁的觀察紀錄，並利用星座來定季節。本文將農耕和天時天象作結合，配合中國特有的時空觀，以「東方」春生之性和五行「木」之屬性，關聯《周易》乾卦時空概念。再根據天文和節氣現象的啟示，而運用於人事，以此更顯清明在中國歲時體系中有著獨特的地位。

　　上古時期的節日多與自然節氣聯繫緊密，宗教禁忌居多。到了漢魏時期

人文因素逐漸累積，歲時節日開始脫離節氣時令系統，初步形成具有社會生活節奏爲主體的文化意義的時間體系。然可惜的是，一般歲時文獻對清明僅列出起源於上巳春禊祭、周代禁火制度的說法，關於清明節氣所具有的時間和空間意義以及東方蒼龍七宿之星象等議題，皆並未有進一步之探討。本文從清明的原始義涵之由來及其名稱作延伸，再對照因應而生的上巳、寒食節俗活動之內涵，藉以凸顯出清明節主要源頭的架構。

二、探究上巳、寒食節俗之由來與發展

上古對農事的關注，由自然天象觀察，發展至宗教祭祀儀式的活動，而形成了特定的時間點，在祭祀的名義下，使人們得到身心的調整。上古在清明時節祭大火星，將大火星視爲與生活密切的神靈來供奉，祭禮儀式活動如三月上巳「水邊祓除污穢」、寒食「禁火冷食」等等，皆具有宗教禁忌。然而這些歲時禁忌不斷在傳承過程中發生變異，至魏晉之時，傳統的禁忌日大多生成爲獨立於節氣系統之外的歲時節日，如上巳轉爲「流觴曲水之飲」、寒食「秋千之戲」。上巳與寒食節本起源祈求豐收、普降時雨的農事祭典，演變爲避災的禁忌日，而又轉化爲不忘本的祭祖，由此可見節日的習俗是經過各種自然的整合結果，清明節便是在這樣的時間基礎上逐漸發展出的新民俗節日。本文便以上巳、寒食節俗的由來與發展爲脈絡，清楚剖析清明節俗的結構，是反映了人們世俗化的心態變化，也反映禁忌日的祭儀轉變爲吉日娛樂的變化趨勢。

三、釐清清明節節日的演變與發展走向

關於清明節的由來，向來眾說紛紜，就目前的研究狀況，多數學者都將各種由來劃分爲諸點，並一一討論，再從而肯定由上巳和寒食節結合而爲節日的說法。因此本論文在前人研究的成果下，爲清明的由來及節日意義提出合理的說法。漢魏之前雖有清明節的名稱出現，但性質仍屬於節氣並非節日。歲時主要是依照自然節氣，在於調節人與自然的關係；而節日主要遵循社會生活節奏，側重對人們生活的調節。分析以清明爲節的意識，是唐代以來才逐漸滋長，雖然唐代的清明節是寒食節的組成部分，並不存在獨立於寒食節之外。但是清明節的受重視已漸可見，其中的一個重要原因就是祭祖，將儒家倫理精神融入節俗之中。至宋代以後寒食風俗漸趨消亡，清明日則因掃墓

祭祖重視轉而獨立出來，所以清明節是寒食節自然發展的結果，清明節在發展過程中又融會了上巳節的內容，因而成了以掃墓祭祖及踏青遊樂爲特色的民間節日。

四、整理清明節節日傳承之掃墓祭祖意義

時至今日，清明節的祭祖已視爲中國人普遍認定的精神情懷，與中國文化深層的祖先崇拜、孝道文化之間有著深刻的關係。清明節雖然晚成型，但是它有著久遠的歷史源頭，是春祭的綜合和昇華。從上古四時祭儀，到先秦墓祭風氣漸開，又漢代儒家孝道倫理精神融入，對於上墓祭掃之風開始轉盛。演變至唐代，祭墓風氣擴大到整個社會，唐玄宗下詔以政令的形式，將民間掃墓的風俗固定在清明前的寒食節。由於寒食與清明節氣相連，寒食禁火，清明取火，掃墓亦由寒食擴展到清明，如「清明寒食誰家哭〔註1〕」。到了宋代以後，清明掃墓已視爲正式的節俗活動，如「南北山頭多墓田，清明祭掃各紛然〔註2〕」，表達孝思已是現代清明節祭祖掃墓的重要節俗中心。探源寒食與清明的關係，兩者是意義不同的兩個主題，一爲懷舊悼亡，一爲求新護生。寒食禁火冷食祭墓，清明取新火踏青出遊。一陰一陽，二者有著密切的配合關係。禁火爲了出火，悼亡意義在於保祐子孫，這就是清明兼併寒食的內在文化依據。對現代的中國人而言，祖先的墓地不僅是生命之根，同時也是情感之結。

與清明節相關之文學創作，從唐宋時期開始，歷代詩集中即多有所羅列相關之詩詞歌賦，如唐代的《全唐詩》、《藝文類聚》〈歲時部中〉，宋代的《太平御覽》〈時序部〉、《武林舊事》〈祭掃〉，清代的《古今圖書集成》〈歲功典〉等，清明節熱鬧的情景躍然於這些文學創作中。可以窺見文人熱衷參與清明的各項活動，清明節熱鬧的情景躍然於這些文學創作中。但是上述資料所呈現的是文人雅士所解讀的清明節活動，而貼近一般民眾的文學創作或是民間所流傳的傳說故事，則較鮮見於其中，但這亦是值得研究的範疇。故本論文

〔註1〕 （唐）白居易〈寒食野望吟〉。見於《全唐詩》，（上海：古籍出版社，1986年），頁1075。

〔註2〕 （南宋）高翥〈清明日對酒〉。見於（清）陳訏選：《宋十五家詩選》，收入《清康熙刻本》，《菊磵詩集》，頁450。（檢索自「臺灣師範大學中國基本古籍庫系統」，其查詢的網路位址：http://www.lib.ntnu.edu.tw/database/database.jsp「人文藝術學科電子資料庫」項目）

在整理清明節紀念人物說時，即論述文人筆記或是近代彙整的書籍中，與介之推相關的內容，以使此說出現的原因更為清晰。

第二節　本論文的回顧與展望

在以「清明節探源──兼論其發展」主題的研究下，本論文由中國傳統歲時節日所共同具有的節氣和農事兩大主題，探討清明之源起兼論清明節俗的發展。第一部分主要在於人與自然的適應，針對清明之由來及其名稱進行探析。「清明」二字是從節氣演化而來，主要針對時間和天氣物候的特點，為清明節俗的形成提供了重要條件。清明所代表的是時序的標誌，以自然歲時為主，性質歸屬上古對自然時間的認識，長期形成民眾的生活節奏，因而影響節日民俗的內在因素。節氣不僅是上古人民在實質生活上對應自然變化規律的方式，更涵蓋著四時循環往復的「陰消陽長」過程。在曆法尚未建立之前，對於時間的抽象和不可逆轉具有太大的不確定性，必須藉由自然的節奏性和方向感，來調整人與自然的關係。四時八節便逐漸轉換為具體、重複出現的方式來標示季節變化的時間點，使時序變成是迴圈的、可以預期的。節氣是綜合氣象、天文觀察，要了解清明就必須由此兩方面下手，因此陰陽運行、四方八卦、四風八風與日月星辰皆在討論之內。陰陽的初義本指陰天和晴天，《管子》〈形勢〉將陰陽二氣的運動變化與春夏秋冬四季的變化聯繫起來：

> 春者，陽氣始上，故萬物生。夏者，陽氣畢上，故文物長。秋者，陰氣始下，故萬物收。冬者，陰氣畢下，故萬物藏。故春夏秋冬生長，秋冬收藏，四時之節也。〔註3〕

可見陰陽消長是四時循環、萬物生長收藏的原因。在《呂氏春秋》〈十二紀〉也提到如孟春之月「陽氣始生」、「天氣下降，地氣上騰，天地合同，草木繁動」，又如季春之月「生氣方盛，陽氣發泄，時雨將降，下水上騰」等皆說明陰陽與寒暖天氣氣候有關。陰陽盛衰變化與太陽能量是相成的，觀察太陽的東升西落有了四方四風、五行、八卦方位的概念，將陰陽四時配合方位空間便形成歲時觀念。通過歲時節氣使人們順應自然時序，以利農事以及生活安排。

〔註3〕　《管子》卷二十〈形勢解〉。見於（春秋）管仲，（唐）尹知章注，（清）戴望校正：《管子校正》，頁324。

　　觀察時序節氣，上古的觀測天文星象，除了太陽外，「大火星」的出沒及晨昏在天空中的位置也相當重要。大火星東方昏見爲春分，西方昏見爲秋分，南中昏見爲夏至，南中晨見爲冬至，以此晨昏時分的東升和西沉時節，可以判斷春分與秋分時節，是春耕秋收的農耕關鍵期。大火星位於東方蒼龍七宿之心宿，東方蒼龍是二十八星宿的四象之一，四象與四方結合，東方一直很受重視，因此東方蒼龍的升沒視運動的變化被作爲季節的標誌。《周易》〈乾卦〉就以東方蒼龍在天空的位置作描寫〔註4〕，乾卦六爻將一個回歸年劃分爲六個時間段落，如《周易》〈乾・象傳〉說「大明終始，六位時成，時乘六龍以御天〔註5〕」此六位指東方蒼龍在天空的位置。乾卦的每一爻，都標識一個季節點：「初九，潛龍，勿用」相當於冬至到立春的時節；「九二，見龍在田」相當於雨水到清明的時節；「九三，君子終日乾乾」相當於穀雨到芒種的時節；「九四，或躍在淵」相當於夏至到立秋的時節；「九五，飛龍在天」相當於處暑到寒露的時節；「上九，亢龍，有悔」相當於霜降到大雪的時節。每一爻代表兩個月，四個節氣。〔註6〕對於東方蒼龍星象有如此高度的自覺性觀測，其目的都是爲了對於農事的播種、培育、生長、成熟等發展更有掌控力。清明是重要的節氣，雖然並不等於節日，但這特別的「常日」卻因農事的地位而被突出出來，爲節日的產生準備了條件。

　　第二部分主要在於人與社會的適應，清明和農事的關係由自然歲時逐漸向人文轉化，以追溯上巳節、寒食節的起因和發展過程。來看清明節俗的結構。上古對東方蒼龍如此關注，其目的即是期望天時順暢，風調雨順，因而有了舉行特定的祭祀儀式，如春雩，在《左傳》〈桓公五年〉中有「啓蟄而郊，龍見而雩〔註7〕」，便說明仲春時節以大火星出現，爲春雩舉行祭祀活動的時間，東方蒼龍「抬頭」即角宿初見爲節候，所謂二月二「龍抬頭」。上古的農耕祭祀將歲時的自然性化成具有神靈的特性，將人和自然、人和社會作調節，有著互動感應的關係。春耕祭祀在不同時期有其演變發展，分析上巳的流棗

〔註4〕　《周易》卷第一〈乾〉。見於（三國魏）王弼、韓康伯注，（唐）孔穎達疏，（清）阮元校勘：《周易正義》，收入《十三經注疏附校勘記》，頁8～10。

〔註5〕　《周易》卷第一〈乾・象傳〉。見於（三國魏）王弼、韓康伯注，（唐）孔穎達疏，（清）阮元校勘：《周易正義》，收入《十三經注疏附校勘記》，頁8。

〔註6〕　見於蕭放：《歲時——傳統中國民眾的時間生活》，頁18～19。

〔註7〕　《左傳》卷第六〈桓公五年〉。見於（春秋）左丘明撰，（西晉）杜預注，（唐）孔穎達疏，（清）阮元校刻：《春秋左傳正義》，收入《十三經注疏附校勘記》，頁108。

浮卵、被禊習俗，和寒食禁火賜火習俗、包括介之推傳說等背後的文化根源，
都具有沿襲上古雩祭禮的古俗痕跡。上巳與寒食雖然節俗內容頗有不同，但
是彼此具有同一屬性的文化基礎，在時間點上，上巳、寒食、清明三者幾乎
重疊。由於節俗的慶典活動是一連串的概念，在時間的推移下，同一屬性的
節日，具有較多的共同性、連續性和相關性，勢必與相近的風俗活動漸次融
合。因此由唐宋之後才逐步成型的清明節的節俗結構來看，很明顯是經過長
期與上巳節、寒食節結合而逐次固定的節日。其次，因為寒食節與上巳節宗
教祭祀內涵意義已被遺忘，徒留下形式活動，加上掃墓祭祖隨社會變化轉而
被重視，且清明正好有新生之意，帶有祭祖的傳承意義，故此時賦予清明新
生命，再結合寒食節、上巳節的節俗，致使清明成為嶄新的節日流傳。

　　第三部份則從歷史角度切入，分析清明節在各朝代所扮演的角色，藉此
找出清明如何由本來依附於節氣，後來轉化成獨立的節日，又結合上巳、寒
食的節俗，發展出具有清明節獨立的內涵意義。中國的歲時節俗經歷了一個
長期的形成、發展、傳承、變異的過程，從節氣完整形成的漢代，到魏晉時
期結合星宿崇拜、紀念人物的傳說而演變之祖先祭祀。隨著社會政治經濟文
化條件的變化，傳統的歲時月令體制，逐漸向世俗的歲時節日體系過渡。漢
魏之後，歲時節日體系基本已形成，出現了確定的節日名稱、節日時間與相
應的節日習俗，以及節期與節俗初步相互產生對應關聯。從文人筆乘、地方
載記與史傳中，如《論衡》、《四民月令》、《風俗通義》、《西京雜記》等歷史
文獻資料，可提供具體了解。蕭放說歲時節日從時間意義來看，是社會生活
節奏與自然節律協調的產物。從社會認知的角度來看，不僅僅是時間段落的
標誌，更有著豐富的文化象徵意義與文化內涵，想深入探討歲時節日體系的
確立，就必須對各時期的社會背景作適當的解剖分析。〔註8〕作為季節時序標
記的清明，本來僅有農事活動的記載，然而由上古對農作收成需要「時雨」
的期盼，而有大火星崇拜儀式來追溯，到了上巳、寒食節的興起，清明所代
表的意義不斷地豐富。清明節為淵源流長的歲時禮俗活動，它的生發流變具
有悠久的歷史傳統和深廣的文化背景，可知涵蓋了中國傳統信仰的諸多面向。

　　本文蒐羅與清明相關的文獻資料，深究清明節所蘊含的意義，解決了清
明的由來、名稱、清明節發展和掃墓祭祖之意義等問題。但是本文在討論的

〔註8〕　見於蕭放：〈論漢魏時期歲時節日體系的形成〉，收入《輔仁國文學報》第18
　　　　期，（2002年11月），頁96～119。

過程中，亦發現還有相關議題值得日後深究。首先是本論文在探討清明由來時，只著重討論於與清明可能有關的氣象、物候和日月星辰的因素。雖然有論及陰陽、四風、五行、八卦等哲學範疇，但是僅於拿來作為清明源起的證據。對於節氣時序，八節應八風、定八方、配八卦等衍伸的議題，還可以作更進一步的探討，以了解時空感受所呈現的節候。又在探討清明節俗形成的過程中，還可將節俗內容作介紹與比較，如插柳習俗、墓祭紙錢的源起等。若從節俗活動的交叉比對中，也許有助於更進一步了解清明節的現代意義。

　　本論文在歲時專書及其他文獻中，只將與清明節民間文學作品相關的部分作系統性的整合歸納。雖然各地的清明節俗，會因應民情風俗的不同而有些許差異，但是具體的節俗內容大致不變，如根據歲時專書與地方風俗採錄之書，清明節有插柳、掛紙錢等。故礙於本文論述的連貫性與流暢性，因此在論述上較無法兼顧各地方的細微差異。

　　此外，本文論述的相關內容，有些本身即是龐大的主題，涵蓋複雜的文化背景。如第二章探討清明節氣起源，牽扯到天文議題，這是另一個可供思考的主題，若要將二十八星宿與大火星相關的問題一一詳論，已可成為一篇獨立的論文，故在此便不深入探討。對於龍的形象在中國文化中是多面的，《周易》乾卦對東方蒼龍的意義闡述，也有諸種的說法和論點，在此也僅能探討與清明有相關的說法，尚待日後再專門從不同角度論述，作更進一步的討論。

　　以上各點即是在本文寫作後，日後可再深論的議題。

參考書目資料

一、古代文獻資料

（一）經部

1. （春秋）左丘明撰，（東漢）高誘注：《國語》，（臺北：商務印書館，1968年）。

2. （春秋）左丘明撰，（西晉）杜預注，（唐）孔穎達疏，（清）阮元校刻：《春秋左傳正義》，收入《十三經注疏附校勘記》，（臺北：藝文印書館，1985年）。

3. （春秋）左丘明，（清）徐元誥，王樹民、沈長雲點校：《國語集解》，（北京：中華書局，2006年4月）。

4. （西漢）公羊壽撰，（東漢）何休解詁，（唐）徐彥疏：《春秋公羊傳注疏》，收入《十三經注疏附校勘記》，（臺北縣：藝文印書館，1985年）。

5. （西漢）孔安國傳，（唐）孔穎達疏，（清）阮元校勘：《尚書正義》，收入《十三經注疏附校勘記》，（臺北：藝文印書館，1985年）。

6. （西漢）毛亨傳，（東漢）鄭玄箋，（唐）孔穎達疏，（清）阮元校勘：《毛詩正義》，收入《十三經注疏附校勘記》，（臺北：藝文印書館，1985年）。

7. （西漢）韓嬰撰：《韓詩外傳》，據《上海涵芬樓借野竹齋沈氏藏明刊本景印》，（臺北：商務印書館，1979年）。

8. （西漢）揚雄撰，（東晉）郭璞注：《方言》，收入《據江安傅氏雙鑑樓藏宋刊本》，（上海：商務印書館，1936年）。

9. （西漢）董仲舒，（清）陸費逵總勘：《春秋繁露》，收入《中華書局據抱經堂本校刊：四部備要（經部）》，（臺北：中華書局，1965年）。

10. （西漢）戴德傳，（南宋）傅崧卿注：《夏小正戴氏傳》，（臺北：商務印書館，1937 年）。

11. （東漢）班固撰：《白虎通德論》，收入《諸子薈要》，（臺北：廣文書局，1965 年 8 月）。

12. （東漢）趙歧注，（宋）孫奭疏：《孟子注疏》，收入《十三經注疏附校勘記》，（臺北：藝文印書館，1985 年）。

13. （東漢）鄭玄注，（唐）孔穎達疏，（清）阮元校勘：《禮記注疏》，收入《十三經注疏附校勘記》，（臺北：藝文印書館，1985 年）。

14. （東漢）鄭玄注，（唐）賈公彥疏，（清）阮元校勘：《周禮注疏》，收入《十三經注疏附校勘記》，（臺北：藝文印書館，1985 年）。

15. （東漢）劉熙：《釋名》，收入《據江南圖書館藏明嘉靖翻宋刻本》，（上海：商務印書館，1936 年）。

16. （東漢）許慎撰，（清）段玉裁注：《圈點段注‧說文解字》，（臺北：書銘出版社，1992 年 9 月）。

17. （三國魏）張揖：《廣雅疏證》，（臺北：中華書局，1965 年）。

18. （三國魏）張揖撰，（清）錢大昭疏義，（清）王念孫疏證：《廣雅詁林》，（江蘇：江蘇古籍出版社，1992 年 7 月）。

19. （三國魏）王弼、韓康伯注，（唐）孔穎達疏，（清）阮元校勘：《周易正義》，收入《十三經注疏附校勘記》，（臺北：藝文印書館，1985 年）。

20. （三國魏）何晏等注，（北宋）邢昺疏，（清）阮元校勘：《論語注疏》，收入《十三經注疏附校勘記》，（臺北：藝文印書館，1985 年）。

21. （東晉）郭璞注，（北宋）邢昺疏，（清）阮元校勘：《爾雅注疏》，收入《十三經注疏附校勘記》，（臺北縣：藝文印書館，1985 年）。

22. （南朝梁）顧野王撰，（唐）孫強增字，（清）陸費逵總勘：《大廣益會玉篇》，收入《據建德周氏藏元本：四部備要（經部）》，（臺北：中華書局，1965 年）。

23. （北宋）陳彭年：《廣韻》，（臺北：中華書局，1965 年）。

24. （南宋）朱熹：《詩經集註》，（臺北：群玉堂出版，1991 年 10 月）。

25. （清）畢沅：《夏小正考注》，（上海：商務印書館，1936 年）。

26. （清）王筠撰：《說文釋例》，（北京：中國書店，1983 年）。

27. （清）朱駿聲：《說文通訓定聲》（一），（臺北：商務印書館，1968 年）。

28. （清）王引之：《經義述聞》（上），（臺北：商務印書館，1968 年）。

29. （清）王先謙撰，吳格點校：《詩三家義集疏》（上冊），（臺北：明文書局，1988 年 10 月）。

（二）史　部

1. （春秋）列禦寇撰，楊伯峻集釋：《列子集釋》，（臺北：明倫出版社，1971年 2 月）。

2. （西漢）司馬遷，（南朝宋）裴駰集解：《史記》，（臺北：藝文印書館，2005年）。

3. （西漢）劉向：《列女傳》，（臺北：中華書局，1965 年）。

4. （西漢）劉向：《新序》，（臺北：商務印書館，1968 年）。

5. （東漢）范曄撰，（三國梁）劉昭注志，（唐）李賢注，（清）陸費逵總勘：《後漢書》，收入《中華書局據武英殿本校刊：四部備要（史部）》，（臺北：中華書局，1965 年）。

6. （東漢）班固撰，（唐）顏師古注，（清）陸費逵總勘：《前漢書》，（臺北：中華書局，1966 年）。

7. （東漢）崔寔：《四民月令》，收於（清）嚴可均輯錄：《全上古三代秦漢三國六朝文》，（河北教育出版社，1997 年 10 月）。

8. （東漢）宋衷注，（清）孫馮翼集：《世本》，收入《叢書集成新編》，（臺北：新文豐書局，1985 年）。

9. （西晉）皇甫謐：《帝王世紀》，（上海市：上海商務印書館，1936 年）。

10. （西晉）孔晁：《逸周書》，（臺北：中華書局，1965 年）。

11. （東晉）陸翽：《鄴中記》，（上海市：上海商務印書館，1937 年 6 月）。

12. （東晉）郭璞撰，（清）畢沅校正：《山海經》，（上海市：上海商務印書館，1936 年）。

13. （南朝梁）宗懍撰，（隋）杜公瞻注，（清）陸費逵總勘：《荊楚歲時記》，收入《中華書局據漢魏叢書本校刊：四部備要（史部）》，（臺北：中華書局，1965 年）。

14. （北魏）酈道元：《水經注》，（臺北市：臺灣商務印書館，1968 年）。

15. （唐）唐太宗御撰：《晉書》，（臺北：臺灣中華書局，1965 年）。

16. （唐）杜佑：《通典》，（臺北市：商務印書館，1935 年）。

17. （唐）韓鄂：《歲華紀麗》，（上海市：上海商務印書館，1936 年）。

18. （五代）王裕仁撰，曾貽芬點校：《開元天寶遺事》，收於鄭處誨撰《明皇雜錄及其他五種》，（北京市：中華書局，2006 年 3 月）。

19. （後晉）劉昫撰，（清）陸費逵總勘：《舊唐書》，收入《中華書局據武英殿本校刊：四部備要（史部）》，（臺北：中華書局，1965 年）。

20. （北宋）孟元老撰，（明）沈士龍、胡震亨同校：《東京孟華錄》，（上海市：上海商務印書館，1936 年 12 月）。

21.（北宋）王溥撰：《唐會要》，（臺北市：臺灣商務印書館，1968 年 3 月）。

22.（北宋）宋祁撰：《新唐書》，收入《中華書局據武英殿本校刊：四部備要（史部）》，（臺北：中華書局，1965 年）。

23.（北宋）錢易：《南部新書》，（上海市：上海商務印書館，1936 年 12 月）。

24.（北宋）龐元英：《文昌雜錄》，（上海市：上海商務印書館，1936 年）。

25.（北宋）歐陽修：《新五代史》，收入《中華書局據武英殿本校刊：四部備要（史部）》，（臺北：中華書局，1965 年）。

26.（南宋）陳元靚：《歲時廣記》，（上海市：上海商務印書館，1936 年）。

27.（南宋）吳自牧：《夢梁錄》，（長沙：商務印書館，1939 年 12 月）。

28.（南宋）周密撰：《武林舊事》，（揚州市：廣陵書社，2003 年 4 月）。

29.（南宋）羅泌：《路史》，（臺北：中華書局，1965 年）。

30.（南宋）江少虞：《宋朝事實類苑》，（臺北：遠流出版社，1982 年）。

31.（元）吳澄：《月令七十二候集解》，（臺北：商務印書館，1965 年 12 月）。

32.（清）朱右曾校：《逸周書集訓校釋》，（臺北：世界書局，1957 年 1 月）。

33.（清）永瑢、紀昀等纂修：《景印文淵閣四庫全書》（第一四二冊）（經部一三六禮類），（臺北：商務印書館，1986 年 3 月）。

34.（清）馬驌撰：《繹史》，（臺北：商務印書館，1968 年）。

（三）子　部

1.（春秋）管仲撰，（唐）房玄齡撰，陸費逵總勘：《管子》，收入《明吳郡趙氏本校刊：四部備要（子部）》，（臺北：商務印書館，1965 年）。

2.（春秋）管仲，（唐）尹知章注，（清）戴望校正：《管子校正》，（臺北：世界書局，1958 年 5 月）。

3.（戰國）莊周撰，（西晉）郭象注，（清）陸費逵總勘：《莊子》，收入《中華書局據明世德堂本校刊：四部備要（子部）》，（臺北：中華書局，1965 年）。

4.（戰國）尸佼撰，（清）孫星衍校集，（清）朱記榮校刊，（清）陸費逵總勘：《尸子》，收入《中華書局據平津館本校刊：四部備要（子部）》，（臺北：中華書局，1965 年）。

5.（戰國）荀況撰，（唐）楊倞注，（清）陸費逵總勘：《荀子》，收入《中華書局據嘉善謝氏本校刊》，（臺北：中華書局，1965 年）。

6.（戰國）呂不韋撰，（漢）高誘注，陳奇猷校釋：《呂氏春秋校釋》，（臺北：華正書局，2004 年 6 月）。

7.（戰國）呂不韋撰：《呂氏春秋》，（臺北：商務印書館，1968 年）。

8.（西漢）劉安撰，（東漢）高誘注：《明刻淮南鴻烈解》，（臺北：鼎文書局，

1979 年 12 月）。

9. （西漢）劉歆編，（西晉）葛洪集：《西京雜記》，收入《江安傅氏雙鑑樓藏明刻本》，（上海市：上海商務印書館，1936 年）。

10. （西漢）桓譚撰，（清）孫馮翼輯注，（清）陸費逵總勘：《桓子新論》，收入《中華書局據問經堂輯本校刊：四部備要（子部）》，（臺北：中華書局，1965 年）。

11. （東漢）應劭撰，（民國）王利器注：《風俗通義校注》，（臺北：漢京文化，2004 年 3 月）。

12. （東漢）王充撰，（明）程榮校：《論衡》，收入《中華書局據明刻本校刊：四部備要（子部）》，（臺北：中華書局，1965 年）。

13. （東漢）王充撰，劉盼遂集解：《論衡集解》（上冊），（臺北：世界書局，1967 年 12 月）。

14. （北魏）賈思勰撰，（清）陸費逵總勘：《齊民要術》，收入《中華書局據學津討原本校刊：四部備要》，（臺北：中華書局，1965 年）。

15. （隋）杜臺卿：《玉燭寶典》，（臺北：商務印書館，1939 年 12 月）。

16. （隋）虞世南撰，孔廣陶校註：《北堂書鈔》，（臺北：文海出版社，1974 年）。

17. （唐）白居易撰，（宋）孔傳續撰：《白孔六帖》，收入《明·嘉靖年間覆宋刻本》，（臺北：新興書局，1971 年）。

18. （唐）段成式：《酉陽雜俎》，（臺北：藝文印書館，1968 年）。

19. （唐）歐陽詢等撰：《藝文類聚》，（臺北：文光出版社，1974 年）。

20. （北宋）李昉編：《太平廣記》，（上海市：上海古籍出版社，1990 年）。

21. （北宋）陸佃注：《鶡冠子》，（臺北：商務印書館，1968 年）。

22. （南宋）莊綽：《雞肋編》，（上海市：上海商務印書館，1936 年 12 月）。

23. （清）張英等奉敕撰：《淵鑑類函》，收入《四部集要（子部）》，（臺北：新興書局，1960 年）。

24. （清）顧炎武撰，黃汝成集釋：《日知錄集釋》（上），（上海：古籍出版社，2006 年 12 月）。

25. （清）李斗：《揚州畫舫錄》，收入張智主編《風土志叢刊（29）》，（揚州市：廣陵書社，2003 年 4 月）。

26. （清）張英等奉敕撰：《淵鑑類函》，收入《四部集要》（子部），（臺北：新興書局，1960 年）。

（四）集　部

1. （戰國）屈原撰，（漢）劉向編集：《楚辭》，（上海：商務印書館，1936

年）。

2. （唐）《全唐詩》，（臺北：藝文印書館，1960 年）。

3. （唐）柳宗元撰，（宋）廖瑩中輯注：《河東先生集》，（臺北：廣文書局，1968 年）。

4. （南宋）楊萬里：《誠齋集》，（上海市：上海商務印書館，1979 年）。

5. （清）董誥等編：《全唐文》，（上海市：古籍出版社，1990 年 12 月）。

二、現代文獻資料（按時間排列）

1. 董作賓：《殷曆譜》下編卷三《交食譜》，（中央研究院歷史研究所，1945 年）。

2. 李宗侗：《中國古代社會史》，（臺北：華岡出版社，1954 年 7 月）。

3. 孫作雲：《詩經與周代社會研究》，（北京：中華書局，1966 年）。

4. 佛洛伊德（Freud, Sigmund），1856～1939 撰，楊庸一譯：《圖騰與禁忌》，（臺北：文出版社，1975 年）。

5. 陳遵媯：《中國天文學史──第一冊》，（臺北市：明文書局，1984 年 2 月）。

6. 陳遵媯：《中國天文學史──星象編》，（臺北市：明文書局，1985 年 5 月）。

7. 高嶋謙一主編：《殷虛文字丙編通檢》，收入《中央研究院歷史語言研究所專刊》，（臺北市：中研院史語所，1985 年 12 月）。

8. 曹謨：《中華天文學史》，（臺北市：臺灣商務，1986 年 9 月）。

9. 陳遵媯：《中國天文學史──曆法・曆書》，（臺北市：明文書局，1988 年 11 月）。

10. 陳久金、盧蓮蓉：《中國節慶及其起源》，（上海市：上海科技教育出版社，1989 年 5 月）。

11. 龐燼：《龍的習俗》，（臺北市：文津出版社，1990 年 7 月）。

12. 〔英〕弗雷澤（J.G.Frazer）撰，汪培基譯：《金枝：巫術與宗教之研究》，（臺北：桂冠圖書出版社，1991 年 2 月）。

13. 裘錫圭：《古代文史研究新探》，（江蘇：古籍出版社，1992 年 6 月）。

14. 喬繼堂：《中國歲時禮俗》，（天津人民出版社，1991 年）。

15. 謝世俊：《中國古代氣象史稿》，（重慶市：重慶出版社，1992 年）。

16. 何星亮：《龍族的圖騰》，（臺北市：臺灣中華，1993 年）。

17. 楊伯峻：《春秋左傳注》，（臺北：中華書局，1993 年）。

18. 聞一多：〈周易義證類纂〉，收入《聞一多全集・古典新義》（二），（臺北

市：里仁書局，1994 年 2 月）。

19. 林國平、陳麟鋒：《中國傳統節日趣話》，（臺北：花田文化出版，1994 年）。

20. 佟輝著：《天時‧物候‧節道──中國古代節令智道透析》，（廣西：廣西教育出版，1995 年 5 月）。

21. 李永匡、王熹撰：《中國節令史》，（臺北：文津出版社，1995 年 12 月）。

22. 杜而未：《鳳麟龜龍考釋》，（臺北市：臺灣商務，1996 年 3 月）。

23. 薄樹人主編、石雲里等執筆：《中國天文學史》，（臺北市：文津，1996 年 5 月）。

24. 李惠芳：《中國民間文學》，（武昌市：武漢大學出版社，1996 年 6 月）。

25. 岑家梧：《圖騰藝術史》，（臺北市：地景，1996 年 9 月）。

26. 龐樸：《龐樸學術文化隨筆》，（北京：中國青年，1996 年 9 月）。

27. 美‧O‧A‧沃爾撰，翟胜德等譯：《性與性崇拜》，（臺北：光明日報出版社，1998 年 3 月）。

28. 秦安祿、馮光榮：《中國節日及傳說》，（四川大學出版社，1998 年 6 月）。

29. 常正光：〈陰陽五行學說與殷代方術〉，收入艾蘭、汪濤、范毓周主編：《中國古代思維模式與陰陽五行說探源》，（江蘇：古籍出版社，1998 年 6 月）。

30. 常玉芝：《殷商曆法研究》，（長春：吉林文史出版社，1998 年 9 月）。

31. 胡厚宣主編：《甲骨文合集釋文》，（北京：中國社會科學出版社，1999 年 8 月）。

32. 王宇信、楊升南主編：《甲骨學一百年》，（北京：社會科學文獻出版社，1999 年 9 月）。

33. 汪寧生：《古俗新研》，（臺北：蘭臺出版社，2001 年 3 月）。

34. 馮時：《出土古代天文學》，（臺北市：古籍出版社，2001 年 5 月）。

35. 劉志雄、楊靜榮：《龍的身世》，（臺北：商務印書館，2001 年 11 月）。

36. 馮時：《中國天文考古學》，（北京：社會科學文獻出版社，2001 年 11 月）。

37. 苑利主編：《二十世紀中國民俗學經典‧社會民俗卷》，（北京：社會科學文獻出版社，2002 年 3 月）。

38. 蕭放：《歲時──傳統中國民眾的時間生活》，（北京：中華書局，2002 年 3 月）。

39. 李亦園：〈寒食與介之推：一則中國古代神話與儀式的結構學研究〉，收入苑利主編：《二十世紀中國民俗學經典‧社會民俗卷》，（北京：社會科學文獻出版社，2002 年 3 月）。

40. 鄭文光：《中國天文學源流》，（臺北市：萬卷樓，2002 年 3 月）。

41. 魏慈德：《中國古代風神崇拜》，（臺北市：臺灣古籍，2002 年 4 月）。

42. 郭興文、韓養民：《中國古代節日風俗》（西安：陝西人民出版社，2002 年 9 月）。

43. 韓養民、韓小晶：《中國風俗文化導論》，（西安：陝西人民出版社，2002 年 9 月）。

44. 有易書房主人：《從蒼龍看易經》，（遠流出版社，2002 年 9 月）。

45. 趙東玉：《中華傳統節慶文化研究》，（北京：人民出版社，2002 年 10 月）。

46. 李道和：《歲時民俗與古代小說研究》，（天津：古籍出版社，2004 年 2 月）。

47. 張君：《神秘的節俗——傳統節日禮俗、禁忌研究》，（南寧：廣西人民出版社，2003 年 11 月）。

48. 劉秉果、趙明奇、劉懷祥：《蹴鞠——世界最古老的足球》，（北京：中華書局，2004 年 3 月）。

49. 馮賢亮：《歲時節令：中國古代節日文化》，（揚州：廣陵書社，2004 年 10 月）。

50. 馮時：《天文學史話》，（臺北：國家出版社，2005 年 1 月）。

51. 呂大吉、牟鍾鑒：《中國宗教與中國文化（卷一）概說中國宗教與傳統文化》，（北京：中國社會科學，2005 年 3 月）。

52. 牟鍾鑒：《中國宗教與中國文化（卷三）宗教‧文藝‧民俗》，（北京：中國社會科學，2005 年 3 月）。

53. 陳久金：《中國星座神話》，（臺北市：古籍出版社，2005 年）。

54. 林雲、聶達：《民俗文化趣談——拜祭》，（香港：萬里書局，2006 年 5 月）。

55. 常建華：《歲時節日裏的中國》，（北京：中華書局，2006 年 6 月）。

56. 楊琳：《中國傳統節日文化》，（北京：宗教文化出版社，2006 年 6 月）。

57. 黎亮、張琳琳：《節令》，（重慶市：重慶出版社出版，2006 年 6 月）。

58. 劉曉峰：《清明節》，（北京市：中國社會出版社，2006 年 9 月）。

59. 雲中天：《永遠的風景——中國民俗文化（第三輯）風箏》，（南昌市：百花洲文藝出版社，2006 年 10 月）。

60. 宋兆麟編著：《圖說中國傳統二十四節氣》，（西安：世界圖書出版西安公司，2007 年 2 月）。

61. 陳久金、張明昌撰：《中國天文大發現》，（濟南市：山東畫報出版社，2008 年 4 月）。

三、學位論文（按時間排列）

1. 張金蓮：〈兩宋上巳、寒食、清明詞研究〉，（東吳大學中國文學研究所碩士論文，1993 年）。

2. 龐靜儀：〈淮南子‧墜形的地理觀〉，（臺灣師範大學中國文學系碩士論文，2002 年）。

3. 梅政清：〈中國上古天文學之社會文化意涵〉，（成功大學歷史研究所碩士論文，2003 年）。

4. 王惠苑：〈商代的農業經濟與殷商文明〉，（湖南：鄭州大學歷史學碩士論文，2005 年）。

5. 徐強：〈順天應時之道──先秦陰陽家思想初探〉，（濟南市：山東大學中國哲學碩士論文，2005 年）。

6. 張丑平：〈上巳、寒食、清明節日民俗與文學研究〉，（南京市：南京師範大學中國古代文學博士論文，2006 年）。

7. 魏昕：〈滲透於詩經中的原始宗教意識〉，（吉林省長春市：東北師範大學中國古代文學碩士論文，2006 年）。

8. 高婧：〈山西東南部地區炎帝傳說與文化初探〉，（上海市：上海師範大學中國古代文學碩士論文，2006 年）。

9. 王磊：〈詩經興象的文化探源〉，（吉林省延吉市：延邊大學中國古代文學碩士論文，2006 年）。

10. 汪洋：〈論女媧神話中的靈石信仰〉，（吉林省長春市：東北師範大學中國古代文學碩士論文，2006 年 5 月）。

11. 郝相國：〈四時的美學意義〉，（濟南市：山東大學美學碩士論文，2007 年）。

12. 夏繼軍：〈祭拜‧教化‧娛樂──唐代節日社會功能〉，（江西省南昌市：南昌大學專門史碩士論文，2007 年）。

13. 張勃：〈唐代節日研究〉，（濟南市：山東大學中國古代史博士論文，2007 年）。

14. 劉海艷：〈中國古代孝教育研究〉，（吉林省長春市：東北師範大學教育史碩士論文，2007 年）。

15. 焦曉雲：〈從古典文學看唐宋女子的清明節情結〉，（河北省秦皇島市：燕山大學馬克思主義理論與思想政治教育碩士論文，2008 年）。

16. 楊江濤：〈中國傳統節日的美學研究〉，（北京市：中國人民大學美學博士論文，2008 年）。

17. 孟榮榮：〈論中國陰陽哲學的源起〉，（湖南省湘潭市：湘潭大學中國哲學碩士學位論文，2009 年）。

18. 張焰紅：〈漢代喪葬禮俗探析〉，（青海省：青海師範大學歷史學碩士論文，2009 年）。

19. 胡正訪：〈「詩經」祭祖詩研究〉，（北京市：首都師範大學中國古代文學碩士論文，2009 年 8 月）。

20. 成舒宇：〈兩漢皇家祭祖考述〉，（西安市：西北大學歷史文獻學碩士論文，2010 年）。

四、期　刊（按時間排列）

1. 錢穆：〈周初地理考‧二、姜氏篇（三）〉，《燕京學報》1932 年第 10 期。

2. 胡厚宣，《釋殷代求年於四方和四方風的祭祀》，《復旦學報》人文科學版，（1956 年第 1 期）。

3. 汪寧生：〈我國古代取火方法的研究〉，《考古與文物》1980 年第 4 期。

4. 龐樸：〈火歷鈎沉：一個遺失已久的古曆之發現〉，《中國文化》創刊號，（1989 年 12 月）。

5. 龐樸：〈寒食考〉，《民俗研究》1990 年第 4 期。

6. 陳泳超：〈寒食節起因新探〉，《晉陽學刊》1991 年第 5 期。

7. 趙世林：〈論「孕育儀式」及其文化內涵〉，《雲南民族學院學報》哲學社會科學版，（1993 年 1 月）。

8. 夏廣興：〈中國古代的改火之俗〉，《上海消防》1994 年第 1 期。

9. 夏廣興：〈中國古代的送火鬼之俗〉，《上海消防》1994 年第 7 期。

10. 余衛國：〈炎帝神農合稱的文化意蘊——兼論炎帝、神農的時代問題〉，《華夏文化》1994 年第 3 期。

11. 邱宜文：〈從九歌之草木試論香草與巫術〉，《社會科學戰線文藝研究》1999 年 5 期。

12. 成家徹郎著，李權生譯：〈大火曆——從新石器時代晚期到西周時代所使用的曆法〉，《平頂山師專學報》社會科學版，（1995 年第 2 期）。

13. 王星光：〈工具與中國農業的起源〉，《農業考古》1995 年 01 期。

14. 胡化凱：〈中國古代對火的認識〉，《大自然探索》1995 年第 4 期。

15. 詹石窗：〈八卦起源。新探〉，《福建師範大學學報》哲學社會科學版，（1996 年第 1 期）

16. 方川：〈媒神高禖崇拜〉，《淮南師專學報》1999 年第 3 期。

17. 安志宏：〈人工取火溯源〉，《天水行政學院學報》2000 年第 1 期。

18. 蕭放：〈十月一　送寒衣　寒衣節俗文化分析〉，《歷史月刊》2000 年 11 月。

19. 陳才訓：〈《詩經》情歌與水崇拜〉，《天中學刊》2001 年第 1 期。

20. 李道和：〈前人對寒食習俗的解說及其內在矛盾〉，《民族藝術研究》2002 年 5 月。

21. 蕭放：〈論漢魏時期歲時節日體系的形成〉，收入《輔仁國文學報》第 18 期，（2002 年 11 月）。

22. 任俊華：〈魁隗氏、大庭氏、連山氏──炎帝、炎族發源新考〉，《湖北大學學報》哲學社會科學版（2003 年第 4 期）。

23. 李晨光：〈寒食考〉，《文史月刊》2003 年 4 月。

24. 龐樸：〈寒食節與火與復活節〉，《跨文化對話》2003 年 8 月。

25. 唐川子：〈試論唐代詩人筆下的寒食節民俗〉，《廣西民族學院學報》哲學社會科學版，（2003 年 11 月）。

26. 楊文娟：〈溱洧「贈之以芍藥」解〉，《山西大學學報》哲學社會科學版，（2003 年 4 月）。

27. 張勃：〈寒食節起源新論〉，《西北民族研究》2004 年第 3 期。

28. 侯文宜：〈晉東南一帶炎帝歷史傳說、民俗文化考釋〉，《晉陽學刊》2005 年第 5 期。

29. 劉毓慶、柳揚：〈晉東南炎帝史迹及其對華夏文明探源的意義〉，《晉陽學刊》2005 年第 4 期。

30. 陳麗：〈論「高禖」祭祀的文化意蘊〉，《黑龍江教育學院學報》第 4 期，（2005 年 7 月）。

31. 林師素英：〈論鄭風‧溱洧中的禮與俗──兼論上巳節的由來與定型〉，《第六屆通俗文學與雅正文學研討會》2006 年 3 月。

32. 王之涵：〈新葉村三月三節日的文化考察〉，《安徽教育學院學報》第 2 期，（2006 年 3 月）。

33. 唐英：〈從九歌的直接源頭看其性質〉，《雲夢學刊》第 1 期，（2006 年 1 月）。

34. 李明德：〈《周易》與現代自然科學〉，《汕頭大學學報》人文社會科學版，（2006 年第 1 期）。

35. 張勃：〈清明作爲獨立節日在唐代的興起〉，《民俗研究》2007 年 1 月。

36. 孫繼忠：〈易八卦與文字考〉，《漢字文化》2008 年第 5 期。

37. 楊天宇：〈論清明節的源流嬗變〉，《華北水利水電學院學報》社會科學版，（2009 年 2 月）。

38. 李玉亭：〈八卦符號起源新說〉，《華夏考古》2009 年第 4 期。